为社会主义平等主义辩护

——G.A.科恩的政治哲学追求

段忠桥 著

中国社会科学出版社

图书在版编目(CIP)数据

为社会主义平等主义辩护:G. A. 科恩的政治哲学追求/段忠桥著.
—北京：中国社会科学出版社，2014.8(2018.1 重印)
ISBN 978-7-5161-4456-5

Ⅰ.①为… Ⅱ.①段… Ⅲ.①社会主义国家—平等—研究
Ⅳ.①D033.4②D081

中国版本图书馆 CIP 数据核字(2014)第 135931 号

出 版 人	赵剑英
责任编辑	杨晓芳
特邀编辑	虞　晖
责任校对	王雪梅
责任印制	戴　宽

出　　版	中国社会科学出版社
社　　址	北京鼓楼西大街甲 158 号
邮　　编	100720
网　　址	http://www.csspw.cn
发 行 部	010-84083685
门 市 部	010-84029450
经　　销	新华书店及其他书店

印　　刷	北京君升印刷有限公司
版　　次	2014 年 8 月第 1 版
印　　次	2018 年 1 月第 2 次印刷

开　　本	710×1000　1/16
印　　张	16.25
字　　数	234 千字
定　　价	56.00 元

凡购买中国社会科学出版社图书，如有质量问题请与本社营销中心联系调换
电话：010-84083683
版权所有　侵权必究

G.A.科恩教授与段忠桥教授,1999年在牛津大学万灵学院科恩教授的办公室。

从社会主义的政治观点来看，哲学是非常宝贵的，因为它有助于完成两项最重要的任务。首先，它揭露那些为不平等、不正义和资本主义辩护的人的谎言、虚伪和诡辩。这些欺骗有巨大的力量：看一下支持资本主义制度的论证已产生的影响，这是为什么那么多的人相信它的原因之一。因为从某种意义上讲，它得到了很好的论证。要应对那些强有力的论证，你就必须具有高超的本领，这是为什么从社会主义的观点看哲学是重要的一个理由。它对于对抗敌人的谎言是重要的，因为它们可不是那么简单的谎言。

同样，在更为积极的建设社会主义的任务中，它对于哲学家与经济学家、社会学家及其他学者共同参与解决的社会主义社会的设计和运行问题，也是重要的。当有人问及马克思社会主义将会是什么样子的时候，马克思曾经说过"我不想为未来的厨房写食谱。"他认为建设社会主义的问题在未来才会产生，因而它们只能在未来才能解决。这是他的一个最大的失误，因为除非社会主义者对他们赞同的社会主义社会有一个相当明确的构想，否则他们就不会把其他人吸引到他们所说的美好前景。你无法让人们只因为社会主义听起来是好的，就放弃资本主义而赞同社会主义。你需要有一个相当详细的说明书。如果我说我准备给你建一所很好的房子，它将满足你的所有梦想，而且你将会喜欢它。然后你问我它有几个房间，如何向它供暖等问题，我说"我无法回答这些问题，但请相信我，所有这些都将会自行解决"，那你肯定会表示怀疑。因此，为了争取人民投身社会主义事业这一政治目的，社会主义者需要对社会主义将如何运行这一实践性问题提供蓝图、行动计划和详细说明。他们需要这样做还因为一个更明显和直接的原因，这就是，如果并在一定程度上获得了某些权力，他们必须知道将用这些权力去做什么，如果他们不做大量的前期思考，他们就会陷入混乱，这在历史上是有记录的。①

——G. A. 科恩

---

① Mario Scannella "The Moral Case for Marxism", *The Philosopher's Magazine*/Winter, 1997, p. 42.

目 录

序言 ……………………………………………………………（1）

第一部分　转向政治哲学

第一章　从正统的马克思主义者到分析的马克思主义者 …………（3）
  一　对正统马克思主义的信奉 ……………………………（3）
  二　将分析哲学的方法应用于马克思主义研究 …………（8）

第二章　为历史唯物主义辩护 …………………………………（14）
  一　"发展命题" …………………………………………（14）
  二　"首要性命题" ………………………………………（19）
  三　"合法性问题" ………………………………………（25）

第三章　对历史唯物主义的再思考 ……………………………（29）
  一　历史唯物主义与马克思的哲学人类学 ……………（30）
  二　包括一切的历史唯物主义与受到限制的历史唯物主义 ……（37）
  三　马克思是以哪种方式建构他的学说的？ …………（41）

第四章　投身政治哲学 …………………………………… (48)
　一　政治哲学与历史唯物主义 ………………………… (48)
　二　诺齐克的挑战 ……………………………………… (51)
　三　正统马克思主义关于平等前景的两大事实断言 ………… (54)

第二部分　反击诺齐克

第五章　对"张伯伦论证"的反驳 ……………………… (61)
　一　"张伯伦论证"本身没有说服力 ………………… (62)
　二　阻挠大多数人自由的不是社会主义而是资本主义 ……… (68)
　三　"通过正义的步骤从正义的状态中产生的任何东西自身
　　　都是正义的"吗？ ………………………………… (75)
　四　把私有财产和自由混为一谈是玩弄概念游戏 ………… (81)

第六章　对"自我—所有权命题"的反驳 ……………… (87)
　一　诺齐克是如何从自由出发为不平等做辩护的？ ……… (89)
　二　关于"损害"的说法 ……………………………… (93)
　三　关于"外部世界最初是无主的"假定 …………… (100)
　四　关于"自我—所有权命题"的三个诡辩 ………… (105)

第三部分　挑战罗尔斯

第七章　对罗尔斯差别原则的两个批判 ………………… (117)
　一　差别原则没有证明基于刺激的不平等是正义社会的
　　　特征 ……………………………………………… (118)

二　差别原则没有确立被罗尔斯视为正义的不平等的
　　正义性 …………………………………………………（125）

第八章　差别原则只运用于社会"基本结构"吗? …………（134）
　一　正义的社会与正义的风尚 ………………………………（134）
　二　罗尔斯支持者的"基本结构异议" ……………………（138）
　三　对"基本结构异议"的初步反驳 ………………………（140）
　四　对"基本结构异议"更为根本的反驳 …………………（142）

第九章　是基本的正义原则还是理想的社会管理规则? …………（148）
　一　罗尔斯的两个正义原则不是正义原则，而只是理想的
　　　社会管理规则 ………………………………………………（149）
　二　对罗尔斯的建构主义的批评 ……………………………（153）
　三　正义是社会制度的首要价值吗? ………………………（156）

第十章　规范原则与事实 …………………………………………（161）
　一　反映事实的原则要反映事实，就必须反映不反映事实
　　　的原则 ……………………………………………………（162）
　二　"是"与"应该"，"应该"与"能够" ………………（167）
　三　基本的正义原则是对人的条件的事实的回应吗? ……（170）

第四部分　社会主义平等主义者的追求

第十一章　平等主义者的追求应是消除非自愿的劣势 …………（177）
　一　"优势获取平等" ………………………………………（178）
　二　对"幸福机会平等"和"资源平等"的挑战 ………（183）
　三　与德沃金思路的差异 …………………………………（187）

  四 关于"残障" ………………………………………………（192）

第十二章 能力本身不是平等主义者应当关注的恰当问题 ……（196）
  一 "中间状态" ……………………………………………（197）
  二 森对"能力"概念的误用 ………………………………（201）
  三 自由与能力 ……………………………………………（204）

第十三章 当今追求社会主义需要道德辩护 …………………（208）
  一 社会主义的特征是生产资料公有制 …………………（209）
  二 为社会主义做道德辩护的必要性 ……………………（212）
  三 劳动产品的权利原则和利益与负担的平等原则 ………（216）

第十四章 社会主义的平等原则与共享原则 …………………（219）
  一 野营旅行 ………………………………………………（220）
  二 社会主义的平等原则和与其相容的三种形式的不平等 …（223）
  三 社会主义的平等原则需以共享原则来调节 ……………（229）

附录 分析的马克思主义的旗手，社会主义平等主义的斗士
    ——纪念 G. A. 科恩 ……………………………………（233）

参考文献 ………………………………………………………………（240）

序 言

　　这是一本涉及当代西方政治哲学的著作，其主要内容是阐释2009年去世的，分析的马克思主义的主要创立者，当代世界著名左翼政治哲学家、英国牛津大学教授G. A. 科恩（G. A. Cohen）[①]为社会主义平等主义所做的辩护。

　　我对当代西方政治哲学的研究始于2006年。在此之前，我的研究领域主要有两个，一是始自1980年的历史唯物主义；二是始自1991年的国外马克思主义。[②] 由于我的国外马克思主义研究主要涉及20世纪70年代出现于英美的分析的马克思主义，而其主要代表人物，如G. A. 科恩、约翰·罗默、乔恩·埃尔斯特等人，在80年代前后都开始转向政治哲学。因此，我对当代西方政治哲学的研究可以说是对分析的马克思主义研究的一种自然延伸。不过，促使我下决心尽快投入这一新的研究领域的直接原因，是2006年8月在天津南开大学召开的"第六届马克思哲学论坛"。这次论坛的主题是"马克思主义政治哲学：阐释与创新"，论坛邀请我参加，于是，我就提交了一篇题为《G. A. 科恩的政

[①] G. A. Cohen在国内学术界被一些人译为G. A. 科亨，关于我为什么将其译为G. A. 科恩，参见我在本书第一章倒数第三段的一个注释（第12页注释①）。

[②] 前者的部分成果参见我的专著《重释历史唯物主义》（江苏人民出版社2009年版），后者的部分成果参见我的专著《理性的反思与正义的追求》（黑龙江大学出版社2007年版）。

治哲学转向及其启示》的论文①,这篇论文可以说是我进入当代西方政治哲学领域后发表的第一个成果。

2006年10月,应G. A. 科恩(以下简称科恩)的邀请,我到牛津大学做为期3个月的高级访问学者,研究的课题是"罗尔斯《正义论》之后当代西方政治哲学的新进展"。科恩是我多年的良师益友,在学术研究上给过我很多帮助。我初次结识他是在1991年,那时我在英国埃塞克斯大学(University of Essex)做访问学者,后转为读博士。我在去英国之前就读过他的《卡尔·马克思的历史理论——一种辩护》,知道他是分析的马克思主义的主要创立者之一。到英国后更是经常听到人谈到他,进而了解到他还是世界著名的左翼政治哲学家。我的博士学位论文《马克思的社会形态理论》有一章涉及科恩的功能解释理论,而我不同意他的观点。1991年10月的一天,我向我的导师尼古拉斯·布宁②谈到我想找机会向科恩当面请教,并想就分析的马克思主义的一些问题对他做一次采访。布宁很支持我的想法,并当即与科恩联系。令我意想不到是,科恩爽快地答应了,并约我们11月14日到他所在的牛津大学万灵学院(All Souls College)③去见他。那天与科恩见面时,我先向他询问了有关分析的马克思主义的一些情况,然后谈了我对他的功能解释理论的不同意见。由于我那时的英语表达能力还不强,科恩只是大致了解了我的观点,并对我的观点做了简要的回应。这次见面使我收获巨大,并对科恩的为人和治学态度留下了深刻的印象。从牛津回来以后,我将我的观点写成一篇题为《功能解释还是因果解释?》的论文④并寄给了科恩。我当时这样做只是想让他准确地了解我的观点,而绝没

---

① 此篇文章后发表在《哲学研究》2006年第11期。
② 布宁自1988年至今一直是在中国创办的"中英暑期哲学学院"的英方主席。
③ 万灵学院是牛津大学的一个学院,创建于1438年,是牛津众多学院中唯一没有本科生的以研究为主的学院。学院拥有众多的知名学者,被视为世界最具学术权威的高级学府之一。
④ 这篇论文后来得到世界著名的马克思主义学者、英国肯特大学教授戴维·麦克莱伦(David Mcllelan)的好评,并由他推荐发表在 Kent Papers in Politics and International Relations, Series 1, 1992。

奢望他能再对我的观点做出回应，因为我自知自己只是一个来自中国的普通访问学者，而他是大名鼎鼎的牛津大学的教授。但出乎意外的是，科恩很快而且非常认真地给我回复了一封长信。他在信中说，他对我这样一个有着那样不同的语言和知识背景的人能如此准确地把握那些问题感到惊奇，并对我论文中的16处提法逐一提出了不同的意见。他的回复有三页A4纸，当时还没有电脑，全是用打字机打出来的，而且听人说他打字是用一个手指头。科恩的回信并没有说服我，但他论证问题的哲学分析方法使我深受启发，并对我的论文写作产生了重要影响。从那以后，我与科恩的交往开始增多，并成了好朋友。我1994年博士论文答辩后，科恩曾将我的论文推荐给牛津大学出版社。[①] 1995年夏天，我邀请他来中国人民大学讲学，并给他当翻译。1998年9月到1999年3月，我到他所在的牛津大学万灵学院（All Souls College）做客座研究员，那时我们时常见面，有时一起探讨问题，有时一起外出散步，他还陪我参观了牛津大学的近20个学院。这次到牛津后我曾多次当面向他请教，并从他那里获得不少在国内难以找到的相关资料。12月的一天，科恩请我在牛津的一个小餐馆吃饭，饭后我问了他这样一个问题：在当今西方政治哲学领域，诺齐克的理论被人们称为"自由至上主义"，罗尔斯、德沃金等人的理论被人们称为"左翼自由主义平等主义"，你的理论既批判前者又批评后者，那你的理论应称作什么？科恩听后没有回答我的问题，而是反过来问我，你认为应称作什么？我想了一下说，应称为社会主义平等主义。因为在我看来，真正能使你的理论与他们的理论区别开来的不在于你倡导平等而诺齐克倡导自由，也不在于你倡导的平等比罗尔斯的更彻底，而在于诺齐克的理论是为纯粹的资本主义辩护，罗尔斯的理论是为改良的资本主义辩护，而你的理论是为取代资本

[①] 由于牛津大学出版社审读书稿和做出决定的时间较长，而英国的另一家出版社（Avebury Ashgate）答应可以立即出书。在我征求科恩的意见时，他建议我答应后一家出版社，并说这家出版社也不错。我听从了他的建议，我的博士论文《马克思的社会形态理论》于1995年由Avebury Ashgate出版。

主义的社会主义辩护。科恩听后沉吟了一会儿，然后说，"你的说法不无道理，不过，这个问题我还要再想想！"① 可以说，我写这本书的起因就是与科恩的这次交谈。

2007年从牛津回国后，我与科恩虽继续保持联系，但却都没再谈及上面说的那个问题。不过，那个问题却一直在我心中挥之不去。为此，我开始大量阅读当代西方政治哲学的各种相关著作，并逐渐形成这样一个看法，即在罗尔斯的《正义论》问世以后，当代西方政治哲学的发展实际上形成了三足鼎立的局面：一是以罗尔斯为代表的左翼自由主义平等主义；二是以诺齐克为代表的自由至上主义；三是以科恩为代表的社会主义平等主义。我得出这一看法还受益于马克思和恩格斯在《德意志意识形态》中的一段话 "哲学家们只要把自己的语言还原为它从中抽象出来的普通语言，就可以认清他们的语言是被歪曲了的现实世界的语言，就可以懂得，无论思想或语言都不能独自组成特殊的王国，它们只是现实生活的**表现**。"② 如果仅从表面上看，当代西方政治哲学各个流派之间的纷繁复杂、艰深晦涩的争论都是围绕平等这一主题展开的，但只要将它们各自的哲学话语与现实社会联系起来我们就不难发现，它们的争论说到底都是围绕如何解决二战后资本主义世界出现的新的社会矛盾而展开的，而其争论的核心问题是如何对待现存的资本主义制度。因此，罗尔斯的左翼自由主义平等主义说到底是为对资本主义加以改良的福利国家做辩护，诺齐克的自由至上主义说到底是为最大限度依赖市场的更为纯粹的资本主义做辩护，而科恩的社会主义平等主义说到底是为取代资本主义的社会主义做辩护。

形成上述看法以后，我便产生了这样一个念头，即写一本从社会主

---

① 在我看来，科恩那时之所以说还要再考虑考虑，不是因为他不愿接受我的建议，而是因为他对其主张的社会主义平等主义的论证还缺少正面的、充分而系统的论证。这从他逝世前不久交给普林斯顿大学出版社，并在他去世后不久即2009年底出版的《为什么不要社会主义？》的小册子就看得很清楚。他在这本小册子中明确讲到他主张的平等原则是社会主义的机会平等原则，尽管他在这本小册子中对这一原则的说明还是非常简要的。

② 《马克思恩格斯全集》第3卷，人民出版社1960年版，第525页。

义平等主义的视角对科恩在当代西方政治哲学中的重要贡献做一较为全面阐释的著作。我之所以要写这样一本书是出于多方面的考虑，其中一个重要的方面是，尽管科恩的政治哲学理论在西方学术界早已产生重大影响并受到人们的高度重视，但在我国学术界却没引起相应的关注。这体现在，虽然我国学者对他在分析的马克思主义上的贡献有较多的了解，但对他在政治哲学上的贡献却知之甚少。[①] 在我看来，导致这种情况的原因主要有三个：一是我国的政治哲学研究一直存在有意无意地忽略西方左翼学者的倾向；二是不少学者对科恩应用的分析哲学的方法有抵触或为难情绪；三是国内翻译出版的科恩的相关著作——《自我—所有权、自由和平等》[②]、《如果你是平等主义者，为何如此富有？》[③] 和《马克思与诺齐克之间》[④]，以及发表的相关译文——《论均等主义的通货》[⑤]、《什么的平等？论福利、善和能力》[⑥]，都存在程度不同的错译问题，致使不能直接阅读英文原著的读者根本无法弄懂科恩的思想。然而，无论从理论上讲还是从实践上讲，将科恩的政治哲学理论，特别是他为社会主义平等主义所做的辩护介绍给我国学术界都有重要意义。为此，我在2009年2月以"G. A. 科恩的社会主义平等主义研究"为选题申报了国家社科基金一般项目并获得批准（项目编号09BZX021），本书就是这一项目的最终成果。

众所周知，科恩在当代西方政治哲学上的众多建树，大都是通过与诺齐克、罗尔斯、德沃金、阿玛蒂亚·森等著名学者的论战而取得的，他为社会主义平等主义所做的辩护也是这样。只要翻阅一下科恩的论著就不难发现，虽然他极力主张社会主义平等主义，但除了在那本他逝世

[①] 除了少量简单介绍他的个别观点的论文以外，至今尚没有一本关于他的专著在我国出版。
[②] G. A. 柯亨　《自我所有、自由和平等》，李朝晖译，东方出版社2008年版。
[③] G. A. 柯亨　《如果你是平等主义者，为何如此富有？》，霍政欣译，北京大学出版社2009年版。
[④] G. A. 柯亨　《马克思与诺齐克之间——G. A. 柯亨文选》，吕增奎编，江苏人民出版社2007年版。
[⑤] 葛四友译，载《运气均等主义》，江苏人民出版社2006年版，第111—146页。
[⑥] 龚群译，载《生活质量》，社会科学文献出版社2008年版，第11—34页。

后不久出版的只有几万字的小册子《为什么不要社会主义?》[1]中简要谈到这一主张以外,他并未出版过一本从正面系统论述它的著作。正是基于这一情况,本书对科恩的社会主义平等主义的阐释,也主要是通过阐释他与那些学者的相关论战而展开的。依据科恩为社会主义平等主义所做辩护的历史进程和内在逻辑,本书分为四个部分共十四章,此外还有一个附录。

第一部分"转向政治哲学"。这一部分主要讲述科恩如何从一个正统马克思主义的信奉者变为分析的马克思主义者,和为何从对马克思主义的研究转向对政治哲学的研究。第一章讲述科恩自幼在加拿大接受正统的马克思主义教育,后来在牛津大学学会分析哲学的方法,以及将分析哲学的方法用于马克思主义研究的动因;第二章阐释科恩应用分析哲学的方法为马克思的历史唯物主义所做的三个辩护;第三章论述科恩对历史唯物主义的重新思考和修正;第四章论述科恩为什么后来离开马克思主义研究而投身政治哲学研究。

第二部分"反击诺齐克"。科恩为社会主义平等主义的辩护,实际上是从反击诺齐克对社会主义的攻击开始的。第五章阐释科恩对诺齐克提出那个反对社会主义的著名论证——"张伯伦论证"的反驳,即限制大多数人自由的是资本主义而不是社会主义。第六章阐释科恩对诺齐克为不平等辩护由以出发的前提——"自我—所有权"命题的反驳,即平等的实现并不是以不正义为代价的。

第三部分"挑战罗尔斯"。科恩为社会主义平等主义的辩护,在很大程度上是通过批评罗尔斯的左翼自由主义平等主义的不彻底性而展开的。第七章讲的是科恩对罗尔斯差异原则的两个批评:一是它没有证明基于刺激的不平等是正义社会的特征;二是它没有确立罗尔斯视为正义的不平等的正义性。第八章讲的是科恩对罗尔斯的差别原则只适用于社会基本结构主张的批评;因为在科恩看来,一个在差别原则条件中是正

---

[1] *Why not Socialism?* 普林斯顿大学出版社 2009 年版。此书已被笔者译为中文《为什么不要社会主义?》,人民出版社 2011 年版。

义的社会不仅需要正义的强制性规则，而且还需要影响个人选择的正义的风尚。第九章讲的是科恩对罗尔斯的建构主义正义观的批评，即罗尔斯的两个正义原则其实不是正义原则，而只是理想的社会管理规则。第十章讲的是科恩本人提出的一个新见解——原则能够回应事实只是因为它也是对不回应事实的更为根本的原则的回应，和他据此对罗尔斯的所有基本原则都依赖事实的观点的批评。

第四部分"社会主义平等主义者的追求"。在批评罗尔斯的同时，科恩还通过与左翼自由主义平等主义的代表人物德沃金和阿玛蒂亚·森在"什么的平等"这一问题上的论战，对他主张的社会主义平等主义做了进一步的说明和论证。第十一章讲的是科恩在与德沃金的争论中提出的体现社会主义平等主义的"优势获取平等"主张，和由此出发对德沃金的"资源平等"主张的三个批评；第十二章讲的是科恩对森的"能力平等"主张的肯定与批评，和对他的"优势获取平等"主张的进一步说明；第十三章讲的是科恩为什么强调要当今追求社会主义需要道德辩护，和他为什么反对劳动产品的权利原则而主张利益与负担的平等原则；第十四章讲的是科恩对超越资产阶级机会平等和左翼自由主义机会平等的社会主义机会平等的论证，以及他为什么认为后者还需由社会主义共享原则来调节。

附录"分析的马克思主义的旗手，社会主义平等主义的斗士——纪念 G. A. 科恩"是我在科恩逝世后不久写的一篇纪念他的文章，文中对他在学术上的贡献做了简要的概括和评价。

第一部分

转向政治哲学

第一章

从正统的马克思主义者到分析的马克思主义者

我在一个忠诚于加拿大共产党的家庭中长大,在十几岁的时候,我是一个相当正统的马克思主义者;我满怀热情地接受了给我的理论。①

在我们所有的著作中,作为探究对象的总是马克思主义而不是分析的方法,而分析的方法则被运用于对马克思主义的探究。②

一 对正统马克思主义的信奉

科恩1941年4月14日出生于加拿大蒙特利尔一个信仰共产主义的犹太工人家庭。他的父亲是当地工会的积极分子,母亲是加拿大共产党党员。这种家庭背景使他很小就受到正统的马克思主义启蒙教育,并对

---

① G. A. Cohen, *If You're an Egalitarian, How Come You're So Rich?* Harvard University Press, 2001, p. 117.
② G. A. 科恩《卡尔·马克思的历史理论——一种辩护》,高等教育出版社2008年版,第9页。

他后来的学术道路和价值取向产生了重要影响。

在少年时期,对科恩的人生观和他的成长影响更大的是他的母亲而不是他的父亲。科恩的母亲1912年生于乌克兰哈尔科夫(Kharkov)一个不信教的富裕的犹太人家庭,她的父亲是一个成功的木材商。在1917年,即她5岁的时候,俄国十月革命爆发了,乌克兰也随即成立了苏维埃社会主义共和国。在20世纪20年代的"新经济政策"时期,她父亲的生意还能继续维持,全家的生活整个说来还算富裕。那时她虽然属于衣食无忧的有钱人家的孩子,但在学校和青年组织中却成长为一个对布尔什维克事业满腔热情的积极分子。到了1930年,由于"新经济政策"开始让位于对资产阶级的存在不再那么容忍的制度,她的父母决定移民去加拿大,于是,她同全家一起到了加拿大的蒙特利尔定居。不过,她当时同意父母的决定不是因为她想去那里生活,也不是因为她对苏联有什么不满,而是因为她不愿与选择移民的父母和姐妹分开。

科恩的母亲到达蒙特利尔那年刚好18岁,因为既不会讲英语,又没接受过高等教育,她只得在一家服装厂找到一份蹬缝纫机的工作,因而,其社会地位也就一下子降至无产者。但她对自己成为工人阶级的一员非但没感到失落反而感到自豪,随后,她加入了加拿大共产党,并成为一名积极的党员。[①] 科恩的母亲进厂后不久遇到了他的父亲,一个服装裁剪工。与科恩的母亲一样,科恩的父亲也不信教,但与她不同,他出身于一个地地道道的无产者家庭,连中学都没上过,他的父亲是一个来自立陶宛的穷裁缝。科恩的父亲没有加入加拿大共产党,而只加入了一个信奉共产主义的团体——犹太人联合会(United Jewish People's Order),这一组织的成员大多不信教,并强烈地支持苏联。他没有加入共产党不是因为他在意识形态上有所保留,而是因为他的个性。那时的共产党员都被要求定期在支部会议上大胆讲述自己的观点,但科恩的父亲却是一个少见的沉默寡言且不善言辞的人。由于同在一个工厂做工,

---

[①] 科恩1995年来中国人民大学讲学时曾骄傲地告诉在场的师生,他妈妈是中国人民熟悉的加拿大共产党员诺尔曼·白求恩的好朋友。

都积极参加建立服装行业工会组织的斗争，并在夏季常到郊外的乡村营地（由左翼犹太工人建立的）一起度周末，科恩的父母从相识发展为相爱。他们于1936年结婚，1941年出生的科恩是他们的长子。

科恩最初受到马克思主义教育是在1945年进入一所由犹太人联合会资助并管理的学校——莫里斯·温彻斯基学校[1]学习之后。这所学校的学生每天上午学习普通的小学课程，下午学习犹太（以及其他）历史、意第绪语[2]和文学。上午授课的老师用英语授课，她们既不是犹太人，也不是共产主义者。下午授课的老师则用意第绪语授课，他（她）们是左翼的犹太人。科恩后来回忆说，他从后者"接受的教育充满了用方言讲的马克思主义的作料，即使在他们讲述《旧约》的故事时也是如此"[3]。其中一门叫作"阶级斗争史"的课程尤其使他难以忘记，因为他在1949年惊讶地注意到，他得了这门课程的"最高分"。科恩在这所学校读书直到1952年。这一年的夏天，加拿大魁北克省警察的"红色缉捕队"突然搜查了犹太人民联合社的办公室和学校本身。[4] 这次突袭虽然没有从学校搜查到什么违禁的东西，但却从犹太人联合会的办公室找到了一些小册子及类似的宣传品，并使后者因此被查封。此后，虽然莫里斯·温彻斯基学校还被允许继续开办，但这次突然搜查却使很多家长因心存恐惧而把他们的孩子转到其他学校，这样一来，学校也就无法继续维持下去了。对于在莫里斯·温彻斯基学校学到的马克思主义科恩一直念念不忘，他后来在谈到这段历史时深情地说"但是，我们中的一些人——我也在其中，当时我11岁，在离开时仍对作为莫里斯·温彻斯基学校的主要目的而灌输给我们的那些原则怀有坚如磐石

---

[1] 一所以犹太无产阶级诗人莫里斯·温彻斯基（Morris Winchewsky）命名的学校。
[2] 属于日耳曼语族，又称"犹太德语"。
[3] G. A. Cohen, *If You're an Egalitarian, How Come You're So Rich?* Harvard University Press, 2001, p. 22.
[4] 这次搜查是当时仍在北美横行的麦卡锡主义政治迫害在当地的表现的一部分。

般的信念，对苏联正在实施这些原则感到信心十足和欢欣鼓舞。"①

离开莫里斯·温彻斯基学校之后，科恩被送到一所名为阿尔弗雷德·乔伊斯的州立小学，一年后，即1953年他升入斯特拉斯科纳中学，并在那里一直读到1957年考上麦吉尔大学。在这两所学校读书期间，科恩从未公开过他的共产主义信仰，因为那几年正是冷战时期的麦卡锡主义横行之时，他没有勇气将他的左翼思想，以及对共产主义、对苏联和中国的向往展示于众。科恩在斯特拉斯科纳中学读书期间还遇到一个难题，即他不但要隐瞒自己的共产主义信仰，而且还要隐瞒他不准备接受犹太教成人仪式的想法。按照犹太教的律法，男孩从13岁生日那天起就算成人了，并要参加为他举行的具有宗教特征的成人仪式。由于科恩自幼生长在一个强烈地反宗教的家庭，而且此时已具有共产主义的信念，因而他从内心拒斥犹太教的成人仪式。但他此时就读的斯特拉斯科纳中学实行男女分班，他的同班同学大多数是犹太男孩，而且到了1954年4月以后，同学们都知道他已经过了13岁生日，这就使得他无法躲避犹太教的成人仪式这个问题。如果他公开承认不接受犹太成人仪式，那会使他与其他同学格格不入，难以相处，所以他撒了谎，说他已经参加过犹太教的成人仪式了，并说是拉比②亲自到他家主持的仪式。实际上，在他13岁生日那天或前后两天，科恩的父母确实给他举办了一次类似成人仪式的活动。那天，他的父母和十几个信仰共产主义的犹太朋友参加了这次活动。科恩在活动中不是去做祈祷，而是当众朗诵了一个由勒姆·阿莱亨创作的意第绪语的小故事。两年以后，即科恩15岁时，他的一个好友不知是因为大意还是因为背叛向别人透露了他的实情，于是，消息不胫而走。由于那时他还是一个共产主义组织的积极分子，所以，全校到处都在传"科恩是共党分子！科恩是共党分子！"面对这种情况，科恩接连几天都做好了应战的准备，但他后来发现，他非但没有

---

① G. A. Cohen, *If You're an Egalitarian, How Come You're So Rich?* Harvard University Press, 2001, p. 24.
② 犹太教负责主持宗教仪式的人员。

受到同学们的责难,相反,大多数人对他表现出好奇和钦佩之情。在此之后,他彻底公开了自己在意识形态上的红色立场。

科恩 1957 年 9 月进入麦吉尔大学读本科,那年他 16 岁。由于出生并成长于一个属于共产党群体的工人阶级家庭,科恩在青少年时期就热爱并信奉马克思主义的理想。他那时不但从常来家中做客的父母的同志与朋友那里如饥似渴地聆听和汲取马克思主义关于资本主义、社会主义和革命的观点,而且还读了不少有关马克思主义的著作。用他自己的话说,"在我到麦吉尔大学读本科之前,我已经读了不少马克思主义的经典著作,尽管理解的不是那么好"①。在麦吉尔大学读书的第一年,科恩还确信恩格斯的《反杜林论》包含了那时所有重要的哲学真理。但在第二年,他开始发现它的局限性,并进而得出这样一个结论,即它的哲学部分与关于社会和历史的部分相比是不成熟的。从这时起,科恩对马克思主义的信奉开始集中在它的社会历史理论上。在麦吉尔大学学习期间,科恩所修的课程包括马克思主义的理论,对此他有这样的回顾:"1960 年秋天,我在蒙特利尔的麦吉尔大学读本科生的最后一年。我当时的一门课程是马克思主义理论。这门课程所用的教科书是约翰·普拉梅内兹(John Plamenatz)②著的《德国的马克思主义和俄国的共产主义》③。当时,即 1960 年,我是一个正统的历史唯物主义者。因此,我相信,由生产关系构成的社会的经济基础一般说来解释它的上层建筑,尤其是解释它的法律的上层建筑。不过,当我读到布莱梅尼茨那本书的第 22—24 页时,我的思想却被弄乱了,因为在那里他似乎对基础和上层建筑的区分提出一个非常严重的问题。"④ 科恩当时认为,这是一个必须加以解决的问题,而且他相信肯定会有解决这个问题的办法,因为

---

① G. A. 科恩《卡尔·马克思的历史理论——一种辩护》,高等教育出版社 2008 年版,第 5 页。
② 约翰·普拉梅内兹(1912—1975),牛津大学万灵学院研究员,社会与政治理论教授。
③ Plamenatz J. P., *German Marxism and Russian Communism*, London, 1954.
④ 《信奉而不恭维:对分析的马克思主义的反思》,见《理性的反思与正义的追求》,黑龙江大学出版社 2007 年版,第 172 页。

如果没有解决的办法，那历史唯物主义的一个核心的原理就必须放弃，并会随之给作为一个整体的历史唯物主义理论带来无数否定性的结论。

二　将分析哲学的方法应用于马克思主义研究

1961年，科恩从麦吉尔大学毕业，并决定继续攻读哲学专业的研究生。当时他可在哈佛和牛津两个著名大学之间选择其一，大概是因为离开蒙特利尔远赴欧洲比去近邻的美国的马萨诸塞更令他兴奋，他决定去牛津大学的新学院（New College）[①] 攻读 B Phil 学位（相当于我国的硕士学位）。

来了牛津大学之后，科恩幸运地遇到20世纪分析哲学日常语言分析学派的主要代表人物吉尔伯特·赖尔（Gilbert Ryle）教授。在赖尔的亲切指导下，科恩学习并掌握了分析哲学的基本方法。在20世纪60年代，几乎所有热衷于政治的学生都对分析哲学持敌视态度。他们把它视为资产阶级的东西，或琐碎浅薄的东西，或是这两者的结合。但科恩却不同，在他看来，分析哲学虽是资产阶级的东西，或至少肯定不是反对资产阶级的东西，但他对它却并不反感。对此，科恩后来做过这样的解释："如果你是年轻人，是左翼，你来到大学是渴望获得相关的思想，牛津的这种学术性的哲学是你遇到的第一种思想体系，那你就很难不感到失望，甚至感到被它欺骗，你会很自然地把马克思主义视为一种强有力的取代和消除它的东西。但如果你像我一样是从学习马克思主义开始的，那就会毫不困难地把分析哲学作为探讨的对象。"[②] 由于科恩在到牛津之前已对马克思主义有较深入的了解，因而，他同大多数在政治上

[①] 新学院创建于1379年，是牛津大学中规模最大、资金最充裕的学院之一。新学院拥有悠久的左倾政治传统，为英国工党培养了多名重要的政治领袖。

[②] G. A. 科恩《卡尔·马克思的历史理论——一种辩护》，高等教育出版社2008年版，第5—6页。

与他志趣相投的同代人不同,他并不指望牛津大学的分析哲学给他提供使现实世界感到不安的思想。所以,牛津的分析哲学并没有使他像他的很多同代人那样感到失望,相反,他全力以赴地投入对分析哲学的学习,并熟练地掌握了分析哲学的各种方法。对他在牛津学习分析哲学的情况,科恩有这样一段回忆:

> 在到牛津之前,我对牛津风格的哲学几乎一无所知,所以我第一年的时间全都用来吸取所能吸取的东西。我学会做的一件事是询问关于"事实的状况"和"假定的事实"的问题。如果某人说"p",那你要接着这样追问:你说的话是分析的(即其为真仅仅依据表达它的那些词的含义),还是综合的(即其为真是因为某种更充实的理由)?一个可用来表明它们之间的不同的例子是:"所有的单身汉都没有结婚",这句话是分析的,与此不同,"所有的单身汉都是暴躁和苛刻的",这句话也许同他们都没有结婚一样为真,但其为真却不仅仅取决于他们被恰当地称为"单身汉"。……在牛津的第一学年结束时,我已能相当敏锐地区分开(明显的)分析的观点与综合的观点,而且乐此不疲。①

科恩于 1963 年获得牛津大学 B Phil 学位,后经以赛亚·伯林②的推荐到英国伦敦大学学院(UCL)哲学系任教,③讲授道德和政治哲学。但那时的科恩对其所讲的课程兴趣不大,因为他更关注的是马克思的历史理论。由于坚信马克思的历史理论是正确的,所以,他那时写的论文

---

① G. A. Cohen, *If You're an Egalitarian, How Come You're So Rich?* Harvard University Press, 2001, p.17.
② 以赛亚·伯林(1909—1997),世界著名的政治哲学家,牛津大学教授,科恩的良师益友。
③ 我曾问过科恩硕士毕业后为什么不继续读博士,他告诉我,他那时能得到伦敦大学学院哲学系的一个教师职位已是非常理想的事,因为即使博士毕业也不容易得到这份工作。

都是为这一理论做辩护的,而他这样做的目的,就是想通过对这一理论的辩护来纠正那些被人们广为接受但他认为是错误的种种看法。

科恩在牛津大学虽然学会了分析哲学的方法,但在初到伦敦大学学院时,他还不是一个对使用分析哲学的方法充满信心的人。因而,他写的文章,用他自己的话来讲,还都是"前分析的,或者说至少是半前分析的"①。是60年代后期发生的两件事,促使他后来将对分析哲学的喜爱转变为对它的全面应用。

第一件事发生在伦敦大学学院1966—1967学年中的一次小型研讨会上。在那次研讨会上,科恩宣读了一篇题为"资产阶级和无产阶级"②的文章。这篇文章是对马克思在《神圣家族》中的一段话的进一步反思,在这段话中,马克思说,像无产阶级一样,资产阶级也被异化,但他们喜欢他们的异化,并在其中发现了他们的力量。听众中有一个名叫以撒·莱维(Isaac Levi)的美国哲学家。在评论了马克思在其《1844年经济学哲学手稿》所讲的有关货币的权力的一些说法以后,科恩大胆地提出,根据马克思的观点,富有的资本家的主妇不是**因为他的钱而爱他**,相反,她爱的是钱**本身**。在科恩发言之后,莱维提出想要**确切地**知道这种见解的含义,以及人们应该怎样说明它是否是正确的,说得准确一点就是:喜欢某些人**只是**因为喜欢他们的钱与喜欢那些钱**本身**之间的**区别**是什么?科恩当时认为,莱维的提问是不友好的且无益的(虽然后来认为他的提问是绝对恰当的)。在讨论结束后他们一起离开房间时,莱维无疑注意到了科恩的不自在,他走近了科恩并以朋友的方式对他说"你瞧,我不在意做事情的不同方式。我只是想知道基本的规则是什么。"这番话对科恩的打击很大,并使他情绪低落。在听到莱维的告诫后不久,科恩停止了诗人式的写作方式,因为他深刻地意识到,诗人写下的是他听起来感到很好的东西,它们或者得到读者的共

---

① 《信奉而不恭维:对分析的马克思主义的反思》,见《理性的反思与正义的追求》,黑龙江大学出版社2007年版,第173页。

② 这篇文章后来发表在1968年的《思想史杂志》。

鸣，或者得不到，但他无须要为他的诗句辩护。从此以后，科恩在写作时就尽力追问自己：这句话对于进行说明或论证的确切作用是什么？

第二件事是阅读阿尔都塞的著作。在20世纪60年代，英国年轻的马克思主义学者被阿尔都塞和他的学派的著作所强烈吸引，为此，科恩仔细研读了阿尔都塞的著作《保卫马克思》和两卷本的《读〈资本论〉》(阿尔都塞与他的学生巴里巴尔合著)。[①] 然而，虽然他最初为阿尔都塞的理论所吸引，但后来却发现这一理论反复肯定的概念严谨的重要性与其特殊理论实践中的概念的严谨并不相称。科恩说，"当我进而读到《读〈资本论〉》——一本由阿尔都塞和其他人合著的论文集时，我却感到很失望。除了从某种意义上了解到法语可被用得多么优美同时又多么难以捉摸以外，我从阿尔都塞的论文几乎一无所获。……我发现《读〈资本论〉》的很多内容极为含混。逻辑实证主义以及它坚持的理智活动的精确性主张，在巴黎从未受到重视，这也许是一件令人遗憾的事。……阿尔都塞的含混会给英国的马克思主义造成不幸的后果，因为在英国明晰是一种宝贵的遗产，而且在英国一般都不假定理论陈述必定是一种难以理解的东西"。[②] 进而言之，虽然阿尔都塞提出的一些新思想，例如，质询作为主体的个人的思想，或矛盾和多元决定论的思想，是令人兴奋和有启发性的，"但要说出如何证实这些思想中包括的命题的正确，又常常似乎是不可能的，而且，在另外一些场合中，那些命题似乎只能有两种解释，一种是它们全都太显而易见是正确的，另一种是它们全都太显而易见是错误的"。[③]

上述两件事使科恩意识到将分析哲学方法应用于他为之辩护的历史唯物主义的重要性，于是，他决定写一本用分析哲学的方法来澄清和辩

[①] 根据科恩自己的记录，他读完《保卫马克思》是在1968年1月2日，读完《阅读〈资本论〉》的第一卷和第二卷的时间分别是同年的1月28日和5月16日。参见 G. A. 科恩《卡尔·马克思的历史理论——一种辩护》，高等教育出版社2008年版，第XII页。

[②] G. A. 科恩《卡尔·马克思的历史理论——一种辩护》，高等教育出版社2008年版，第II页。

[③] 同上书，第6页。

护历史唯物主义核心主张的著作。经过数年的努力，这本著作——《卡尔·马克思的历史理论——一种辩护》[①] 于 1978 年出版。科恩在这本书的"序言"中说 "本书为历史唯物主义辩护，方法是提供有利于它的论证，但更多的是以一种我希望的吸引人的形式介绍这一理论。介绍考虑到两方面的制约：一是马克思所写的东西，另一是标志 20 世纪分析哲学的那些明晰和严密的标准。目的是要建构一种站得住脚的历史理论，而且这一理论要与马克思对这一问题的论述明显一致。虽然马克思当然会发现一些随之而来的使他觉得陌生的东西，但希望他能承认这些东西是对他的思想的合理的、清晰的陈述。"[②] 正是在这本著作中，科恩应用分析哲学的方法，特别是逻辑分析和语义分析的方法，对历史唯物主义的一系列基本范畴，如生产力、生产关系、生产方式、经济基础、上层建筑、经济结构进行了澄清，并对历史唯物主义的一些基本命题提出了令人耳目一新的辩解。

虽然科恩在这本书中强调他澄清和辩护的是基于马克思《〈政治经济学批判〉序言》的"一种老式的历史唯物主义"，但他实际上提出了一种既不同于正统的马克思主义，又不同于西方马克思主义，特别是以卢卡奇为代表的黑格尔主义的马克思主义和以阿尔都塞为代表的结构主义的马克思主义的对历史唯物主义的全新解释。这本书一经出版就赢得了西方学术界的高度评价，被很多学者视为 20 世纪研究马克思理论的最好著作之一，并使它赢得了 1979 年伊萨克·多伊彻纪念奖（Isaac

---

[①] 科恩的这部著作早在 1989 年就被译为中文（岳长龄译，重庆出版社出版），但译本存在很多错译、漏译的问题，以致使人们很难读懂。为了使国内学者能真正了解这本在当代西方国家马克思主义研究中具有重大影响的著作，笔者从 2006 年起用了一年多的时间重译了它的第二版，即 2000 年版。同岳长龄译的 1978 年版相比，2000 年版增加了一个介绍分析的马克思主义的"导言"，和"桎梏"、"历史唯物主义再思考"、"受到限制的历史唯物主义和包括一切的历史唯物主义"、"苏联垮台以后的马克思主义"四章新内容。新译本于 2008 年 6 月由高等教育出版社出版。笔者在新译本中将作者的名字译为 G. A. 科恩，而岳长龄将其译为 G. A. 科亨。笔者的译法是基于两个考虑：一是作为名字的 Cohen 一词本身虽然既可译为科亨，也可译为科恩，但科恩与人们称呼作者时的实际的发音更为相近；二是为了与岳长龄的译本相区别。

[②] G. A. 科恩 《卡尔·马克思的历史理论——一种辩护》，高等教育出版社 2008 年版，第 I 页。

Deutscher memorial prize)。科恩本人后来也因此书而成为具有重要影响的分析的马克思主义学派的创立者和重要代表人物之一。[①]

在《卡尔·马克思的历史理论———一种辩护》一书出版 10 年后,即在 1988 年,科恩又出版了一本题为《历史、劳动和自由》(*History, Labour and Freedom*)[②] 的著作,在这本书的第一部分(前 5 章),科恩又对他在《卡尔·马克思的历史理论———一种辩护》一书中对历史唯物主义所做的辩护做了进一步的论证。

[①] 关于科恩与分析的马克思主义的关系,参见本书附录。
[②] 牛津大学出版社 1988 年出版,此书尚没有中译本。

第二章

为历史唯物主义辩护

　　马克思是一个永不满足的、具有创造性的思想家,他在诸多方面提出了许多思想。但他没有时间,或没有意愿,或没有书斋的宁静,来把它们全都整理出来。因而,声言对他的一些主要思想提出比他本人提供的更有条理的表述,这不是自命不凡。[①]

科恩在《卡尔·马克思的历史理论——一种辩护》和《历史、劳动和自由》这两本书中,应用分析哲学的方法为历史唯物主义做了多方面的辩护,其中最为重要和最具代表性的是他有关"发展命题"、"首要性命题"和"合法性问题"的论证。

一　"发展命题"

"发展命题"是科恩在《卡尔·马克思的历史理论——一种辩护》

[①] G. A. 科恩《卡尔·马克思的历史理论——一种辩护》,高等教育出版社2008年版,第Ⅰ页。

中提出的一个命题,这一命题讲的是"生产力趋向发展贯穿整个历史"①。科恩认为,这一命题在马克思的历史唯物主义中十分重要,但它在马克思本人及后来的马克思主义者的著作中却缺少深入的说明和严格的论证。

科恩在《卡尔·马克思的历史理论——一种辩护》中提出,他对"发展命题"的说明和论证是基于对"三个事实的反思"②:

(1) 人,就其特性而言,多少是有理性的;
(2) 人的历史境遇是一种匮乏的境遇;
(3) 人具有的一定程度的才智使他们能够改善其境遇。

这里的(1)讲的是理性的人知道如何去满足他们具有的强制性的需要,他们会倾向掌握和使用满足这些需要的工具。(2)讲的是既定的人的需要和外部自然的特性使得人们无法满足他们的需要,除非他们花费大部分时间和精力去做他们不愿做的事,即从事不是作为目的本身来体验的劳动。(3)讲的是人倾向于反省他们正在做的事情和辨别做事情的更好的方法,知识的扩展有时可以用于生产,而且这种情况是看得到的。科恩认为,从已知人是有理性的(1)和他们的匮乏境遇(2)可以推出,当知识提供扩大生产能力的机会时,他们将倾向抓住它,因为不这样做将是非理性的。因此,生产力趋向发展贯穿整个历史。

在《历史、劳动和自由》中,科恩又对上述论证做了进一步的说明。他指出,这一论证使用了三个前提。第一个前提是,人所处的历史境遇是一种物质生活资料匮乏的境遇,在既定的外部自然的这一特征和应对它的可达到的生产力条件下,人类只有在他们中的大多数人把他们更多的生活用在从事或多或少令人厌恶的劳动上,才能满足他们的需

---

① G. A. 科恩《卡尔·马克思的历史理论——一种辩护》,高等教育出版社 2008 年版,第 163 页。

② 同上书,第 182 页。

要。第二个前提是，人们具有用来发现新资源、发明新生产技术及工具的智力和其他能力。第三个前提是，他们有足够的理性抓住他们的能力在劳动中创造的解决匮乏的机会。"简言之，在他们是有理性的和他们面对险恶的自然环境的前提下，人们将不会无限期地放弃不断出现在他们面前的发展生产力的机会"[①]，因此，生产力将趋向发展。

科恩还针对一些人对他在《卡尔·马克思的历史理论——一种辩护》中相关论述的误解和批评，对他讲的"发展命题"的含义做了进一步的澄清。

第一，生产力的发展趋势是自主的，"它独立于社会结构，它植根于人的本性和人的境遇这些根本性的物质事实"[②]。科恩强调，在他对"发展命题"的论证中，用来支持这一命题的论据都是非社会的物质事实。所谓非社会的物质事实，指的是与社会结构无关的事实，例如，人类能够牺牲眼前的利益以追求更进一步的满足这种一般性的事实，以及欧洲人在 1250 年可以利用的生产资源保证了欧洲绝大部分的劳动是农业劳动这种个别性的事实。当然，不能否认，生产力的发展在一些特殊情况下会因非社会方面的原因而无法实现。例如，一场大地震的破坏，或生产力发展所需的能源已耗尽，或由于一种特殊的不是先前需要的但为现在进一步发展所需的资源（某种特殊的金属）的匮乏。如果这些非社会方面的阻碍是非常普遍的，那假定生产力持续发展的趋势就是不正确的，但我们假设它们不是非常普遍的，因为我们提出非社会的前提是想要确立生产力的正常发展趋势。

一些学者提出，生产力的发展离不开生产关系，因此，科恩的"发展命题"只有在假定生产关系始终是有利于生产力发展的情况下才是可能的，这样说来，生产力发展的根本原因就在于存在有利的生产关系。对此，科恩反驳说，生产力的发展当然离不开有利的生产关系，但这种有利的生产关系只是生产力发展的外在条件，而不是生产力趋向发

[①] G. A. Cohen, *History, Labour, and Freedom*, Oxford University Press, 1988, p. 86.
[②] Ibid., p. 84.

展的内在根源,因此,从生产力只有在有利的生产关系下才能发展,得不出生产力趋向发展的根源是有利的生产关系的结论。当然,由此不能认为生产力的发展无须生产关系的帮助,这就像一个小孩有自主的成长的趋势,这种成长的趋势是他内在地具有的,而不是由他的父母外在地灌输给他的,但由此不能得出,由于他具有自主的成长的趋势,他不依赖父母和其他人的帮助就能成长。生产力自主的发展趋势与此类似。因此,导致生产力趋向发展的最终原因不是生产关系,而是"人是有理性的、有革新精神的和受着匮乏的折磨这些事实"[1]。

第二,生产力趋向发展从根本上讲是人们要通过提高生产力来解决匮乏问题。科恩说,他在《卡尔·马克思的历史理论——一种辩护》中对"发展命题"的论证,是基于人类是面对匮乏问题的有理性的和富有创新精神的动物,他们通过改进他们的生产力来设法减轻匮乏问题。这样,从根本上讲,生产力趋于发展是因为这种发展减轻了人们在物质生活资料方面的匮乏。然而,他在对这一问题的论证过程中却不经意地讲过这样的话,即人们采用更高级的生产力是为了减轻他们自己的劳动负担,说得再具体一点就是,个别生产者,或他们合作的群体努力提高他们的技能和改进生产手段,以减轻他们劳动负担的程度。在这一说法中,"整体意义的生产的进步成了这些不同努力的聚合的结果"[2]。科恩承认,他的这一说法有问题,因为这样一来,生产力的发展趋势就是同特定个人或群体的理性相连的,因而失去了其自主的特征。这实际上是混淆了生产力发展的根本原因与具体原因。不能否认,一些理性的生产者采用先进的生产力是为了减轻他们自己的劳动,但这只能构成生产力发展的一个具体原因,而不能构成生产力发展的根本原因。生产力发展的具体原因可以是为了减轻劳动负担,但也可以是别的。例如,如果一个自食其力的农民采用了更先进的犁,那可以说他这样做是为了减轻他必须投入的劳动负担;如果一个资本家采用了更先进的生产设备或

---

[1] G. A. Cohen, *History, Labour, and Freedom*, Oxford University Press, 1988, p. 92.
[2] Ibid., pp. 87-88.

方法，那则可以说他这样做是为了保护或增加他的利润，而不是为了减轻任何人的劳动负担。然而，这里需要强调的是，在生产力发展的具体原因起作用的情况下，生产力发展的根本原因也仍在起作用，也正因为如此，资本主义的流行是"因为它对于征服匮乏做出了巨大的贡献，而无论这一结果与改进生产力的资本家的动机相距有多远"。[1]

科恩还承认，他在《卡尔·马克思的历史理论——一种辩护》中多少有些草率地讲过，只要匮乏存在，人们就倾向于抓住任何存在的机会去发展生产力，因为如果他们不这样做将是非理性的。这种说法也有问题。实际上，"理性并不总是赞同生产的革新，即使在有可能实现这种革新的地方"[2]。例如，牢牢控制生产过程的统治阶级有时也许有很充足的理由不允许生产的革新；再如，引入革新有时还会产生有害的后果。因而人们可以说，在一定的情况下引入革新是非理性的。但科恩认为，即使承认这种情况，人们仍可以坚持认为这种革新有时是理性的，因而会被采用。此外，由于理性和惯性，已取得的革新几乎不可能消失，除非它们被更高级的技术所取代。这样说来，虽然人们不是总在关注生产的改进以抓住每一促使它改进的机会，但在他们确实已实现改进的时候，他们不会轻率地放弃这种改进。因此，其结果就是，在每一个社会生产的改进都是一个趋势，即使这种趋势不是在每一个社会的每一时期都表现出来。

第三，生产力的发展趋势"贯穿作为一个整体的人类历史"[3]。科恩承认，由于某种停滞的（例如文化的）环境，一个社会即使在匮乏的情况下，也会缺少一种对生产进步而言的内在的（即不是通过与其他社会交往而导致的）发展趋势。然而，就所有的社会而言，只要环境不是总不利的，进步总会在某些地方发生，而且其成果将被保留。由此可以认为，人类历史存在一种普遍的进步的趋势，一种在作为一个整

---

[1] G. A. Cohen, *History, Labour, and Freedom*, Oxford University Press, 1988, p. 22.
[2] Ibid., p. 26.
[3] Ibid., p. 25.

体的世界中的进步的趋势,尽管不是每一个社会都具有这样的趋势。这里所说的进步"是从元素的意义上讲的"①,即无论在世界的哪个地方发生了什么,都是发生在作为一个整体的世界中,即使当它发生在某个地方时没对别的地方产生影响。但进步的社会很可能通过征服和其他影响形式建立起对落后社会的霸权,当这导致后者结合到前者中的时候,就出现了更大的社会整体的进步。如果这种情况的发生是有规律的,那人们就会承认,生产力发展的趋势存在于每一社会,而这或者是因为每一社会的内在原因,或者当一个社会不存在这种原因时,因为它最终会被那具有内在原因的社会拖入进步的行程。

科恩还指出,生产力发展趋势的普遍性无须表现为每一社会生产力的发展都要经历从最低级到最高级的全部发展过程。相反,可以存在一种"火炬接力"的模式:一个从前处于领先地位的社会,在生产力达到一定水平以后,会让位**"另一被它影响过的社会,后者将使生产力得到进一步的发展"**②。先进的火炬携带者经过一段时间之后可能把头等重要的地位让与先前落后的社会,而后者则没有必要重复它们效仿的社会经历的所有阶段。

二 "首要性命题"

"首要性命题"是科恩提出的又一个重要命题,这一命题讲的是生产力对生产关系和经济基础对上层建筑在解释上的首要性。科恩说,马克思在《〈政治经济学批判〉序言》中对其创立的历史唯物主义做了经典的表述 "人们在自己生活的社会生产中发生一定的、必然的、不以他们的意志为转移的关系,即同他们的物质生产力的一定发展阶段相适合的生产关系。这些生产关系的总和构成社会的经济结构,即有法律的

---

① G. A. Cohen, *History, Labour, and Freedom*, Oxford University Press, 1988, p. 27.
② Ibid., p. 28.

和政治的上层建筑竖立其上并有一定的社会意识形态与之相适应的现实基础。物质生活的生产方式制约着整个社会生活、政治生活和精神生活的过程。不是人们的意识决定人们的存在,相反,是人们的社会存在决定人们的意识。社会的物质生产力发展到一定阶段,便同它们一直在其中运动的现存生产关系或财产关系(这只是生产关系的法律用语)发生矛盾。于是这些关系便由生产力的发展形势变成生产力的桎梏。那时社会革命的时代就到来了。随着经济基础的变更,全部庞大的上层建筑也或慢或快地发生变革。"① 在这一经典表述中,马克思提出了生产力、生产关系(经济基础)和上层建筑三个历史唯物主义的基本概念,并使用了一些解释性的词语来说明它们之间的关系,这就是,生产关系与生产力的发展水平相适合,法律和政治的上层建筑竖立于经济基础之上。在这两种情况中,马克思都区分了两个子项,前者是生产关系和生产力,后者是上层建筑和经济基础,并断言第二项以某种方式解释第一项,即生产力以某种方式解释生产关系,经济基础以某种方式解释上层建筑,但"马克思在这里和其他地方都没有说他假设的是什么类型的解释"。②

通过对《〈政治经济学批判〉序言》和马克思其他相关论述的分析,科恩提出,历史唯物主义有两个核心命题:

(1) 生产关系的本质由生产力的发展水平来解释;
(2) 上层建筑的本质由经济基础来解释。

他认为,对这两个命题都只能做功能解释,因为否则就无法使它们同《〈政治经济学批判〉序言》和其他相关论述中包含的历史唯物主义的另外两个命题统一起来,这两个命题是:

---

① 《马克思恩格斯选集》第 2 卷,人民出版社 1995 年版,第 32—33 页。
② G. A. 科恩 《卡尔·马克思的历史理论——一种辩护》,高等教育出版社 2008 年版,第 316—317 页。

(3) 生产关系制约着生产力的发展；

(4) 上层建筑有助于经济基础的稳定。

科恩指出，第（3）和第（4）个命题讲的是生产关系对生产力的发展有作用，上层建筑对经济基础的稳定有作用。但这两个命题本身却不包含生产关系和上层建筑是由这些作用（功能）来解释的意思。因为 A 也许对 B 起作用，但 A 的存在是因为它对 B 起作用这一说法也许是不正确的。例如，我的鼻梁对我的视力有作用，因为它有助于我戴眼镜，但它与我的右眼不同，它不是因为对我的视力起作用而存在。但如果将命题（3）和（4）与命题（1）和（2）联系在一起，那就迫使我们必须把这些命题视为功能解释，因为没有别的解释方式能够维持生产力对于生产关系在解释上的首要性与后者对前者有重大影响之间的一致，以及经济基础对于上层建筑在解释上的首要性与后者对前者的重大影响之间的一致。换句话说，由于马克思要求加以解释的现象对他所说的解释它的现象有重要作用，这就出现了一个问题：如何使构成原因的被解释现象的作用与其在解释顺序中的第二的地位即被解释的地位一致起来？科恩认为，"如果采用的解释是功能解释，我们就在 A 对 B 的影响与由 B 来解释 A 二者之间确立了一致性。我不知道还有什么其他方法能使历史唯物主义协调一致"①。

什么是功能解释？科恩说，极为粗略地讲就是"被解释的东西的特征是由它对解释它的东西的影响决定的"②。为了帮助人们理解功能解释，科恩举了两个例子：（A）鸟长有空心骨是因为空心骨有利于飞行；（B）制鞋厂以大规模生产是因为大规模生产会带来经济效益。他指出，在这两个例子中，鸟长有空心骨要由空心骨有利于飞行来解释，制鞋厂以大规模生产要由大规模生产会带来经济效益来解释。这样的解

---

① G. A. Cohen, *History, Labour, and Freedom*, Oxford University Press, 1988, p. 8.
② G. A. 科恩《卡尔·马克思的历史理论——一种辩护》，高等教育出版社 2008 年版，第 317 页。

释就是他所说的功能解释。为了使人们准确把握功能解释,他还用分析哲学的语言对其做了严格的说明。他说,假设 E 是原因,F 是它的结果,我们以 E 具有这种作用来对它做功能解释。以 E 的发生是由于 F 的发生来解释是错误的,因为这是用后出现的结果来解释先出现的原因,这样一来,功能解释就与通常的因果解释相矛盾了。以 E 的发生是由于它引起了 F 的发生来解释也是错误的,因为当 E 引起 F 时,E 已经发生了,因而它引起 F 这一事实也不能用来解释它的发生。唯一可选用的解释是:E 的发生是由于它会引起 F,换句话说就是,E 的发生是由于这样一种情况,即事件 E 会引起事件 F。用符号来表示就是(E—>F)—>E。这样说来,这种功能解释与通常的因果解释并不矛盾,它不过是后者的一种特殊形式。科恩说,如果他对功能解释的上述说明能够成立,那马克思有关生产力和生产关系的相互关系、经济基础和上层建筑的相互关系的论述就都是功能解释,尽管马克思本人没有自觉地意识到并清楚地指明这一点。

科恩对生产力和生产关系相互关系的功能解释是这样的:"流行的生产关系之所以会流行,原因就在于它们是促进生产力发展的生产关系。现存的生产力水平决定什么样的生产关系将提高其水平,那类提高其水平的生产关系因而就流行起来。换句话说,如果 K 类型生产关系流行,那是因为就现存的生产力发展水平来看,K 类型生产关系适合这一生产力的发展。"[1] 科恩说,在他的解释中包含着三个命题:

(1) 生产力的发展水平解释为什么某种生产关系,而不是其他生产关系,会促进生产力;

(2) 促进生产力的生产关系的流行,是因为它们促进生产力。

由这两个命题可以得出

---

[1] G. A. Cohen, *History, Labour, and Freedom*, Oxford University Press, 1988, p. 10.

(3) 生产力的发展水平，解释生产关系的性质。

这里需要强调，在这三个命题中，只有命题（3）赋予生产力在解释上的首要性。无论命题（1）还是命题（2），分别来看，都无法确立命题（3）。命题（1）没有把对生产关系的解释的首要性赋予生产力，因为它没有讲哪种生产关系事实上将流行。命题（2）也没有赋予生产力发展水平在解释上的首要性，而命题（2）没有做到这一点的原因，也即为什么命题（2）不足以确立命题（3）的原因，是命题（2）可与非命题（1）的生产关系必须具有促进生产力发展特征的解释一致的，这将使命题（3）无效的。例如，非命题（1）解释可以是：

(4) 占统治地位的意识形态（不是由生产力的发展水平解释的），决定什么样的生产关系将会促进生产力进一步发展。

为了说明命题（3）是如何来自命题（1）和命题（2），科恩给出了这样一个图示[①]：

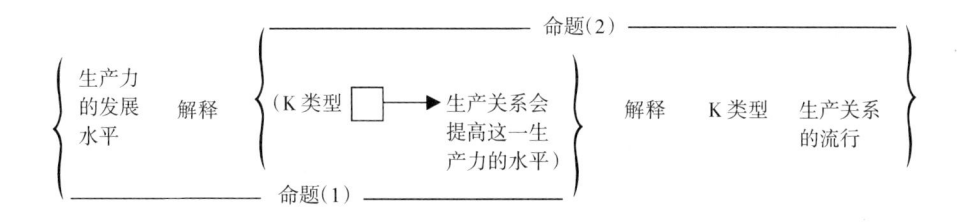

$$\underbrace{\text{生产力的发展水平} \xrightarrow{\text{解释}} \underbrace{(\text{K 类型} \square \rightarrow \text{生产关系会提高这一生产力的水平})}_{\text{命题}(1)} \xrightarrow{\text{解释}} \text{K 类型} \quad \text{生产关系的流行}}_{\text{命题}(2)}$$

命题（1）说，生产力的发展水平，解释为什么 K 类型生产关系会提高这一生产力的发展水平；命题（2）说，K 类型生产关系会提高这一生产力发展水平，解释为什么正是 K 类型生产关系流行；命题（3）是通过先去掉前两个命题中的重合部分，即"K 类型生产关系会提高这一生

---

① 参见 G. A. Cohen, *History, Labour, and Freedom*, Oxford University Press, 1988, p.11.

产力的水平",再对这两个命题中的其余部分加以综合,即由命题(1)的"生产力的发展水平解释"和命题(2)的"K类型生产关系的流行"合并而成。它在命题(1)和命题(2)既定的情况下,通过解释上的递推而得到证明。

科恩还对命题(3)中的生产力的首要性问题做了进一步的说明。他说,"经济结构促进生产力这一简单明了的事实并不损害生产力的首要性,因为生产力是根据经济结构促进发展的能力来选择它们"。[①] 这就是说,尽管生产关系具有促进生产力发展的能力,但这种能力的实现却是生产力对其进行选择的结果。换句话说,哪种生产关系能够促进生产力的发展并不取决于生产关系本身,而是取决于生产力的发展水平。科恩自己也感到,把生产力对生产关系的首要性仅仅归结为前者对后者的选择显然还有些牵强,因为选择往往可做双向的理解,"如果高技术排除奴隶制,那奴隶制也排除高技术"。[②] 因此,要使生产力的首要性得以成立,就还得补充某种东西,这种东西就是前边讲过的"发展命题"——生产力的发展趋势贯穿整个历史。根据"发展命题",生产力具有不断向前发展的趋势,这会使原来适合生产力发展的生产关系变为不适合,这种不适合的情况不会长久维持下去,最后会出现生产力对生产关系的新的选择,因而总是生产力选择生产关系而不是相反。科恩认为,这样一来,生产力对生产关系具有首要性的问题就基本解决了。他对经济基础对上层建筑的首要性的论证与对生产力对生产关系的首要性的论证基本相同。

[①] G. A. 科恩《卡尔·马克思的历史理论——一种辩护》,高等教育出版社2008年版,第192页。

[②] 同上书,第158页。

三 "合法性问题"

"合法性问题"是科恩在为历史唯物主义辩护时力求解决的一个被他视为难题的问题,这个问题讲的是:"如果经济基础是由**财产**(或**所有权**)关系构成的,那它如何能同假定由它解释的**法律**的上层建筑区别开来?"[①] 这一问题也就是前边讲过的科恩在麦吉尔大学上学时读到普拉梅内兹的教科书《德国的马克思主义和俄国的共产主义》遇到的那个问题。经过多年的深入研究,科恩在1970年发表的一篇题为《论对历史唯物主义的某些批评,II》[②] 的论文中解决了这一问题。[③] 在《卡尔·马克思的历史理论——一种辩护》和《历史、劳动和自由》中,科恩又对他如何解决这一问题做了进一步的说明。

科恩说,"我总是假定,说法律的上层建筑**竖立于**经济基础之上,是对前者的特征由后者的特征来解释的一种生动的说法"[④]。然而,一些马克思主义的批评者,特别是普拉梅内兹,却认为马克思的生产关系(它们构成经济基础)解释上层建筑的法律关系的主张肯定是错误的。他们论证说,"生产关系,即构成社会经济结构的那些关系,也就是农奴和地主的关系,奴隶和奴隶主的关系,工人和资本家的关系。这种关系是根据对于两种主要的生产力(一种是生产资料,另一种是劳动力)的所有制状况来界定和区别的"。具体说来就是,奴隶不拥有他的劳动力和他使用的生产资料;农奴部分拥有他的劳动力和他使用的生产资

---

① G. A. 科恩《卡尔·马克思的历史理论——一种辩护》,高等教育出版社2008年版,第218页。
② 《论对历史唯物主义的某些批评,II》,载《亚里士多德学会论文汇编》增刊,1970年卷(ACTON, H. B., "On Some Criticisms of Historical Materialism, II", *Proceedings of the Aristotelian Society*, Supp, Vol., 1970)。
③ 参见科恩《信奉而不恭维:对分析的马克思主义的反思》,见《理性的反思与正义的追求》,黑龙江大学出版社2007年版,第172—174页。
④ G. A. Cohen, *History, Labour, and Freedom*, Oxford University Press, 1988, p. 30.

料；工人全部拥有他的劳动力和不拥有他使用的生产资料。与拥有相关的所有制关系显然是法律关系，属于法律的上层建筑。如果用经济结构解释法律的上层建筑，那这两者就必须区别开来。因为如果经济结构解释法律的上层建筑，那经济结构本身就不能是法律的上层建筑。然而，在马克思的论述中，经济结构是由生产关系构成的，"生产关系从本质上讲展现为所有制关系，而它们本身具有法律的特征"[①]。由此，普拉梅内兹得出了这样一种结论：马克思讲的经济结构不能解释法律的上层建筑，因为"它们不能被看作与法律关系相区别并且解释法律关系的非法律的现象"[②]。普拉梅内兹等人的这一反对意见，被科恩称为"合法性问题"。

在科恩看来，"合法性"问题是由下列四个陈述产生的一个逻辑矛盾：

(1) 经济结构是生产关系的总和；
(2) 生产关系是所有制关系；
(3) 经济结构（解释上层建筑并因此）不同于上层建筑；
(4) 所有制是法律关系。

这四个陈述中的前三个似乎都是为历史唯物主义所肯定的，第四个命题显然也是正确的。而科恩对"合法性问题"的解决，是通过阐明"所有制"、"财产"等概念在马克思的相关用语中指的不是法律上的所有制关系，而是**实际存在**的权力关系，来否定陈述 (2)。

科恩说，在马克思的相关论述中，"一个社会的经济结构是它的生产关系的总和，生产关系是人和生产力的有效的权力关系，而不是法律

[①] G. A. Cohen, *History, Labour, and Freedom*, Oxford University Press, 1988, p. 30.
[②] Ibid..

上的所有权关系。不过，把生产关系描述为所有权关系是为了方便起见"①。那马克思为什么要用"所有权关系"这样的法律术语，而不直接用"有效的权力关系"这样的非法律术语描述生产关系呢？科恩认为，这是因为日常用语"缺少成熟的以无法律性的方式描述生产关系的成分"，但却"有丰富的概念体系描述所谓严格意义的财产关系"。②既然关于权力的词汇是贫乏的，而且实际存在的权力和法律意义上的权利之间在结构上类似，那为了描述权力，使用具有特殊意义的以权利表示的术语就是方便的，尽管这样做在概念上不那么严谨。实际上，"马克思经常在非法律的意义上使用法律用语"③。例如，他谈到生产资料时说它们"在事实上或法律上为耕者自己所有"④，并说生产工具"首先在事实上，然后又在法律上，转化为直接生产者的所有权"⑤。从马克思的第二句话来看，它无疑含有这样的意思，即在第一阶段上，直接的劳动者拥有的是非法律意义上的财产。从这句话还可以推断，马克思在这里无疑意指，直接的劳动者最初对其生产工具的拥有是一种实际上的控制，这种实际的控制在结构上类似法律的所有制，但法律的所有制并没有同其相伴随。换句话说，他们首先拥有的是与相关的法律的所有制权利相匹配（即具有同样的内容）的权力，但不是那些权利本身。为了说明事实上的"权力"和法律上的"权利"的区别，科恩还举例说，一个资本家拥有某一工厂是他的法律上的权利，这是一个上层建筑的事实；他实际上控制这一工厂是他的实际的权力，这是与经济结构相对应的事实。他拥有对这个工厂的实际控制的权力指的是他能这样或那样处置这个工厂（无论他怎么处置，是实际控制的权力使他能这么做），这同他有权利去控制这个工厂是有很大区别的，后者是上层建筑

---

① G. A. 科恩《卡尔·马克思的历史理论——一种辩护》，高等教育出版社2008年版，第63页。
② 同上书，第257页。
③ 同上书，第258页。
④ 《资本论》第3卷，人民出版社1975年版，第761页。
⑤ 同上书，第898页。

的事实。

  简言之,科恩对"合法性问题"的解决,"是把通常以所有制和权利这样的话语描述的生产关系,表述为一种有效的实际控制的关系,或权力"①。这样一来,普拉梅内兹等人的反对意见也就不能成立了。

---

① G. A. Cohen, *History, Labour, and Freedom*, Oxford University Press, 1988, p. 31.

第三章

对历史唯物主义的再思考

　　一些人可能认为，在我提出一种对历史唯物主义的挑战时，我是在拆自己一方的台。所以让我再强调一下，我对历史唯物主义的迟迟未去的保留没有削弱我的这一信念，即消灭现存的资本主义社会关系并在正义和人道的基础上重组社会不但是合乎需要的，而且也是可能的。从历史唯物主义的退却的政治意义不应被夸大，对资本主义的主要弊病，即它的不公正、它对个人才能发展的敌视、它对自然和人为环境的贪婪掠夺的正确评价，并不依靠那些雄心勃勃的关于整个人类历史的论点。那种认为建立一个没有剥削的适宜人的实现的社会是可能的主张也不需要那些论点，甚至也许不是从那些论点得出的。所以对历史唯物主义的怀疑态度应或多或少地把社会主义的方案放在一边而去关注别的问题。确实存在马克思主义的关于社会如何运行的主张，它们的错误将会使取代资本主义和确立社会主义更少可能。人们虽不相信但可以坚持这些主张，正如我仍然确信马克思就是这样的，即历史的根本性的进步是人的生产能力增长的物质性的进步。①

---

① G. A. 科恩 《卡尔·马克思的历史理论——一种辩护》，高等教育出版社 2008 年版，第 383 页。

科恩的《卡尔·马克思的历史理论——一种辩护》出版后虽然受到西方学术界,特别是左派学者的普遍重视和高度评价,但同时也引来众多的异议和尖锐的批评。在应对一些异议和批评的过程中,科恩开始怀疑马克思的历史唯物主义是否像他以前想的那样正确,用他自己的话来讲,"在我开始写这本书之前我相信这一理论是正确的,这种最初的确信在经历了写作它的考验之后还或多或少存在。然而,近来我开始怀疑这本书所辩护的理论是否正确(不过,正如我坚持认为的,不是怀疑它是否是卡尔·马克思所肯定的理论)。我现在并不认为历史唯物主义是错误的,但对如何表明它是否正确却没有把握"。① 正是基于这种情况,科恩在1983、1984年先后发表的两篇论文——《对历史唯物主义的再思考》和《受到限制的历史唯物主义和包括一切的历史唯物主义》中,不但展示了一些在他看来构成对历史唯物主义严重挑战的思考,而且提出并回答了这样一个问题 "如果存在对历史唯物主义的任何修正的话,它们能证明对它的哪种及多大程度的修正是正当的。"② 由于科恩认为这两篇论文对于表明他对历史唯物主义的反思具有重要意义,所以,它们后来不但被收入他1988年出版的《历史、劳动和自由》一书中,而且还被收入2000年再版的《卡尔·马克思的历史理论——一种辩护》一书中。③

一 历史唯物主义与马克思的哲学人类学

在科恩看来,马克思主义不是一种理论,而是由"哲学人类学、

---

① G. A. Cohen, *History, Labour, and Freedom*, Oxford University Press, 1988, p. 132.
② Ibid..
③ 我是2000年再版的《卡尔·马克思的历史理论——一种辩护》中译本的译者。在写作本章的过程中,我发现我的译文在个别地方存在不准确或不贴切的问题。为了使读者准确把握科恩的思想,我在本章中对所引用的有问题的译文做了修改,并在注释中做出相应的说明。

历史理论、经济学和对未来社会的远见"① 构成的一组理论。"这组理论中的两个理论**似乎**联系得特别密切。……一个是马克思的历史理论,它也被称为**历史唯物主义**;另一个是马克思关于人的本质的理论,我们可以称它为马克思的**哲学人类学**。"② 而他对历史唯物主义的再思考,就是从他认为与其有密切联系的马克思的哲学人类学开始的。

科恩首先指出,马克思的哲学人类学存在严重的片面性问题,因为它只把人"描绘为本质上具有创造性的存在物,只有当他们发展和运用他们的生产能力时他们才真正是他们**自身**"③,而忽略了人的本质的另一必不可少方面,即人们确认自己为某一共同体成员的自我认同的需要。这里所说的共同体,是指种族、民族、宗教等不是由经济界定的人的共同体,而这些共同体在历史上之所以如此强大和如此持久,部分原因就在于它们满足了人的自我认同的需要,正是在这样的共同体中,人们保持着他们是什么人的意识。当然,马克思并没否认人有一种自我认同的需要,但他没能给这一真理以应有的强调。在人的本质问题上,马克思更强调的是"作为目的本身的人类能力的发展"④,这种发展无须提供一种自我认同的意识,即便一个人在创造性的活动中确实获得一种对自己的理解,那也只是把自己理解为某种能力的拥有者,而非把自己确认为某一共同体的成员。然而,一个人不仅需要发展和运用他的能力,他还需要知道他是什么人,和他的身份如何将他与特定的其他人联系起来,而要做到这一点,他就"必须像黑格尔认为的那样,发现某种外在于他自身的不是他创造的东西,和某种内在于他自身的与那种东西相一致的东西,他必须能够将自身等同于客体的社会现实的某一

---

① G. A. 科恩《卡尔·马克思的历史理论——一种辩护》,高等教育出版社2008年版,第387页。
② 同上书,第408页。
③ 同上书,第409页。
④ 《资本论》第3卷,人民出版社1975年版,第927页。

部分"①。

马克思的哲学人类学为什么会忽视人的自我认同的需要？科恩认为，原因之一是马克思在批判黑格尔的唯心主义时"在唯物主义的方向走得太远了"②。与黑格尔不同，马克思认为人们居主导地位的利益和困难是与外部世界而不是与自我相联系的，这种见解无疑是正确的。但马克思在批判黑格尔的过程中更多地聚焦于主体与一个绝不是主体的客体的关系，从而忽略了作为主体的个人与自身的关系以及与其他人的关系，后一种关系是个人与自身关系的中间（即间接的）形态。因此，马克思虽然"正确地反对了黑格尔对作为自我最终表现的一切实在的过度的描述，但他反对的过头了，他没能适当地对待在自身规定中的自我的不能缩小的利益，以及这种利益的社会表现形式"③。

总之，马克思的哲学人类学忽视了人的自我认同的需要。这种需要不是一种我能做什么的需要，而是我是什么人的需要。对这种需要的满足已在一个人与其他人共享的，基于种族、民族、宗教，或它们的某一部分或混合物的身份证明中被历史地发现。无论这种身份证明采用宽容的无害的形式，还是采用灾难性的邪恶的形式，它们都导致，或至少维持了种族的、民族的、宗教的和其他的联系。这种联系的力量被马克思主义者并非偶然地低估了，因为他们忽略了被它们所满足的自我认同的需要。

在表明马克思的哲学人类学存在片面性问题之后，科恩接着指出，马克思的历史唯物主义**似乎**低估了满足自我认同需要的宗教和民族主义等现象的重要性。这表现在，马克思虽然看到并揭露了阶级对宗教和民族主义这些意识形态的利用，但他没有继续探寻它们具有的与阶级斗争完全无关的起源（尽管这一点马克思有时是承认的）。"在它们被用于

---

① G. A. 科恩 《卡尔·马克思的历史理论——一种辩护》，高等教育出版社 2008 年版，第 389 页。
② 同上书，第 388 页。
③ 同上。

特殊的阶级目的时它们具有的力量是被应用于那些目的，而不是来自那些目的。因此，它们具有的社会和历史影响可以超出它们在基础和上层建筑范式中的作用。"①

先说宗教。马克思意识到宗教的根源深深植根于人的需要，这从他关于宗教是人民的鸦片的论述中看得很清楚。因为马克思的论述讲的不是牧师为了剥削者而发明了宗教，和把宗教施与人民是让他们遵守秩序。牧师做的事情有助于人民维持现状，但宗教却不是来自牧师。相反，用马克思自己的话来讲，它是"被压迫生灵的叹息，是无情世界的感情，正象它是没有精神的制度的精神一样。宗教是人民的**鸦片**"②。参加宗教是一种异化，即在虚幻的境界追求在生活本身中得不到的东西。如果宗教是一种没有精神的制度的精神，那只有当生活本身存在精神时人们才能期待它消失。由此可以得出这样的结论：由于共产主义不存在宗教，在那里的个人的自由联合体中将存在一种精神。但马克思在什么地方讲过它呢？

再说民族主义。马克思（及恩格斯）在《共产党宣言》中讲过"工人没有祖国"③。这句话表达了一种期望，即各国的无产阶级将很快地超越排他主义而支持国际的团结。然而，第一次世界大战的情况却表明，当各国工人迈步走向各自的战壕时他们拒斥了这种期望。实际上，每当民族情绪将自身倾注于国家时，就会产生一些使操纵政治的统治者有机会加以利用的反常的错觉和幼稚的感情。《共产党宣言》中还有一段有关资产阶级时代民族性和文化的论述：

> 过去那种地方的和民族的自给自足和闭关自守状态，被各

---

① G. A. 科恩 《卡尔·马克思的历史理论——一种辩护》，高等教育出版社 2008 年版，第 396 页。
② 《马克思恩格斯选集》第 1 卷，人民出版社 1972 年版，第 2 页。我这里引用 1972 年版的《马克思恩格斯选集》而未引用 1995 年版的《马克思恩格斯选集》，是因为前者的译文与科恩的论述更贴切。
③ 《马克思恩格斯选集》第 1 卷，人民出版社 1995 年版，第 291 页。

民族的各方面的互相往来和各方面的互相依赖所代替了。物质的生产是如此，精神的生产也是如此。各民族的精神产品成了公共的财产。民族的片面性和局限性日益成为不可能，于是由许多种民族的和地方的文学形成了一种世界的文学。①

如果马克思（及恩格斯）的这些话意指的只是地方生产的文化产品由于改善了的教育和通信而成为可在世界范围享用的，那他当然是正确的。但他的论述超出了这一点，因为这段论述反映了这样一种信念和希望，即人们将作为同类的人们相处，而且是在世界范围，这不是补充而是取代了在特定的文化中发现特殊的同伴关系。然而，文学是民族的，或者说是地方性。因为它们的创造者是民族的，而且他们必须是与特定的人群联系在一起的。但马克思却认为"人们能够、应当并且将会只是作为人们来相互联系，这种想法忽略了人的形成和人的关系所需的特殊性"。②

在分别论述了马克思的哲学人类学忽略了人的自我认同的需要，和历史唯物主义**似乎**低估了满足自我认同的宗教和民族主义等现象的重要性之后，科恩提出一个问题：前者是导致后者的根源吗？科恩说，"人们自然会认为那种人类学和那种历史理论密切相连，因为它们各自都把生产活动置于其中心"③，并会进而认为"马克思主义把历史看作人的生产能力的增长的过程是因为它把人看作本性上是生产的存在物"④。简言之，马克思的历史唯物主义是以他的人的本质的理论为基础的。然而，这种认识是错误的。因为只要对马克思的相关论述做进一步的分析就不难发现，虽然这两种理论都强调生产，但它们这样做是基于不同的理由。因而，它们强调的生产在性质上是不同的。而如果它们讲的生产

---

① 《马克思恩格斯选集》第 1 卷，人民出版社 1995 年版，第 276 页。
② G. A. 科恩 《卡尔·马克思的历史理论——一种辩护》，高等教育出版社 2008 年版，第 397 页。
③ 同上书，第 399 页。
④ 同上书，第 429 页。

是两种不同的生产,那它们之间就无关系可言。因此,如果说马克思的哲学人类学存在失误,他的历史唯物主义**似乎**也存在失误,那它们的失误可能是平行的失误,而不是一个引起了另一个的失误。为了表明这一点,科恩对这两种理论讲的生产的区别做了深入的论述。

根据马克思的哲学人类学,人们进行生产是为了展示和实现人的本质,这种生产是自由的,在物质生活资料丰富的条件中尤其是这样。根据历史唯物主义,人们的生产不是自由的,而是必需的,因为自然没有另外提供他们需要的东西。在人们的生产能力的历史中,发展是以牺牲他们的创造力为代价的。他们被迫从事令人厌恶的劳动,这种劳动是对他们的本质的否定,而不是展现,因为劳动者"不能把劳动当作他自己体力和智力的活动来享受"①。此外,历史唯物主义讲的生产,其目的是通过艰苦的劳动将世界转变为适合人们生活的地方,哲学人类学讲的生产,其目则是展示人的创造性的本质。当马克思说"人们之所以有历史,是因为他们必须**生产**自己的生活"②时,"必须"不是源于他们的创造性本质,而是源于他们所处的环境。历史中进行生产的必要性不是马克思讲的密尔顿在创作《失乐园》时进行生产的必要性,因为密尔顿是"出于同春蚕吐丝一样的必要而创造《失乐园》。那是**他的天性的能动表现**"③。因此,历史唯物主义讲的生产的必要性根本不同于表现一个人的本质的必要性。进而言之,如果"人们之所以有历史,是因为他们必须**生产**自己的生活",那由此可以推论,当人们所处的自然环境异常宜人从而使他们无须生产自己的生活时,他们就没有历史。对此,马克思讲过这样的话"过于富饶的自然'使人离不开自然的手,就像小孩子离不开引带一样'。它不能使人自身的发展成为一种自然必然性。"④ 因此可以说,历史的出现只是在自然是吝啬的时候,而

---

① 《资本论》第1卷,人民出版社1975年版,第202页。
② 《马克思恩格斯选集》第1卷,人民出版社1995年版,第81页注释①。
③ 《马克思恩格斯全集》第26卷Ⅰ,人民出版社1972年版,第432页。
④ 《资本论》第1卷,人民出版社1975年版,第561页。

且只因为这一点。

如果人们在历史上进行生产不是因为这样做是从属于他们的**本质**，而是因为他们在严酷**处境**中生存和改善的需要，那由此可以认为，马克思的"人的本质的理论"不宜作为历史唯物主义的前提，因为前者讲人的本性是生产的，是从人的本质的实现存在于某种生产活动中这种意义上讲的，这与后者讲的人们在历史中为什么生产和如何生产无关。相反，历史唯物主义应基于这样的前提 "创造历史的人们被置身其中的匮乏的处境，加之能使人们改善那种处境，并最终使他们自己从那种处境中解脱出来的智力和理性。"① 科恩说，对他的论证可能会有这样一种反对意见，即马克思的哲学人类学至少提供了对历史上改造世界的生产的**部分**解释，因为即使人类本性上具有创造力这一命题与人改变环境的利益无关，那也需要解释人们为什么和如何**能够**追求这种利益。人类本性上是生产的这一事实，使它能够面对严重的匮乏去做智力和理性引导它去做的事情，因此可以说，人们**能够**改变世界是历史唯物主义的一个内在的前提。然而，这种反对意见是不能成立的，因为历史唯物主义的内在前提不是人**本质上**是生产的，而只是人们能够生产，这种意义上的生产显然不同于从属于他们本质的那种生产。总之，"历史唯物主义实际上不是根据马克思的哲学人类学。对于把历史看作人的生产能力的增长来讲，人们本性上是生产的这一想法是一个不恰当的根据。马克思的历史理论对马克思的人的本质的理论的表面上的依赖是一种错觉"②。

在表明马克思的历史唯物主义实际上不是基于他的哲学人类学之后，科恩又提出一个问题：历史唯物主义**真**的低估了宗教和民族主义等现象的重要性吗？

---

① G. A. 科恩 《卡尔·马克思的历史理论——一种辩护》，高等教育出版社 2008 年版，第 401 页。

② 同上书，第 410 页。

二 包括一切的历史唯物主义与受到限制的历史唯物主义

科恩认为，对上面那个问题的回答要取决于我们如何理解历史唯物主义，因为"我们既能以**包括一切的**方式理解它，也能以**受到限制的**方式理解它，而如果我们以第二种方式理解它，那像宗教和民族主义这些现象对它构成的威胁就小了"。① 他这里说的"历史唯物主义"，也即他在《卡尔·马克思的历史理论———一种辩护》一书提出并为之辩护的历史唯物主义，这一理论讲的是：**整个历史过程中存在人的生产力增长的趋势，社会形式的兴起和衰落是当且因为它们能够实现和促进，或妨碍和阻止这种增长**。他说的"既能以**包括一切的**方式理解它，也能以**受到限制的**方式理解它"，指的是对他讲的历史唯物主义可以通过分别插入"中心的"（centrally）② 和"特别"（inter alia）这两个概念而做两种不同的陈述：

（1）历史，"**中心**"是人的生产能力的系统的增长，社会形式的兴起和衰落是当且因为它们能够实现和促进，或妨碍和阻止这种增长。

（2）历史，"**特别**"是人的生产能力的系统的增长，社会形式的兴起和衰落是当且因为它们能够实现和促进，或妨碍和阻止这种增长。③

---

① G. A. 科恩《卡尔·马克思的历史理论———一种辩护》，高等教育出版社2008年版，第411页。
② 在我译的《卡尔·马克思的历史理论———一种辩护》中，这一概念被译为"主要的"，现在我认为将它译为"中心的"更为贴切。
③ 参见 G. A. 科恩《卡尔·马克思的历史理论———一种辩护》，高等教育出版社2008年版，第412页。

(1) 是对包括一切的历史唯物主义的简要陈述，(2) 是对受到限制的历史唯物主义的简要陈述。在这两种陈述中都出现的"系统的"这个词，表示的是生产力增长的过程由于人的处境而具有一种自主的势头。

在包括一切的历史唯物主义中，"人的生产能力的系统的增长，社会形式的兴起和衰落是当且因为它们能够实现和促进，或妨碍和阻止这种增长"这一过程被称为历史的"中心"是从这样一种意义上讲的，即历史中那些超出生产和经济之外的活动其主要方面的发展，就它们的主要轮廓而言，是由物质和/或经济的变化来解释的。① 例如，重要的宗教的变化是外围的，但它们的主要特征，或大部分特征是由在这里被称为"中心"的过程来解释的。宗教的变化是如此，其他一切重要的精神现象的变化也是如此。

与包括一切的历史唯物主义不同，受到限制的历史唯物主义主要是关于物质（和经济）发展过程本身的理论，而不是关于这种发展和其他发展*之间*关系的理论。无疑，它也涉及经济之外的过程，但不是包括一切的历史唯物主义限定的广泛的过程。受到限制的历史唯物主义没有讲精神存在的主要特征是由物质或经济来解释的，它只要求精神现象不破坏独立确定的物质和经济的顺序，换句话说，精神现象可以具有物质和经济方面的影响，但它们既不得深刻妨碍物质进程，也不得对它负有最终的责任。受到限制的历史唯物主义允许精神生活摆脱物质生活而发展，条件是它不可以妨碍后者。受到限制的历史唯物主义只坚持认为，物质的东西决定精神的东西的必要的限度，是阻止精神的东西决定物质的东西，进而言之，它对精神现象的解释只是在它们以威胁的方式冲击物质方面的时候，因为它**确实**需要提供对具有重要经济影响的精神现象的唯物主义的解释。

---

① 科恩这里讲的**物质的**变化是指生产的或生产力的变化，**经济的**变化是指生产关系本身的变化。他有时还把"物质上的解释"这一短语作为"物质上的和/或经济上的解释"的缩写来使用，其理由是，在他认为的历史唯物主义中，物质的东西解释经济的东西，"精神的"则用来表示既不是物质的也不是经济的社会和文化现象。参见 G. A. 科恩《卡尔·马克思的历史理论——一种辩护》，高等教育出版社 2008 年版，第 412 页。

简言之,"在包括一切的历史唯物主义中,物质的和经济的发展解释其他非经济的或精神的发展的主要特征。而受到限制的历史唯物主义只讲精神现象并不支配物质发展,它使自己对精神现象做唯物主义的解释只是在这样的时候,即如果不对它们做这样的解释,它们将被视为控制物质的发展"[①]。

为了使人们准确把握包括一切的历史唯物主义和受到限制的历史唯物主义的区分及其意义,科恩还通过一个人们熟悉的质疑历史唯物主义的例子——马克斯·韦伯对新教改革运动与资本主义在欧洲出现的关系的论述,对它们做了进一步的说明。

韦伯在《新教伦理和资本主义精神》一书中提出,欧洲宗教发展的特征解释为什么资本主义在欧洲而不是在其他地方兴起。简要说来就是:新教改革运动是对罗马天主教在实践中的腐败和其他暴行的反应,因为厌恶罗马天主教沉迷于奢侈,新教教义宣扬一种"世俗的"禁欲主义;因为反对罗马天主教滥用教士的、主教的和教皇的权力,新教教义支持崇拜者和上帝之间关系中的个人主义。由于它的世俗的禁欲主义和它的个人主义,新教对资本主义发展是一种极大的激励,并最终导致了资本主义在欧洲的兴起。科恩认为,韦伯的论述讲到了新教的起因和它的后果,其中包含下述三个论断:

(1) 新教的出现和持续是因为非经济的原因。
(2) 新教对欧洲的宗教生活有重要的影响。
(3) 新教对欧洲的经济生活有重要的影响。

这三个论断对历史唯物主义构成了挑战,但其挑战的性质和重要性却取决于对历史唯物主义做何种理解。(1) 和 (2) 挑战包括一切的历史唯物主义,因为这一理论许诺对重要的宗教变化做出经济上的解释。(1) 讲

[①] G.A. 科恩《卡尔·马克思的历史理论——一种辩护》,高等教育出版社 2008 年版,第 429 页。

的是宗教的变化,(2)讲的是这种变化的重要性,而包括一切的历史唯物主义对此却缺少一种经济上的解释。受到限制的历史唯物主义则不会因(1)和(2)而窘迫,因为它不对这样考虑的宗教变化做断言。(3)则对包括一切的历史唯物主义和受到限制的历史唯物主义都构成挑战,因为(3)提出新教实质上改变了经济发展的轨迹,而这两种历史唯物主义都否认宗教能做到这一点。

在科恩看来,(3)对这两种历史唯物主义的挑战是无效的。为了说明这一点,他引用了 H. M. 罗伯逊在其《经济个人主义兴起的诸方面》[①]一书中对韦伯的一个反驳。罗伯逊指出,韦伯在为他的新教改革运动导致了资本主义精神的主张收集证据时犯了一个重大的顺序上的错误,这就是,他引证的给人更深印象的文本不是来自新教的早期著作,而是来自于早期著作有重大不同的晚期著作。早期的著作几乎不包含资本主义精神,晚期的著作则包含很多,但韦伯只用后来的版本,而没注意到其与较早版本的不同。因此,虽然随着时间的推移经济当然变得更具资本主义特征,但韦伯的假定,即它变得更具资本主义特征是因为宗教变得更赞同资本主义,却让人难以置信。由此罗伯逊得出这样一个结论,即只是因为宗教使自己适合资本主义经济的一般趋势,它才反过来激励这样的经济。科恩说,罗伯逊的反驳没有触及命题(1)和命题(2),因此,它没有反击韦伯对包括一切的历史唯物主义的质疑,但它削弱了挑战那两种历史唯物主义的(3)的力量。这是因为,即使我们继续承认(3),那根据罗伯逊的论证,我们仍能假定,如果新教对经济确实具有实质性的影响,那它具有这种影响是因为它使自己适合资本主义经济。因此,"我们可以做这样的辩护:即使赞同商业的宗教的变化对于继续的资本主义的发展是**必须的**,受到限制的历史唯物主义到目前为止仍没有被驳倒,**因为**这些变化的发生是因为它们赞同商业的发展

[①] H. M. Robertson, *Aspects of the Rise of Economic Individualism*, Cambridge University Press, 1933.

是一个可靠的假定"①。

有人也许会说，就为受到限制的历史唯物主义辩护而言，没有必要以上述方式使（3）无效，因为在韦伯论述中，作为精神现象的新教没有阻碍而是鼓励历史唯物主义假定的物质的和经济的发展过程。科恩认为，这种意见是对历史唯物主义基本主张的一种误解。根据历史唯物主义的基本主张，生产力持续增长的趋势是"人的处境的极为一般的物质特征的结果"②，因此，如果资本主义的兴起以及它促进的生产力的增长可归因于新教的影响，那历史唯物主义的基本主张就是不正确的。所以，命题（3）讲的新教的影响确实构成对历史唯物主义的挑战。而要应对这种挑战，就不能把在经济上具有重要影响的新教归于任何经济的原因。相反，它的出现必须被看作**因为**它的具有那些经济影响的趋势，因此，"我们必须说，由于现存的经济处境，所要解释的宗教的变化会刺激经济的进步，而这种变化的发生是因为它将会刺激那种进步"③。科恩强调，这后一种解释，也即功能解释，对于为历史唯物主义做辩护是必不可少的。因为如果不做这种功能解释的辩护，那对新教的经济解释就只能是经济现象和精神现象之间的相互作用，而这样一来，新教对经济沿着其自身规定的道路发展的影响就会是偶然的，"而这对历史唯物主义来讲却不能是一种偶然的事"④。

三　马克思是以哪种方式建构他的学说的？

在区分了包括一切的历史唯物主义和受到限制的历史唯物主义之后，科恩又提出一个问题：马克思是以这两种方式中的哪一种建构他的

---

① G. A. 科恩《卡尔·马克思的历史理论——一种辩护》，高等教育出版社2008年版，第417页。
② 同上书，第418页。
③ 同上。
④ 同上书，第418—419页。

学说的？科恩对这一问题的回答是，马克思从未仔细考虑过他尝试做出的区分，因而"从未**有意地**在两种理论之间做出选择"。①

然而，不少人会指出，从马克思以及恩格斯阐述和论证历史唯物主义的方式看，他们是赞同对它的包括一切的理解的。马克思（以及恩格斯）的这种态度是明确的，因为他在《德意志意识形态》以及后来的论著中有很多明示或暗示它的论述。②恩格斯不但持有同样的态度，而且在《〈社会主义从空想到科学的发展〉1892年英文版导言》中对包括一切的历史唯物主义有明确的阐释 "我在英语中如果也像在其他许多语言中那样用'历史唯物主义'这个名词来表达一种关于历史过程的观点，我希望英国的体面人物不至于过分感到吃惊。这种观点认为一切重要历史事件的终极原因和伟大动力是社会的经济发展，……"③对此，科恩的回应是，他本人也认为马克思以及恩格斯是以包括一切的方式考虑历史唯物主义的，但由此却得不出他们必定以这种方式对待这一理论的结论。

首先，虽然在《德意志意识形态》的相关论述中肯定找不到受到限制的历史唯物主义，但在对历史唯物主义做出更准确、更慎重论述的《〈政治经济学批判〉序言》（以下简称《序言》）中却**几乎**可以找到。在《序言》中，马克思对历史唯物主义做了这样的论述：

> 人们在自己生活的社会生产中发生一定的、必然的、不以他们的意志为转移的关系，即同他们的物质生产力的一定发展阶段相适合的生产关系。这些生产关系的总和构成社会的经济结构，即有法律的和政治的上层建筑竖立其上并有一定的社会意识形式与之相适应的现实基础。物质生活的生产方式制约着

---

① G. A. 科恩 《卡尔·马克思的历史理论——一种辩护》，高等教育出版社2008年版，第419页。
② 例如 《德意志意识形态》，《马克思恩格斯选集》第1卷，人民出版社1995年版，第73—74页，《资本论》第1卷，人民出版社1975年版，第99页注释。
③《马克思恩格斯选集》第3卷，人民出版社1995年版，第704—705页。

整个社会生活、政治生活和精神生活的过程。不是人们的意识决定人们的存在，相反，是人们的社会存在决定人们的意识。社会的物质生产力发展到一定阶段，便同它们一直在其中运动的现存生产关系或财产关系（这只是生产关系的法律用语）发生矛盾。于是这些关系便由生产力的发展形式变成生产力的桎梏。那时社会革命的时代就到来了。随着经济基础的变更，全部庞大的上层建筑也或慢或快地发生变革。在考察这些变革时，必须时刻把下面两者区别开来：一种是生产的经济条件方面所发生的物质的、可以用自然科学的精确性指明的变革，一种是人们借以意识到这个冲突并力求把它们克服的那些法律的、政治的、宗教的、艺术的或哲学的，简言之，意识形态的形式。我们判断一个人不能以他对自己的看法为依据，同样，我们判断这样一个变革时代也不能以它的意识为根据；相反，这个意识必须从物质生活的矛盾中，从社会生产力和生产关系之间的现存冲突中去解释。[1]

对这些论述做受到限制的解释的明显障碍，是其中涉及意识形态和上层建筑那些话。它们使《序言》初读起来似乎支持这样一种判断：仅就马克思有关生产力和生产关系的辩证关系的论述而言，对其做受到限制的解释可能是允许的，但对他断言的生产力/生产关系的辩证关系与法律的和政治的上层建筑以及一定的社会意识**之间**的联系，却不可能做受到限制的解释。但这一判断所说的不可能是值得质疑的。

先看社会意识。《序言》中的确包含一段明确地对社会意识做包括一切的解释的话："不是人们的意识决定人们的存在，相反，是人们的社会存在决定人们的意识。"但这段话应被看作"马克思本人对他正在陈述的学说所做的包括一切的说明，而不是这一学说其他方面的陈述所

---

[1]《马克思恩格斯选集》第2卷，人民出版社1995年版，第32—33页。

要求的说明"①。当然，这不是说马克思这段话意指的不是他讲的东西，而且这段话的出现确实改变了《序言》其余部分的特征，而是说如果这段话被拿掉，《序言》的其余部分就可具有不同的特征，就可被看作是对受到限制的历史唯物主义的陈述。无疑，拿掉这段话后，《序言》仍提出了对精神发展的经济解释，这尤其体现在"人们借以意识到这个冲突'生产力和生产关系之间的冲突'并力求把它们克服的那些法律的、政治的、宗教的、艺术的或哲学的，简言之，意识形态的形式"这句话上。但这样的解释并不回答社会意识在多大程度上被物质的和经济的存在所控制的问题，因此，它与受到限制的历史唯物主义是一致的。

再看上层建筑。由于马克思本人对于"上层建筑"概念的含义没给出明确的界定，人们对它通常有两种不同的理解：一是它可用来表示全部非经济的制度，二是它只表示那些其特征由经济结构解释的非经济制度。但就《序言》本身来看，第二种理解更可取。因为马克思在《序言》中讲的是竖立于经济结构现实基础之上的"法律的和政治的上层建筑"（a legal and political superstructure），使用"a"而不是使用"the"就允许这样的解释，即所说的竖立于经济结构之上的不是第一种理解讲的实际存在的全部法律的和政治的上层建筑，而只是实际存在的与经济特别相关的法律的和政治的上层建筑。如果对"上层建筑"做第二种理解，那对《序言》中关于上层建筑的陈述就可做受到限制的解释。

以上表明，只要略去"不是人们的意识决定人们的存在，相反，是人们的社会存在决定人们的意识"这段话，对《序言》中论述的历史唯物主义就可做受到限制的解释。当然，这不是说对此后剩下的内容不可能做包括一切的解释，而且马克思本人当然是赞同这种解释的。

其次，认真研读一下马克思的相关论述还可以发现，尽管他倾向包

---

① 在我译的《卡尔·马克思的历史理论——一种辩护》中，这段引文被译为"马克思本人对他正在表明的学说所做的包括一切的评论，而不是这一学说在表明其他方面的内容时所需要的评论"。《卡尔·马克思的历史理论——一种辩护》，高等教育出版社2008年版，第421页。

括一切的历史唯物主义，但他却从未主张**所有的**精神现象都属于意识形态或上层建筑，而且，他还把部分文化看作表达某种不是人的物质需要和特定阶级利益的东西。例如，在《剩余价值理论》中，他把这部分文化称为"一定社会形态下自由的精神生产"，并将它与这种社会形态的"意识形态的组成部分"做了对照。① 可以认为，马克思称它是**自由的**不仅是因为它不服务于直接的物质需要，而且还因为它的某些方面（它的内容的，或它的形式的，或它的主题及重点的）既不是基于任何东西的上层建筑，也不是对一个阶级的观点的反映。② 马克思说的自由的精神生产在一些地方是以民间传说、歌曲、舞蹈，及流行文化的手工艺品的形式出现的，但它的高级形式，在社会主义革命之前，主要是在统治阶级范围内进行的，因为"人类的能力能……自由地发展"只是在统治阶级中，在这种发展中"工人阶级只当作基础"③。这样，在阶级的历史中，就存在一种关于人的基本创造力的普遍解放的有限的预兆，而这是共产主义未来的保证。如果从共产主义方面来看，文化也不**完全**受物质和经济情况的限制，那有什么理由可以像包括一切的历史唯物主义所说的那样，它**总**的说来，或它的**主要**轮廓，受这样的限制呢？当然，在前共产主义的历史中大部分人被淹没在物质忧虑之中，创造性文化的领域肯定只能是狭小的，而且大大小于物质生产的领域，但无论人们以何种方式估量物质生产的领域和创造性文化的领域的相对规模，后者的主要特征是否由物质或经济**解释**都不是必须的，因此，创造性文化的狭小规模并不支持包括一切的历史唯物主义的主张。

在表明从理论上讲马克思和恩格斯有充分的理由不是包括一切的历史唯物主义者之后，科恩又提出一个问题：那他们为什么仍倾向那个方

---

① 《马克思恩格斯全集》第 26 卷 I，人民出版社 1972 年版，第 296 页。
② 科恩说 "我承认，引文出自于它的那段话看上去是包括一切的历史唯物主义，但这并不损害我的论点，因为我的观点不是马克思**认识到**'自由的精神生产'的反对包括一切的历史唯物主义的重要性，而是他**应当**认识到这种重要性"《卡尔·马克思的历史理论——一种辩护》，高等教育出版社 2008 年版，第 423 页注释①。
③ 《马克思恩格斯全集》第 26 卷 III，人民出版社 1974 年版，第 103 页。

向呢？

科恩说，从政治上看，马克思和恩格斯似乎没有充分的理由倾向包括一切的历史唯物主义，因为他们关于剥削和反对它的革命的必然性的重要主张，并不要求减少作为一个整体的文化和一般的非经济的制度，而只要求减少那些服务于保护或掩盖剥削，或阻碍反对它的斗争的意识形态和制度，无论这些意识形态和制度在作为一个整体的非经济领域中所起的作用是大还是小。受到限制的历史唯物主义旨在对反动的思想和制度做出解释，但有什么样的政治上的理由能扩大其解释的范围呢？"为什么一种由对使人性摆脱经济压迫的解放的实际兴趣激励的理论本身，应被对与经济压迫没有任何关系的事物的非常冒失的假设所拖累呢？"① 实际上，马克思和恩格斯是包括一切的历史唯物主义者既不是因为充分的理论上的理由，也不是因为充分的或不充分的政治上的理由，而是因为不充分的理论上的理由。而要理解这一点，就有必要回想一下历史唯物主义产生的理论背景。

历史唯物主义是在反对黑格尔的唯心主义历史观的斗争中锻造的，后者在《德意志意识形态》中受到了嘲笑。黑格尔的历史观不仅是唯心主义的，而且是包括一切的，因为在黑格尔看来，物质和经济生活的本质特征只有在它们作为人的自我意识在其逐渐发展的某个特定阶段的显现被把握时才能被理解。马克思（以及恩格斯）在《德意志意识形态》中毫无困难地推翻了这种荒谬的看法，但可惜的是，当他用自己的唯物主义取代黑格尔的唯心主义时，他却保留了后者的包括一切主义。如果马克思不去把黑格尔颠倒过来使其头向上，而是在推翻黑格尔以后，把他搁在一边，那结果也许会更好，因为就历史和人类解放而言，马克思必须讲的真正重要的东西并不要求他将意识和存在的关系做相反地转向。简言之，马克思和恩格斯倾向包括一切主义可能是因为，黑格尔是一个包括一切的历史唯心主义者，和他们错想了对包括一切的

---

① G. A. 科恩《卡尔·马克思的历史理论——一种辩护》，高等教育出版社 2008 年版，第 425 页。

历史唯心主义的反驳,并错误地认为对包括一切的历史唯心主义的反驳确立了包括一切的历史唯物主义。

科恩说,他对受到限制的历史唯物主义和包括一切的历史唯物主义的区分,澄清了一个关于如何阐述历史唯物主义的问题。但也许有人会说,受到限制的历史唯物主义无论其重要性和长处可能是什么,它都没有权利被称为**唯物主义的**历史理论。这是因为,在包括一切的历史唯物主义中存在精神生活主要由物质生活解释这种巨大的不对称,在受到限制的历史唯物主义中有的只是小得多的不对称,即除了不禁止物质现象影响精神现象以外,它只禁止精神现象以某些决定性的方式影响物质现象,因此可以认为,这种更小的不对称不足以把受到限制的历史唯物主义称为**唯物主义的**历史理论。但这种说法是不能成立的。前边表明,受到限制的历史唯物主义赋予物质发展以某一方向,它禁止精神现象干扰这一方向。要判定受到限制的历史唯物主义是否是真正的唯物主义,我们必须问它是否与精神现象也有一种物质现象不能干扰的内在的方向这样的主张相容。如果相容,那就确实没有理由称它是**唯物主义**。然而,精神现象和物质现象之间相互作用的限度和本质很可能产生这样的情况,即限制精神生活改变物质生活的方向,与相反的限制——限制物质生活改变精神生活的方向,最终是不相容的。而且这种相互作用可以确保物质生活必将以决定性的方式改变精神生活的方向以不被它所改变。这样说来,"受到限制的历史唯物主义就赋予物质生活一种优先性,而这种优先性证明它被称为**唯物主义**是正当的"[①]。

---

① G. A. 科恩 《卡尔·马克思的历史理论——一种辩护》,高等教育出版社 2008 年版,第 429 页。

第四章

投身政治哲学

无产阶级的解体导致马克思主义者开始关注规范性政治哲学，而对未来物质实现极大丰富丧失信心进一步加强了他们关注点的这一转变。就我个人而言，这一转变促使我对诺齐克、德沃金与罗尔斯这三名美国政治哲学大师的著作产生了持久的兴趣。我在此提到他们的名字，是以他们引起我关注的时间先后为顺序。[1]

一 政治哲学与历史唯物主义

科恩1963年被伦敦大学学院聘为讲授道德和政治哲学的讲师，但他那时研究的兴趣却不在所讲授的道德和政治哲学上，而是在马克思的历史理论即历史唯物主义上。他那时坚信历史唯物主义是正确的，并试图通过对它的辩护来反对被人们广为认可的资本主义。当然，他也关注当时道德和政治哲学领域中的争论，并且也有自己的看法，尤其是坚信

---

[1] G. A. Cohen, *If You're an Egalitarian, How Come You're So Rich?* Harvard University Press, 2001, p. 117.

基于平等的正义，并确信不平等是非正义的，资本主义剥削也是非正义的。但他在这一领域没写过什么值得发表的论著。

在科恩看来，政治哲学与历史唯物主义分属两类不同的学科。政治哲学是一种标准的学院式哲学，它运用抽象的哲学思考去研究规范判断的本质与真理性，因而是非历史性的学科。相比之下，历史唯物主义则是一种其地位与19世纪历史地质学类似的关于社会结构和历史发展动力的经验理论。它不能说完全不包括规范哲学的内容，但它实际上是不受价值判断支配的。例如，一个人可以相信历史唯物主义，但又可对它所描述的人类的历程，尤其是对它预言的人类社会将被无阶级社会所取代而感到懊悔。由于科恩此时信奉的马克思主义只是历史唯物主义，因而他常常以年轻人那种洋洋自得的口吻说"就我是一个马克思主义者而言，我不是一个哲学家，就我是一个哲学家而言，我不是一个马克思主义者。"[1]

一方面要讲授道德和政治哲学，另一方面要从事历史唯物主义的研究，这二者之间不存在矛盾吗？熟悉马克思主义和主流英美政治哲学的人都知道，前者与后者存在巨大的原则性分歧。这突出地表现在，对规范哲学而言，规范的陈述是永久正确（或错误）的，而在马克思主义看来，要么不存在规范真理这样的东西，要么它是随着经济环境和社会需求的改变而变化的。但科恩却不这样认为。他承认人们所说的道德和政治哲学的明显的非历史的特性，但由于两个原因，他能使它与他信奉的马克思主义和解。首先，他早在上大学之前就已经抛弃了包含价值怀疑主义，至少是价值相对主义的辩证唯物主义。其次，他并不认为历史唯物主义在其最好的解释中将所有规范价值和原则都归结为阶级利益的合理化，相反，他认为，历史唯物主义把阶级统治的结束视为由"超越阶级对立和超越对这种对立的回忆的、真正人的道德"[2] 指导的社会

---

[1] G. A. Cohen, *Self-ownership, Freedom, and Equality*, Cambridge University Press, 1995, p. 2.

[2] 恩格斯《反杜林论》，《马克思恩格斯选集》第3卷，人民出版社1995年版，第435页。

的开始,而这种道德在阶级压迫的限制中总有某种历史的体现。因此,他信奉的马克思主义并没有妨碍他持有这样一种观点:最终意义的规范真理在历史上是不变的,也就是说,虽然历史环境无疑会影响(例如)正义所要求的东西,而它们之所以有这种影响只是因为永久的正义原则在不同的时代具有不同的含义。

科恩强调,虽然他认为马克思主义者几乎从没有用哲学的术语谈及正义,但他不认为马克思主义者可以不关心正义。而且他确信,每一个旗帜鲜明的马克思主义者都会因资本主义剥削的非正义而感到气愤,自马克思以来,那些假装不关心正义的马克思主义者实际上都是在自己骗自己。很多马克思主义者宣称,由于社会主义运动是被压迫人民为他们自己的解放而进行斗争的运动,这样的运动不需要特别的道德激励,因而规范原则与社会主义无关。科恩却从不相信有这种事。这部分是由于明显的原因,即他在童年时代观察到的他周围活跃的共产主义者巨大而无私的献身精神;部分是由于更为复杂的原因,即任何一个受压迫生产者的自身利益都告诉他要待在家里,而不要冒杀头的危险去参加革命,因为革命成功与失败无论怎样都不会因他的参加而受到影响。因此,革命的工人必定是受到某种道德的激励,至于那些在社会主义中没有任何特殊物质利益而又支持社会主义的资产阶级阵营的人,就更不用说了。但他指出,虽然历史唯物主义有助于说明非正义的不同历史形式(例如,奴隶制、封建制以及成为无产者的那些条件),以及如何消灭非正义,但它却没讲(永久的)正义是什么。因此,对历史唯物主义的信奉并没有影响他对政治哲学的看法。

人们也许会问,科恩为什么不采取相反的方式,即通过将他的政治哲学补充用于社会主义的研究,从而把他的马克思主义与他的政治哲学合在一起呢?对此,科恩是这样解释的:尽管他当然认为社会主义比资本主义更可取是来自规范原则方面的原因,而不是像一些人不可思议地所言,是因为历史唯物主义表明了它的到来是不可避免的,但他还认为,从任何道德上站得住脚的观点来看,而且就任何吸引人的原则而言

(功利原则、平等原则、正义原则、自由原则、民主原则或自我实现原则),社会主义是如此明显地优于资本主义,以至无须从赞同它的观点中确认哪种(些)是正确的观点,无须详细说明哪种(些)原则将引导实现社会主义的斗争,因而也不必因社会主义的缘故而去研究政治哲学。说得再明白一点就是,关注政治哲学不是一个作为社会主义者的哲学家的责任,因为赞同社会主义的理由是如此不可抗拒,以至只有反映阶级偏见及其他偏见的非理智的理由,才能劝服一个人去反对它。激励原则当然为社会主义运动所需要,而且它们在社会主义运动中也得到了丰富的展现。然而,系统研究正确的规范原则以及能够实现它们的社会结构(非常一般性的描述)的政治哲学,却不是社会主义的同情者所需要的,而且政治哲学也不可能使敌人转到社会主义一边,因为他们对抗社会主义并不是规范原则的问题。

由于上述原因,在《卡尔·马克思的历史理论——一种辩护》一书出版之前,科恩几乎没有进行任何道德和政治哲学的研究。用他自己的话来讲就是,"我讲授它,但它在我的研究工作中却没有位置,我的研究方向是对历史唯物主义的澄清与捍卫"。[1]

二 诺齐克的挑战

促使科恩转向政治哲学研究的最初动因,是他偶然得知诺齐克的挑战并隐约意识到的这一挑战的严重性。

在1972年以前,科恩一直坚信自己对社会主义理解是绝对正确和无懈可击的,而且自负地认为,他"从未听到过他不能随时予以回击

---

[1] G. A. Cohen, *Self - ownership, Freedom, and Equality*, Cambridge University Press, 1995, pp. 3 - 4.

的反对社会主义的论证"。① 然而，在 1972 年的一天，他的同事杰里·德沃金（Jerry Dworkin）向他概要地讲述了在诺齐克即将出版的《无政府、国家和乌托邦》一书中的一个反社会主义的论证，即后来为人们熟知的以美国著名篮球运动员威尔特·张伯伦为例的论证，并暗示他要注意这一问题了。科恩听后突然觉得诺齐克的这一论证对他信奉的社会主义似乎构成了严重的挑战。他当时的反应是既焦虑又不安。他自信这一论证靠的是手法的巧妙，但又潜在地惧怕它或许不是那样。

不久，诺齐克的那一论证完整地发表了，先是在 1973 年秋季号的《哲学和公共事务》杂志上，后是在 1974 年出版的《无政府、国家和乌托邦》一书中。它的发表引起了科恩的极大关注。说来也巧，科恩 1975 年的 2—5 月是在美国普林斯顿大学度过的，他的邻居是两位极有见识的哲学家——托马斯·内格尔（Thomas Nagel）② 和托马斯·斯坎伦（Thomas Scanlon）③，这两个人在政治和哲学观点上同诺齐克相比要左得多。但科恩既振奋又困惑地发现，他们并没有因诺齐克的那一论证而感到困窘。为什么会这样？科恩认为，这首先是由于显而易见的原因，即这两个人与他不同，他们多年前就知道诺齐克的观点及其正在撰写的著作，因而，早在那本书出版之前，他们已经做出了回应。但科恩同时还确信，除此之外，至少还存在一种更深层的原因，即他隐约感到马克思对资本主义剥削的批判与诺齐克为资本主义的辩护实际上基于一个共同的前提——"自我—所有权"，而这也许就是为什么像他这样的马克思主义者在某种程度上易于受到诺齐克的自由至上主义的攻击，而像内格尔和斯坎伦那样的自由主义者则不会这样的原因所在。他当时的一些朋友和同事都为他如此认真地对待自由至上主义而感到吃惊。他们都认为，既然像内格尔和斯坎伦那样的自由主义者都能轻易地摒弃诺齐

---

① G. A. Cohen, *Self-ownership, Freedom, and Equality*, Cambridge University Press, 1995, p. 4.
② 托马斯·内格尔是纽约大学哲学与法学教授、美国人文科学院院士和不列颠学院院士，是当代西方哲学界政治哲学、伦理学和心灵哲学领域内的领军人物。
③ 托马斯·斯坎伦是哈佛大学教授，著名的政治哲学家。

克的观点,那它就不应阻碍像他这样的马克思主义者。然而,不管人们怎么看,科恩仍坚持认为诺齐克的挑战非常值得重视,并于1975年做出决定,在完成他当时正在撰写的《卡尔·马克思的历史理论——一种辩护》以后,立即将主要精力投入对政治哲学本身的研究。

经过数年的研究科恩发现,"自我—所有权"原则是诺齐克的自由至上主义的核心。这一原则讲的是,每一个人对他本身和他的能力拥有完全的和唯一的控制和使用的权利,因而他不应对任何他未与之签约的人提供服务和产品。他接着又用了几年的时间最终弄清,"自我—所有权"原则之所以使一些马克思主义者感到不安,其原因就在于,在马克思主义对资本主义剥削的谴责中潜藏着对"自我—所有权"原则的求助。

科恩指出,马克思主义之所以谴责资本家对工人的剥削是不正义的,其理由主要是产品从工人转到资本家那里包含了马克思所说的**"盗窃他人的劳动时间"**[①],由于工人得到的工资只相当于他付出的劳动时间的一部分,因而,属于工人的另一部分劳动时间被他的资本家老板盗窃了。他还进而分析说,你能从某人那里盗窃的只能是完全属于那个人的东西,这样说来,马克思主义者对资本主义剥削非正义的谴责就"暗示着工人是他自己的劳动时间的正当的所有者"[②]。是工人,而不是什么其他人,有权利决定用他的劳动时间来做什么。但如果工人没有权利决定用他自己工作的能力即劳动能力去做什么,那他也就几乎不能有权利决定用他的劳动时间来做什么。因此,认为资本家从工人那里盗窃了劳动时间还暗示着工人是他自身能力的正当所有者。然而,除非认为同样的道理普遍适用,否则马克思主义者就不能认为工人是他自己能力的正当所有者。由此可以认为,马克思主义者对资本家剥削工人的非正义的谴责,说到底依赖的是人们是他们自己能力的所有者这一主张。而

---

① 《马克思恩格斯全集》第46卷下,人民出版社1980年版,第218页。
② G. A. Cohen, *Self - ownership*, *Freedom*, *and Equality*, Cambridge University Press, 1995, p. 146.

这一主张与诺齐克的自由至上主义所坚持的"自我—所有权"原则并无两样。

由于马克思主义者实际上是将对资本主义剥削的谴责基于一种"自我—所有权"原则，而这一原则也是自由至上主义所坚持的原则，因而，马克思主义者不但容易受到自由至上主义者的攻击，而且处境还十分尴尬。自由至上主义者坚持认为，一个人在他用他的能力做什么的问题上应拥有最高权力，他不应在另一个人以对待奴隶的方式的命令下，或以占有他的全部或部分产品而不付报酬的情况下运用他的能力。因此，福利国家通过法律强制生产者纳税的做法就是不正义的，其做法与马克思主义者所说的资本家对工人的剥削是相同的。面对自由至上主义者这样的论证，马克思主义者会感到十分窘迫，因为如果他们继续坚持从"自我—所有权"原则出发谴责资本主义剥削，那就很难表明福利国家的做法是正义的而资本家的做法是非正义的，而要放弃这一原则，他们就必须表明他们谴责资本主义剥削非正义的依据是什么。科恩说，正是这一情况促使他下决心转向政治哲学的研究，并认为对马克思主义者来说，如果提不出他们自己所赞同的更为平等的分配正义理论，就很难反击在当代政治哲学中处于反动立场的自由至上主义的挑战。

三　正统马克思主义关于平等前景的两大事实断言

除了诺齐克的挑战以外，促使科恩转向政治哲学研究还有另一更为深刻的原因，这就是他"对马克思主义关于平等前景的两大事实断言失去了信心"[①]。

科恩指出，正统的马克思主义者宣称，他们与空想社会主义者的区别就在于将社会主义基于可靠的事实之上，即基于对历史和经济事实的

---

① G. A. Cohen, *Self-ownership, Freedom, and Equality*, Cambridge University Press, 1995, p. 7.

冷静分析上。他认为这种说法多少有些夸大其词，因为平等、共有及人的自我实现这些信念无疑都是马克思主义者信仰的组成部分。所有的马克思主义者都信奉某种平等，即使他们中的许多人会拒绝承认他们信奉平等，而且也许没有一个人能确切地说出他们信奉的平等原则是什么。但马克思主义者却没有专注于，因而也从未审视过平等原则。相反，他们把精力都用在了包围他们价值信念的坚固的物质外壳上，用在那些有关普遍的历史，特别是有关资本主义的宏大的解释性论题上。这种情况部分是因为，在他们看来，经济上的平等既是历史上不可避免的，也是道德上正确的，既然经济上的平等最终会必然实现，那就没有必要花费更多的时间去思考为什么平等在道德上是正确的。换句话说，在他们看来，既然经济上的平等正在到来，而且它是受欢迎的，那从理论上去说明它为什么受欢迎，而不去说明如何使其尽快和尽可能无痛苦地实现，将是浪费时间。

正统的马克思主义者为什么确信经济平等最终必将实现？科恩认为，这部分是因为他们关于平等前景的两大事实断言，即他们假定存在两个不可阻挡的共同起作用的历史趋势。一是有组织的工人阶级的发展壮大，其处于不平等的劣势一方的社会地位，使得它赞同平等，其在数量和力量上的不断增长，使得它能最终掌握政权并推翻它成长于其中的不平等的资本主义社会。二是生产力的高度发展，这将导致物质上的极大丰富，以至任何人实现其丰富人生所需的任何东西，都可以取自公共储备而不是以他人为代价。然而，历史的发展现已表明，这两个假定的历史趋势实际上都不存在，因而，以它们为依据预言的未来经济平等必然实现也是根本不可能的。

先看第一个趋势。科恩说，无产阶级在一段时期的确发展壮大了，但它永远不会成为人口的"绝大多数"，而且它最终还会因资本主义生产过程日益发展的复杂技术而被减少和分化。当今，不管人们怎样使用"工人阶级"这一存在很大争议的概念，在先进的工业社会中已不存在集这样四个特征于一身的群体：（1）是社会所依靠的生产者；（2）是被剥削者;(3)是社会的大多数人(与他们的家庭一起);(4)是极需帮助的人。当然,现在还存在主要的生产者、受剥削的人们和需要帮助的人们,但他们都已不是过去所说的集上述四个特征于一身的"工人阶级"。这意味着,现在并不存在这样的社会群体,即一方面对社会主义的转变具有强烈的愿望(因为它受剥削和它需要),另一方面又具有实现这一转变的能力(因为它是生产性的和它的数量)的社会群体。因此,就确信无产阶级会成为这样的群体而言,正统马克思主义假设的第一个趋势并没有成为现实。

科恩认为,上述情况"产生出一种以前并不明显的与为社会主义做辩护的政治需要相关的对规范价值和原则进行哲学研究的学术需要"[①],这是马克思主义者非进入政治哲学领域不可的部分原因。科恩说,对于那些因其处境的迫切需要而不得不投身社会主义变革,并且处于能获得成功的有利地位的人们而言,你无须把社会主义变革的正当性说成是规范原则的问题;当你认为有那么多的规范原则都可证明社会主义是正当的,以至任何一个具有良好意愿的人都至少会为其中的一个所感动时,你也没有必要去确定什么原则证明社会主义是正当的并将它介绍给所有具有良好意愿的人。这是因为,当其困境需要社会主义来提供解脱的群体被设想为具有上述四个特征时,社会主义本身就将表现为一种对民主、正义、人的基本需要的要求,甚至是对普遍幸福的要求。但是,无产阶级过去没有获得,将来也不会获得正统马克思主义者所预言的那四个特征和力量。资本主义也没有因孕育了投身社会主义转变的力量而自掘坟墓。因此,社会主义者就必须少一些不现实的设想,并一改过去流行的做法而更多致力于道德方面的辩护。

再看第二个趋势。科恩指出,资本主义社会以来生产力的发展确实使整个人类社会的物质生活水平有了很大的提高。然而,现今生产力的发展却遇到了自然资源方面的障碍。技术知识没有停止发展,而且也不

[①] G. A. Cohen, *Self-ownership, Freedom, and Equality*, Cambridge University Press, 1995, p. 8.

会停止发展。但生产能力，即将自然资源转变为使用价值的能力，却不能与技术知识的进步同步发展，因为现已证明，地球的资源没有丰富到能保证因技术知识的不断进步而生产出无限多的使用价值的程度。如果这种情况是真实的，那正统马克思主义假设的第二个趋势也不会成为现实。

科恩认为，正统马克思主义者假设的第二个趋势是其预言的"各尽所能，按需分配"这一共产主义的平等最终得以实现的依据。如果这一依据已不存在，那社会主义者的平等要求就要考虑到现今全人类面临的生态危机。在他看来，无论人们对危机的程度和解决危机的前景有什么不同的看法，有两种主张无疑是正确的：人们的环境已经存在严重的危机；摆脱危机的出路肯定包括大大减少人们现在的物质消费的总量。他强调，当总的财富在不断增加时，那些处在社会底层的人们的状况会有所改善，即使此时他们与富人之间的差距并没有消失。当然，在这种改善发生的地方（对很多弱势群体来讲，它确实在很大范围内发生了），平等主义的正义并没有停止要求平等，但如果处境较差的人情况在稳定地变好，那即使他们还没有赶上比他们处境更好的人，这种平等要求都似乎可能是过分的，甚至是危险的。然而，当进步必须让位于倒退，当平均的物质生活水平必须降低时，此时的穷人就不能再希望去接近为当今世界富人所享受的那种十分舒适的生活水平了。平均生活水平的明显降低意味着，满足于无限的改善而不是平等不再是一种可能的选择，而且从道德的观点来看，财富的巨大悬殊也会变得更加不能容忍。

科恩说，如果假设的未来必然出现的丰富是正统马克思主义者**断言**平等的理由，那前面讲的持续存在的匮乏则是现在**要求**平等的理由。因此，社会主义者就不能再坚持马克思在物质上的那种过度的乐观主义。至少在可预见到的将来，他们必须放弃对丰富的幻想。不仅如此，社会主义者"还必须放弃与马克思的**物质**可能性的乐观主义相伴的**社会**可能性的悲观主义"。[①] 因为马克思认为物质丰富不仅是平等的充分条件，而且也是平等的必要条件，换句话说，在匮乏的条件下，平等是无法实现的。这样，如果想要坚持社会主义的信念，社会主义者也不能同意马克思关于社会可能性的悲观主义。马克思认为平等将通过丰富而送到社会主义者手上，但社会主义者则不得不在匮乏的情况中寻求平等，因而他们必须比以往更为清楚他们正在寻求什么，为什么他们对它的寻求是正当的，它如何能在制度上得以实现。而这些正是政治哲学所研究的。

[①] G. A. Cohen, *Self-ownership, Freedom, and Equality*, Cambridge University Press, 1995, p. 10.

第二部分

反击诺齐克

第五章

对"张伯伦论证"的反驳

诺齐克鼓吹的资本主义比我们现今拥有的资本主义还要纯粹。它不存在用于社会福利的税收,它允许的贫困和不平等其程度远远超出当代资产阶级社会的大多数辩护士现今赞同的不平等。这一章只是间接地批判诺齐克为资本主义的辩护。它的直接目的是反驳诺齐克反对资本主义的对手——社会主义的主要论证。①

我表明了他[诺齐克]的论证没有达到其目的,即确立自由主义和社会主义的原则助长了不正义和不自由。……我仔细地审视了诺齐克的这一表述:"无论什么,只要通过正义的步骤产生于正义的环境,它本身就是正义的",并表明它的表面上的不证自明——诺齐克利用的正是这一点,是虚假的。然后我转向自由至上主义对私有财产和自由的同化,并揭露了它依赖的是概念诡计。②

---

① G. A. Cohen, *Self - ownership*, *Freedom*, *and Equality*, Cambridge University Press, 1995, p. 19.

② Ibid., p. 12.

1995年，科恩出版了他在政治哲学领域的第一部著作——《自我所有、自由和平等》，对诺齐克在其《无政府、国家和乌托邦》一书中从自由至上主义出发对社会主义的攻击做了针锋相对的反击。科恩在这本书的"导言"中说，他对诺齐克的反击经历了一个逐步深入的过程，而这一过程的起点是他对诺齐克的"张伯伦论证"的反驳。[①] 众所周知，"张伯伦论证"是诺齐克在《无政府、国家和乌托邦》一书中以美国历史上著名的篮球运动员张伯伦为假设对象提出的一个社会主义不但是不正义的，而且还限制人的自由的重要论证[②]，它在诺齐克的自由至上主义理论中具有举足轻重的作用，以致任何一个与诺齐克争论的人都很难避开它。正因为如此，科恩在对诺齐克的反击中首先把矛头指向了他的"张伯伦论证"。

一 "张伯伦论证"本身没有说服力

在反驳诺齐克的"张伯伦论证"之前，科恩先明确了与此相关的三个问题。第一，诺齐克鼓吹的资本主义是比现存的资本主义更为纯粹的资本主义；第二，诺齐克为资本主义所做的辩护，往往是通过提出反对社会主义的论证而进行的；第三，诺齐克以两种方式提出他反对社会主义的理由，一是依据他理解的自由提出一个正义的定义，并在此基础上论证说，社会主义者认为是正义的东西实际上并不是正义的，二是无

[①] 科恩的《自我所有、自由和平等》在很大程度上可以说是他以往发表的论文的汇集，因为除了导言、第二章、第八章、第九章和第十章是在此书出版前新写的以外，其余七章均源自他1977—1992年间发表的7篇论文，尽管在此书出版时又对它们做了某些修改和补充。在这本书中，直接反驳"张伯伦论证"的有两章，它们是第一章"罗伯特·诺齐克和威尔特·张伯伦：模式如何维护自由"和第二章"正义、自由与市场交易"。前者源自他1977年发表在 Erkenntnis（《认识》，一个发表分析哲学论文的著名哲学刊物）第11期的一篇论文，而且在收入《自我所有、自由和平等》一书时几乎没做什么修改，后者是在《自我所有、自由和平等》出版前新写的。

[②] 当然，这一论证也反对以罗尔斯为代表的自由主义平等主义。

论社会主义是**正义**的还是**不正义**的,它都与**自由**不相容。因此,"在反对诺齐克为资本主义的辩护中,仅证明他并没表明社会主义是不正义的还不够,还必须证明他也没有表明社会主义是阻挠自由的"。①

从诺齐克的《无政府、国家和乌托邦》一书中的相关内容不难看出,他提出"张伯伦论证"是基于他对分配正义原则的区分。他先将分配正义原则区分为"历史的正义原则"和"最终—状态的正义原则":依据前者,"一种分配是否是正义的,依赖于它是如何发生的"②;依据后者,"分配正义是由东西如何分配(谁拥有什么东西)决定的,而其对此的判断则是由某种(或某些)正义分配的**结构**原则做出的"③。接着,他又将历史的正义原则区分为模式化的原则和非模式化的原则。"如果一种分配原则规定分配随着某种自然维度、自然维度的权重总合或自然维度的词典式序列而变化,那么让我们把这种分配原则称为**模式化的**。"④ 非模式化的原则是指每个人通过合法的程序得到他们的持有物。诺齐克本人坚决赞同历史的、非模式化的原则,而且在他看来,所有其他的分配正义原则,无论是最终—状态的原则,还是模式化的原则,都可以被一个"自由如何打乱模式"的例子所驳倒。这个例子就是他的"张伯伦论证"。

科恩指出,诺齐克说的所有其他的分配正义原则,当然包括社会主义的分配原则,因为在他眼里,社会主义的分配原则既是结果——状态的,又是模式化的。因此,就批判诺齐克的"张伯伦论证"而言,我们无须给出一个完整的社会主义的分配原则的定义,而只需假定社会主义在分配上坚持某种平等原则;对这一原则我们也无须做进一步的详细

---

① G. A. Cohen, *Self-ownership, Freedom, and Equality*, Cambridge University Press, 1995, p. 20.
② 罗伯特·诺齐克:《无政府、国家和乌托邦》,姚大志译,中国社会科学出版社2008年版,第184页。
③ 同上。
④ 同上书,第186—187页。

说明，因为诺齐克反对建立**任何**这样的原则。我们所需的只是假定一种社会主义的分配原则已建立起来，按照诺齐克的说法，这种分配模式被称为 D1，然后看看诺齐克的"张伯伦论证"是怎样讲的：

> 现在我们假设，威尔特·张伯伦是篮球队所极其需要的，具有巨大的票房价值。……他同一个球队签下了如下合同：在每一个主场，每一张售出的门票价格中有 25 美分归他。……这个赛季开始了，人们兴高采烈地去观看他的球队比赛。在他们买票的时候，每次都把门票价格中的 25 美分单独丢进一个专门的盒子，而盒子上写有张伯伦的名字。他们看他打球感到非常兴奋，对他们来说，门票价格是物有所值。我们假设，在一个赛季，有 100 万人观看了他的主场比赛，威尔特·张伯伦挣了 25 万美元，这个数额要比平均收入大很多，甚至比任何一个球员的收入也大很多。他有资格得到这笔收入吗？这种新的分配 D2 是不正义的吗？如果是不正义的，为什么？至于每一个人是否有资格控制他在 D1 中所持有资金，这**不**存在任何问题，因为它是这种（你赞成的）分配，而我们（出于论证的目的）也假定它是可以接受的。这些人中的每一位都**愿意**在他们的钱中拿出 25 美分给张伯伦。他们可以把这笔钱花在电影院或糖果店，也可以用来买几份《反调》或《每周评论》杂志。但是他们至少有 100 万人都把它给了威尔特·张伯伦，以换取观看他的篮球比赛。如果 D1 是一种正义的分配，而且人们自愿地从 D1 移动到 D2，从他们在 D1 得到的份额中转让一些给别人（如果这一份额不是用来花的，那么它有什么用？），那么 D2 不也是正义的吗？如果人们有资格来处理他们（在 D1 中）对之拥有资格的资源，那么这不是也包括他们有资格把它给予威尔特·张伯伦，或者同他进行交换？其他任何人能基于正义对此抱怨吗？其他每一个人在 D1 中已经拥有他

的合法份额。在 D1 中，对于任何人所拥有的东西，任何其他人都无法基于正义提出要求。在某些人把某些东西转让给威尔特·张伯伦之后，第三方**仍然**拥有他们合法的份额，**他们的**份额并没有变化。通过什么样的过程，这样一种两个人之间的转让能够引发第三方对所转让的部分提出基于分配正义的合法要求，而在转让**之前**第三方对这两个人的持有都没有提出任何基于正义的要求？①

从诺齐克的"张伯伦论证"可以看出，他的全部论证实际上是基于这样一个命题，我们可称之为命题（1），即"通过正义的步骤从正义的状态中产生的任何东西自身都是正义的"。② 他还认为，如果步骤无不正义，那**它们**就是正义的，如果采取这些步骤的所有的人都是完全自愿的，那这些步骤就无不正义。因此，我们可以对命题（1）做这样的进一步的表述，这一表述我们可称之为命题（2），即"从正义的状态中产生的作为所有交易者完全自愿交易的结果的任何东西自身都是正义的"③。诺齐克的"张伯伦论证"在很大程度上依靠的是命题（2），而且他确信命题（2）是正确的，并相信命题（2）必定为那些喜欢正义学说的人所接受，即使他们的正义学说在其他方面与他自己的正义学说有所不同。

在科恩看来，诺齐克的"张伯伦论证"并没有说服力，因为这一论证所依靠的命题（2）是有问题的，因此，依靠命题（2）的"张伯伦论证"本身也是让人难以接受的。

关于命题（2）。仔细读一下《无政府、国家和乌托邦》一书的相关内容人们就可以发现，诺齐克在"张伯伦论证"中讲的交易结果的

---

① 罗伯特·诺齐克　《无政府、国家和乌托邦》，姚大志译，中国社会科学出版社 2008 年版，第 192—193 页。

② G. A. Cohen, *Self-ownership, Freedom, and Equality*, Cambridge University Press, 1995, p. 21.

③ Ibid..

正义性实际上不仅基于交易者行为的自愿,而且还基于交易者行为的明智,对此,他在提出"张伯伦论证"之前讲了这样一段话:

> 必须承认,假如人们对把自己的持有转让给别人所提供的理由总是非理性的和任意的,那么我们就会感觉到这种**不安**。……如果资格体系之正义下的大多数转让都有其发生的理由,那么我们在坚持这种资格体系时就会感到更欣慰一些。这并不必然意味着,所有人对于他们所收到的持有都是应得的。它只不过意味着:某个人把一个持有物转让给这个人而非那个人,这是有意图的或有目的的;我们通常能够明白,转让者**想到**了他正在得到什么,他**想到**了他正在提供服务的原因,他**想到**了他正试图达到的目的,等等。既然在一个资本主义社会里,人们通常是按照他们**认为**这些人会使自己受益多少而把其持有转让给别人的,所以这种由个人交易和转让构成的整体结构在很大程度上就是有理由的和可理解的。①

科恩说,依据这段话去理解"张伯伦论证",我们可以得出这样的结论,即当诺齐克讲述球迷付钱去看张伯伦打球时,他强调的是他们这样做所具有的动机,而没有强调他们这样做是自愿的。因此,我们要信服他的"张伯伦论证",就不仅应考虑球迷们这样做是自愿的,而且还应考虑他们这样做是明智的。进而言之,当我们不能看出交易的各方或某一方**想到了**他们通过交易获得什么,交易就会使人感到"不安";即使我们确实能看出某个人**想到了**他将获得什么,但我们知道他**将**得到的却不是这种东西,而是某种他认为不那么有价值的东西或他料想不到的其价值为负的东西,那我们也会感到不安;即使根据某人自己的见解,他

---

① 罗伯特·诺齐克《无政府、国家和乌托邦》,姚大志译,中国社会科学出版社 2008 年版,第 190 页。黑体字是科恩在《自我所有、自由与平等》一书中引用这段话时特意标示强调的。

认为他的所得是好的，但他实际的所得是坏的，那我们还会感到不安。从诺齐克的这段话来看，他是无法否认这种可能性的，因此，如果我们能够表明，张伯伦的球迷花去 25 美分得到的不仅是看他打球的愉悦，而且还得到了他们没想到的因张伯伦获得 25 万美元而给他们带来的社会等级上的显著劣势，那么，即使诺齐克认为这样的结果仍是正义的，那它也是让人感到不安的。张伯伦的球迷想到他们行为的**全部**后果吗？显然没有，因为他们就没这样想过。这样说来，命题（2）很有可能是错误的。诺齐克说，如果每个参与交易的人都同意一项交易，这一交易就不存在不正义。然而，即使情况也许是这样，但这样描述的交易的正义性（在已知的初始正义的情况下）却被假定赋予产生于这一交易的结果以正义性，而这一点是有问题的。因为我们可以问同意一项交易的每一个人：**如果他知道这一交易的后果会是什么，他还会同意它吗？**"由于回答可能是否定的，因而，（2）所讲的交易的正义性将正义传给它的结果，就远不是确定无疑的"。①

关于"张伯伦论证"本身。诺齐克在"张伯伦论证"中说，球迷们"看他打球感到非常兴奋，对他们来说，门票价格是物有所值"。科恩指出，这种说法讲的是，当且仅当球迷们付钱给张伯伦后他们才能看他打球，和看他打球比他们用 25 美分所能得到的任何其他东西都更值得。然而，尽管情况也许就像诺齐克所说的那样，但这种说法却没有包含与此相关的所有后果。因为一旦张伯伦收到那些钱，他就在一个先前是平等主义的社会中获得了一种非常特殊的权力地位。球迷们获得资源的权利，现在可能会因张伯伦的财富给予他的不相称的机会，以及随之而来的他现在具有的对于其他人的权力，而受到侵害。因此，尽管诺齐克说门票价格对于球迷们是"物有所值"，但一个社会主义者还是可以坚持认为，这不是一个平等主义的社会中知晓这种情况的人们倾向做出的交易。他们将不会签订使他们所珍视的平等受到破坏的契约，而且他

---

① G. A. Cohen, *Self-ownership, Freedom, and Equality*, Cambridge University Press, 1995, p. 23.

们还特别反对这样做，因为这样做导致的变化将会深度影响他们的后代。

诺齐克在其"张伯伦论证"中还暗含地假定，一个愿意付 25 美分观看张伯伦打球的人，实际上就是一个愿意付给**张伯伦** 25 美分观看他打球的人。科恩说，在我们的社会中，人们通常很少在意谁获得了他们放弃购买物品的那些钱，这种情况无疑是真实的。但诺齐克的那种假定是错误的，而且人们这种普遍的不在意是非理性的。诺齐克正是利用了人们习以为常的这种不在意。然而，一个人实际上会欢迎这样的世界，在这个世界中，他和许多人每人花上 25 美分一起观看张伯伦打球，但他始终不会赞同这样的世界，在这个世界中，张伯伦又另外捞到整整 25 万美元。因此，如果一个生活在 D1 社会中的公民和其他人一起付 25 美分给张伯伦来观看他打球，而没有想到这对张伯伦的权力的影响，那这一结果，用诺齐克本人的话来讲，就会令人感到"不安"。在科恩看来，人们可以逐渐形成一种不用这样付费看球的规范，或者，更简单一些，人们可以经过民主方式批准实行一种将财富差距维持在可接受限度内的税收制度。有人也许会问，这样的话张伯伦还会继续打球吗？科恩对此的回答是，"任何一个认为他显然将不会打球的人都不是对人的本性有误解，就是对篮球有误解，或者是对这两者都有误解"[①]。

二 阻挠大多数人自由的不是社会主义而是资本主义

诺齐克提出"张伯伦论证"的主要目的之一，是要表明社会主义必定阻挠自由。所以，在讲完"张伯伦论证"后，诺齐克又接着说，甚至生产资料方面的私人所有也会在一个社会主义社会里出现，只要这个社会主义社会不禁止人们按照其意愿使用他们某些资源，而这些资源

---

① G. A. Cohen, *Self-ownership, Freedom, and Equality*, Cambridge University Press, 1995, p. 26.

是他们在社会主义的分配 D1 中得到的，因此，"这种社会主义社会将不得不禁止赞成交易的成年人之间的资本主义行为"①。对此，科恩指出，如果这样的行为太多社会主义就会毁灭，"但由此却得不出社会主义一定要禁止它们的结论"②。按照传统的社会主义学说，资本主义行为的减少主要不是因为它不合法，而是因为其背后的动力的衰减，或者说，是因为其他的动力变得更强，或者说，是因为人们认为资本主义的交换是不公平的。"**这种期望基于一种人性的观念，对它的否认也是如此。**"③ 诺齐克持有一种不同的人性的观念，一种适合很多 20 世纪的美国人的观念，但由此认为它具有普遍的真理性是没有道理的。诺齐克讲的人只不过是被市场经济完全社会化的人。在与之相反的社会主义者的观念中，人类不但具有，而且会进一步发展一种（非工具主义的）对共享的要求，一种对合作的喜爱，一种对成为主人—奴隶关系任何一方的厌恶。当然，任何人都不应不经论证就假定，或根据社会主义的传统盲目相信这种观念是合理的。但**如果**这种观念是合理的，那就无须持续不断地警惕"资本主义行为"，而且诺齐克也没有**论证**这种观念是不合理的。因此，诺齐克并没有表明社会主义与自由是冲突的。

科恩还指出，除了极度空想的社会主义者以外，任何一个社会主义者都必定愿意在某些条件下为了多数人的自由而限制少数人的自由。但诺齐克会指责社会主义者的这种做法违反了他所谓的适用于所有人类行为的道德"边界约束"，即侵犯了神圣不可侵犯的个人权利。在他看来，我们决不可以为了增加众多的他人的福利或自由而限制一个人的自由。即使在我们的社会中很多儿童营养不良，那也不允许我们为了给贫穷家庭提供牛奶价格补贴而向百万富翁征税，因为这样做将会侵犯百万

---

① 罗伯特·诺齐克《无政府、国家和乌托邦》，姚大志译，中国社会科学出版社 2008 年版，第 195 页。
② G. A. Cohen, *Self-ownership, Freedom, and Equality*, Cambridge University Press, 1995, p. 28.
③ Ibid..

富翁的权利。我们也不能要求以百万富翁的极小自由为代价使儿童的实际的自由得到大幅度的增加,因为诺齐克禁止任何限制自由的行为。诺齐克对其主张的道德"边界约束"的论证,主要出自下面这段话:

> 边界约束表达了他人的神圣不可侵犯性。但是,为什么一个人不可以为了更大的社会利益侵犯人们呢?就个人而言,我们每一个人有时愿意为了更大的利益或避免更大的伤害而经受某些痛苦或牺牲,……那么为什么不能**同样**主张,为了社会的整体利益,一些人应承受一些代价以使其他人们获得更多的好处?但是,并不存在拥有利益社会实体,这种社会实体能够为了自己的利益而承受某些牺牲。存在的只是个体的人,具有他们自己个别生命的不同的个体的人。为了其他人的利益而利用其中的一个人,就是利用他而使别人得到好处,仅此而已。所发生的事情是,对他做了某些事情,却是为了别人的缘故。谈论社会整体利益就把这个问题掩盖起来了。①

科恩指出,诺奇克的这段话让人难以把握。因为按照一种解释,它说的是正确的,但却与问题无关,按照另一种解释,它说的与问题相关,但却是错误的。说得更具体一点就是,就这段话而言,我们看不出诺齐克只是**反对**这样的做法——在道德上将人们中的再分配等同于一个人牺牲了就他自己更大利益而言的某些东西,还是**支持**再分配在道德上是不允许。换句话说,我们看不出诺齐克只是在拒绝论证 A,还是他(也)提出了论证 B。

A: 由于人们构成的社会实体相应地近似单个人的实体(p),所以人们中的再分配在道德上是允许的(q)。

---

① 罗伯特·诺齐克 《无政府、国家和乌托邦》,姚大志译,中国社会科学出版社 2008 年版,第 39 页。

B: 由于 p 是错误的,所以 q 是错误的。

科恩说,如果诺齐克的这段话只是在拒绝 A,那他同意诺齐克的做法,但拒绝 A 并没有证明道德"边界约束"的正当性,因为除非我们认为诺齐克也提出论证 B,否则,就看不出他是在为道德"边界约束"做辩护。如果诺奇克也提出了 B,那他的辩护是不能成立的,因为 p 为真并不是 q 为真的必要条件,或者说,主张再分配的人不是必须依赖关于社会实体的那种说法。在诺齐克看来,主张再分配的意见忽视了人的独立性。然而,当诺齐克用规范性的话语讲人是独立的时,它意指的是什么?要么,它意指的是谁得到什么与道德相关,要么,它意指的是人们中的再分配在道德上是禁止的。如果它意指的是前者(与道德相关),那所有模式化的原则都体现了这种要求,甚至非模式化的平等主义显然也要以人的道德独立性为前提。如果它意指的是后者(禁止再分配),那人的独立性就不是**反对**再分配的论据。总之,诺齐克并没有证明道德"边界约束"的正当性,社会主义者无须为限制少数人的自由以扩大多数人的自由的意愿而致歉。

在"张伯伦论证"中,诺齐克还简略地谈到那些不直接参加交易的人的状况,"在某些人把某些东西转让给威尔特·张伯伦之后,第三方**仍然**拥有他们合法的份额,**他们的**份额并没有变化"[1]。在讲这段话的地方诺齐克加了一个注释"一种转让是否有可能对第三方产生工具性的作用,改变其可能的选择?(但是,如果转让双方以这种方式独立地使用他们的持有,这又有什么错?)"[2],并在《无政府、国家和乌托邦》一书第八章的"自愿的交换"那一节对这个问题做了更为充分的论述。科恩指出,诺齐克在这一节的论述中虽然认可 A 与 B 之间达成的交易会减少 C 的**选择**,但他又暗示 A 与 B 并没有因此而减少 C 的**自**

---

[1] 罗伯特·诺齐克 《无政府、国家和乌托邦》,姚大志译,中国社会科学出版社 2008 年版,第184页。
[2] 同上书,第193页。

由，因为他明确表示 A 与 B 并没有使 C 做任何不自愿的事。由此出发，诺齐克进而提出了一个 "否认处境最差的无产者是被迫为某一资本家或其他资本家工作"的论证。[1]

科恩说，诺齐克在谈到 "工人和资本所有者之间的市场交换"时让我们反思某一 Z（称其为 Z 是因为他处在假设的由 26 个人构成的经济群体的最底部，因而按英文字母排序其处境是 Z）的情况，这种情况就是 Z 面临要么（为一个资本家）工作，要么挨饿：

> 所有其他人的选择和行为没有为 Z 提供某种其他选择。（关于做什么工作，他可以有各种选择。）Z 是自愿地选择工作吗？……如果从 A 到 Y 所有人的行为都是自愿的，并在其权利范围之内，那么 Z 的选择就确实是自愿的。……其他人自愿地从事选择，并在自己的权利范围内采取行动，而没有为一个人提供一种更令人满意的选择对象，这一事实并没有使他的选择成为不自愿的，尽管他是在各种不同程度的、令人不快的选择对象中进行选择。……〔其他人最后的选择行为是否〕使一个人的行为成为不自愿的，取决于这些其他人是否有权利这样做。[2]

在诺齐克看来，如果情况就是这样，那 Z 就不是**被迫**为资本家工作。如果 Z 选择为资本家工作，那这种选择是自愿的。

在反驳这一论证之前，科恩先强调指出，诺齐克并没有讲，尽管 Z 要么被迫工作要么挨饿，但因为 Z 可以选择挨饿，所以 Z 不是被迫**工作**的。更确切地讲，诺齐克会否认 Z 要么被迫工作要么挨饿，即使 Z 没有

---

[1] G. A. Cohen, *Self-ownership, Freedom, and Equality*, Cambridge University Press, 1995, p. 35.

[2] 同上，并参见罗伯特·诺齐克《无政府、国家和乌托邦》，姚大志译，中国社会科学出版社 2008 年版，第 314、315 页。

其他的选择。这是因为，在诺齐克看来，Z 被迫在工作和挨饿之间选择只是出现在这样的情况下，即从 A 到 Y 的某个人或所有的人造成的限制 Z 的选择的行为是**非法的**。进而言之，如果某人被迫做某事，那是因为其他人的行为是非法的，用诺齐克本人的话来讲就是，"其他人的行为为一个人可以得到的机会设置了限制。这是否使一个人的行为成为不自愿的，取决于这些其他人是否有权利这样做"①。为了表明诺齐克的这一说法是不能成立的，科恩给出两个例子②：

（1）假设农夫弗瑞德拥有一块土地，而村民维克多有权从地里通行。那么，如果弗瑞德围着那块地建起一道无法穿越的栅栏，维克多就要被迫另选道路，因为按照诺齐克的说法，弗瑞德建栅栏的行为是非法的。

（2）现在考虑一下农夫贾尔斯，他拥有一块与弗瑞德类似的土地，村民威廉经常从那里穿行，但这不是因为威廉有权这样做，而是因为贾尔斯的宽宏大量。然而，后来贾尔斯也围着他的那块地建起一道无法穿越的栅栏，而且是出于可证明他这样做是正当的理由。按照诺齐克的说法，威廉就不能像维克多那样讲他是被迫另选道路的。

这两个例子表明，诺齐克的说法是不能成立的，因为同维克多一样，威廉也是被迫改变他的路线的。因此，诺齐克"否认处境最差的无产者是被迫为某一资本家或其他资本家工作"的论证也是站不住脚的。

科恩说，我们还可以设想，诺齐克承认 Z 是被迫为资本家工作的，

---

① 罗伯特·诺齐克 《无政府、国家和乌托邦》，姚大志译，中国社会科学出版社 2008 年版，第 314 页。
② 参见 G. A. Cohen, *Self-ownership, Freedom, and Equality*, Cambridge University Press, 1995, p. 36。

但又通过这样的说法来为资本主义辩护：Z 确实是这样被迫的，但由于导致他被迫为资本家工作的是一系列的合法交易，因而不存在反对他被这样迫使的道德理由，即这其中没有不正义。这种说法同他的上述说法相比无疑是一种退却。按照他的前一种说法，资本主义没有剥夺工人的自由，因而资本主义不仅是一个正义的社会，而且还是一个自由的社会；按照后一种说法，资本主义是正义的，但却不是完全自由的。但不管怎样讲，一旦 Z 的情况被准确无误地描述出来，资本主义的吸引力就没那么大了，无论我们可以从正义的观点对它说什么。

科恩接着说，如果转向正义的观点，那我们对诺齐克的命题 (1)，即"通过正义的步骤从正义的状态中产生的任何东西自身都是正义的"，应说些什么？我们应对正义的获取的限制补充这样一条规定，这就是，"没人可以这样地获取物品，以致其结果使其他人的自由遭受严重的损失"[①]。这也就是说，我们可以**接受**命题 (1)，但要扩大步骤必须满足正义的条件，并因此而拒绝资本主义。或者，退一步讲，我们可以承认在 Z 的状况的产生过程中不存在交易上的不正义（没有不正义的步骤），但**拒绝**命题 (1)，并且坚决主张，即便也许以某种不正义为代价，那也要对那一产生 Z 的状况的过程进行控制，以防止它产生非常不正义的结果。诺齐克将会求助道德"边界约束"来反对这一点，但正如前边已表明的，他的道德"边界约束"的论证并没有说服力。总之，无论做何选择（当然还存在其他的选择），现在我们都已清楚地看到，诺齐克主张的"自由至上主义的"资本主义为了资本主义而牺牲了自由，而他之所以能否认这一事实，只是因为他蓄意滥用自由的言辞。

---

① G. A. Cohen, *Self-ownership, Freedom, and Equality*, Cambridge University Press, 1995, p. 37.

三 "通过正义的步骤从正义的状态中产生的任何东西自身都是正义的"吗?

科恩指出,诺齐克的"张伯伦论证"从根本上讲是基于前边讲的命题(1):"通过正义的步骤从正义的状态中产生的任何东西自身都是正义的。"这一命题中的"正义的状态",是指其中每个人都拥有他们应当拥有的全部持有物,而且只是这些持有物。这一命题中的"正义的步骤",是指人们的行为不存在非正义,而不存在非正义是从这种意义上讲的,即在人们的行为过程中,没有人是以暴力或欺骗行事的。诺齐克本人对这一命题的真理性是如此自信,以致认为只需对它加以应用,而无须对它做任何论证,就能颠覆包括社会主义分配原则在内的最终-状态的分配原则和模式化的分配原则。

在反驳诺齐克的命题(1)之前,科恩先对"人们为何会认为,就像诺齐克和其他自由至上主义者显然认为的那样,(1)是不证自明的,或换句话说,是不容置疑的"[1],做了深入的分析。在他看来,人们之所以会有这样的认识,是基于三种不正确的推论。

第一种推论是:如果我们从正义出发,而且除了正义我们没添加任何东西,特别是没有添加任何非正义的东西,那我们怎么可能得到非正义的结果呢?科恩说,这种推论可能来自两种通常的想法。第一种想法比较简单,即认为同类事物相加其结果不可能是反-同类的事物。这种想法显然不能成立,因为所说的这种不可能实际上总在发生,例如,两个奇数相加结果是偶数,两种可燃的物质混在一起形成一种不可燃的物

---

[1] G. A. Cohen, *Self-ownership, Freedom, and Equality*, Cambridge University Press, 1995, p. 41.

质。第二种想法虽"不那么简单,但仍粗糙得让人难以接受"①。持这种想法的人可以承认两种错误有时会产生一种正确,因为错误和缺陷作为消极的东西可以相互抵消,但他们却坚信两个正确的东西不可能产生一个错误的东西。换句话说,非正义是一种缺陷,而一种缺陷肯定是来自某种有缺陷的东西,但如果一种新状况只是产生于一种更早的正义的状况和正义的步骤,那它怎能存在缺陷呢?对此,科恩的回答是:"完美的事物的结合确实可以产生不完美的事物"②,例如,一桌上好的饭菜与一瓶不相配的好酒,或在一个全然古典风格的庭院花园演奏虽无比优美但却与之不相宜的乐曲。因此,第二种想法也不能成立。

第二种推论源自对(1)中"正义的步骤"的模棱两可的理解。前边表明,步骤是正义的意指它们不存在非正义。那步骤不存在非正义意指的又是什么?科恩说,它或者如前面所说,是指(a),即它们中不存在非正义;或者是指(b),即它们还确保非正义不发生。如果我们接受解释(a),那我们就不能直接从"正义的步骤"的定义推断(1)是正确的,因为我们还需要表明正义的步骤总能维护正义的状况。如果我们接受解释(b),那(1)是正确的,但却是没意义的,因为这样一来,(1)就成了这样的命题:通过(确保非正义不发生的)正义的步骤从正义的状态中产生的任何东西自身都是正义的。而"如果我们忽略这两种解释的区别,如果我们在它们之间含糊其辞,那我们就可能错误地认为,(1)既不是没意义的(因为解释(a)),又是正确的(因为解释(b))"③。

第三种推论基于对(1)中"正义的状态"的无价值的定义。依据前边的定义,一种状态是正义的,即对一组持有物的持有是正义的,指的只是当且仅当没有人持有就正义而言的他不应该持有的东西,和每个

---

① G. A. Cohen, *Self-ownership, Freedom, and Equality*, Cambridge University Press, 1995, p. 41.
② Ibid., p. 42.
③ Ibid..

人都持有就正义而言的他应该持有的东西。现在，如果有人认为也可以这样定义"正义的状态"，即只要非正义没有出现在它的产生中，这种状态就是正义的，也就是说，一种状态被视为正义的是如果并且因为产生它的过程是正义的，那依据这样的定义，（1）肯定是正确的，但它依据的却是对"正义的状态"的无价值的定义。因为（1）要令人关注，它就不能依据这样的定义而直接是正确的，也就是说，它决不能排除，即必须许可，一种包含不正当持有物的状态可能源自一个不包含非正义的过程。科恩说，在自由至上主义者中既存在一种通过上述无价值的定义使（1）成为正确的倾向，**也**存在一种把（1）视为一种令人关注的概念性真理（conceptual truth）的倾向。而要使（1）成为令人关注的概念性真理，即那种能够而且必须通过对它的推定的反例的考察而得到检验的真理，"它的反例（至少）抽象地讲必须是可能的，而且它必须有可能通过思想的实验室的检验，无论楔子能否在正义的过程和正义的结果之间打入"①。

在破除了（1）是不容置疑的先入之见之后，科恩转向对（1）本身的分析批判。

首先，正义加正义可能产生非正义。认真分析一下就可注意到，"正义"这一观念在（1）中被用来指称两种情形：一是状况，特别是持有物的分配（不是分配活动），它们是在某一时刻存在的事情的状况；二是步骤或交易，它们不是事情的状况，而是活动或过程，它们的发生需要时间。由于状况与步骤存在重大的不同，与此相应，它们必须满足的正义标准是不同的。因此，当一种正义加上另一种正义时，发生类似化学的反应就完全有可能。举一个与此部分类似的例子：假设，我们可以把健康的人定义为在大多数环境中都健壮有力，把健康的环境定义为大多数人在其中都是健壮有力的。那么，真实的情况也可能是这样：将一个健康的人置于一个健康的环境可能会破坏他的健康，因此，

---

① G. A. Cohen, *Self-ownership, Freedom, and Equality*, Cambridge University Press, 1995, p. 43.

健康加健康也可能产生疾病。而正义加正义也可能出现同样的情况。

其次,"正义的步骤"不能保证结果中无非正义。为了表明这一点,科恩以递进的方式提出了四个反例。[①]

第一个反例:设想我正义地持有的一根擀面棍滚出了我家的前门,滚下了斜坡,滚进了你家开着的门,而你并不知此事。你简单地错把它当作你丢失的,并把它收起来使用。这一例子表明,非正义的状态(不同于非正义的步骤,对此前边已经表明)并不以**不道德的行为**(wrongdoing)为前提,它可能是意外情况所致。就这一例子而言,没有发生任何非正义的步骤,一种正义的状态就转变为一种非正义的状态。不过,这个例子本身构不成对(1)的反驳,因为(1)说的是正义的步骤足以维持正义,而没有说非正义的步骤必然会破坏它。但这个例子表明,(人们所采取的)步骤不是可将一种分配转变为另一种分配的唯一的东西。假定在步骤的发生中没人以暴力或欺骗行事,那某种伴随发生的意外情况为什么不仍有可能产生一种非正义的结果状态呢?就擀面棍的情况来说,在其向错误方向滚动的时候,正义的步骤**也可以**在发生,因为完全可以设想,当方向错误的擀面棍滚向你家时,我们也许正在自由地用一把小刀交换一把叉子。对此,(1)的辩护者也许会声称,在擀面棍的例子中,新的状态不是"(纯粹)通过正义的步骤"而直接产生的,进而言之,那种意外情况并不源于正义的步骤本身,因此,它不能作为(1)的反例。但这种说法至多导致一种皮洛士的胜利(Pyrrhic victory)[②],因为交易步骤的发生离不开周围伴随发生的情况,以强调"通过"正义的步骤来保护(1)会减弱它维护市场交易的结果的力量,而这恰恰是(1)的政治功能。

---

① 参见 G. A. Cohen, *Self-ownership, Freedom, and Equality*, Cambridge University Press, 1995, pp. 43–46。

② 公元前279年,古希腊伊庇鲁斯国(Epirus)的皮洛士王(King Pyrrhus)在大胜罗马军队后说"再有一次这样的胜利,我们就输了。"为什么打了胜仗还会输呢?原来皮洛士虽然战胜了罗马军队,但也付出了极大的代价。他的大部分精锐部队和指挥官在那次战斗中阵亡。后来人们便用"Pyrrhic victory"来表示因代价沉重而得不偿失的胜利。

第二个反例：我很便宜地卖给你一颗钻石（或我一时心血来潮把它给了你），因为我们俩都认为它是玻璃的。这样，你持有一颗钻石的状态就出现了，但一旦钻石的真正性质被暴露，而你此时还坚持保有它，那没人会认为这种状态是正义的。根据诺齐克论述，只要步骤不存在强迫或欺骗的行为，它们就是正义的，因此，我们的交易中没有非正义的行为。但这一例子表明，主体的无知也可以导致非正义的结果，换句话说，符合诺齐克要求的正义的步骤也会造成破坏正义的情况。

第三个反例：一个保险公司（不是因犯罪）破产了，因而损毁了那些无法知道它的境况将会暴露的人们的生活，他们现在不得不自愿地（在恰如其分的自由至上主义意义上讲的）廉价出售他们的财产给那些机敏但并非不诚实的买家。科恩说，前边讲的擀面棍和钻石的反例虽然对（1）构成了挑战，但实际上还没有驳倒（1），因为诺齐克只需说倘若没有（显著的）偶然情况或（显著的）错误与正义的步骤相伴，正义的步骤就能维护正义。第三个反例则进而表明，如果我们把视野扩大，离开个别的成对的交易主体而放眼存在于市场经济中的大量的不协调的交易，那因无知而破坏正义的情况其范围就会扩大。这样说来，因为大量可预见或不可预见的不协调交易的结合，一种正义的状态可以转变为一种非正义的状态。

第四个反例：一个人无意中成了一处饮用水源的独占者，这种状况不是非正义地产生的，但它需要矫正。这个反例是诺齐克本人提供的，尽管他不是把它作为反例提出，因为在这个例子出现在他那本书的地方，（1）还没有进入论题。科恩说，诺齐克不会承认上面讲的那三个反例是反例，面对这些反例他会加以搪塞，并以略加修改的做法来继续肯定（1），但他显然无法拒绝他自己提供的这个反例。面对这个反例，要么，他依据一种反映最终－状态正义原则的理由而拒绝（1），要么，他顽固地强调"通过正义的步骤"而保护（1），但无论哪种情况，（1）作为反对相信最终－状态正义理论的人的命题，都会失去它的迷惑力。

简言之，假设我们从一种正义的状态开始，接着一种正义的交易发生了。如果结果中存在任何非正义（在诺齐克看来这是不可能的），那么，按照假设，这种非正义不可能是因为交易本身中的任何非正义。但由此却不能得出结果中不可能存在非正义的结论，"意外的情况，缺少相关的预知，以及预知的组合的过程，都可被合理地看作状态的非正义的制造者"①。

最后，"正义的状态"存在的模棱两可的问题。科恩说，这一问题与前边确定的"正义的状态"这一概念的复杂性有关，而这一概念的复杂性是指，在对正义的状态的理解上存在值得注意的不同的维度。为了表明这一点，他先简述了他在《自我所有、自由和平等》第一章第 4 个注释中谈过的一个正义地生产奴隶的例子。这个例子是这样讲的："A 和 B 在天资和情趣上完全相同。这两个人都是如此地喜爱拥有一个奴隶，以致每个人都愿意冒成为一个奴隶的危险以换取获得一个奴隶的相同机会。于是，他们抛硬币来决定，结果 B 输了，A 给他戴上了镣铐。"② 科恩说，这个例子给诺齐克出了一个难题。根据前边的定义，"正义的状态"是指每个人都拥有他们应当拥有的全部持有物，而且只是这些持有物。由于诺齐克用"正义"指称一组持有物，因而，正义也就是一个实施正义的权力机构正当实施的东西。但这个奴隶的例子却表明，这种可实施性是一个须认真对待的涉及两个方面的问题。由于他们这种关系的**起源**无疑是正义的，人们可以认为 B 对他的主人 A 没有可实施的申诉，所以，当 B 要求获得自由时，实施正义的权力机构不愿做出回应可以是正当的。但尽管如此，人们仍可抵制那种认为 A 可以合法要求实施他对 B 的控制的想法。因此，假定 B 砸开他的镣铐逃跑了，而 A 要求同一的权力机构把他抓回来，那这一权力机构为什么

---

① G. A. Cohen, *Self-ownership, Freedom, and Equality*, Cambridge University Press, 1995, p. 46.

② Ibid., p. 21.

不可采取同其不愿帮助 B 本人获得自由的同样的态度，说"奴隶制是一种如此贬低人的陋习，以致正义不可能要我们帮你去找到 B"？在这一例子中，某人在一次也许是不明智的赌博中惨败。由于他面对的是与他完全对等的对手，所以，诺齐克说的交易的正义性无疑得到实现。但人们仍可认为其结果是不公平的，即使输家不能抱怨它是不公平的，因为输家不能抱怨这一结果是不公平的是基于一种维度，而人们认为这一结果是不公平的是基于另一种维度。科恩说，"这里所做的区分给出了对（1）要持谨慎态度的又一个理由"。[①] 因为按照诺齐克的可正当实施的表达，正义的状态具有不同的维度，而这要求对正义的不同的判断，这样一来，（1）的可信性就更值得怀疑了。

四　把私有财产和自由混为一谈是玩弄概念游戏

科恩说，一个 D1 的拥护者对"张伯伦论证"可能会做出这样的回应，即提议对张伯伦的收入征税，而税率，以及税收所得的用途将由命题（1）基于的原则来决定。那么，这个人提议的税收政策会因其无理地限制自由而不被接受吗？这样的征税政策无疑会消除**某些**自由：它会使张伯伦失去签订这样一种合同——他打篮球并挣得整整 25 万美元的自由，并使他的球迷失去签订他们每人付 25 美分而张伯伦获得 25 万美元这样一种合同的自由。然而，**某些**自由的消除是能有助于自由本身的，这样说来，在得出向张伯伦这样的人征税就是限制自由，或限制它是无理的结论之前，我们必须先来看看它使**某些**自由的消除是否能促进其他一些同样重要的自由。

一个人有多少自由取决于他的选择的数量和性质，而选择**既**取决于游戏的规则**又**取决于游戏者的财产。就张伯伦和他的球迷而言，向张伯

[①] G. A. Cohen, *Self-ownership, Freedom, and Equality*, Cambridge University Press, 1995, p. 48.

伦征税显然会减少他的自由,但禁止球迷签订一个张伯伦的收入将不上税的合同则显然不会减少**他们的**自由,因为这种禁令创造出一种新的选择,一种否则他们将不会有的选择,这种选择就是,付 25 美分去看张伯伦的比赛**而不**给予他们社会的一些成员以巨额财富,同时还能重新获得他们支付的通过适当制定的税收政策筹集的社会福利基金的大部分。但尽管如此,一些人仍会有这样的疑问:为了尊重自由,这种消除某些自由的税收规则能否避免?对此,科恩的回答是,虽然 D1 的税收规则限制了自由,但它们之所以会这样,是因为所有的税收规则都限制自由,在为自由至上主义者赞同的私有财产的自由市场经济中流行的税收规则尤其是这样。"由此可以得出这样的结论,即任何人都不能声称,同为自由至上主义者赞同的规则相比,D1 的规则限制了自由。"① 换句话讲,诺齐克不能说对像张伯伦这样的高收入的人征税限制了他们的自由,因为他本人提出的制度(像所有的制度一样)就限制了自由。

科恩接着指出,诺齐克把自己打扮成一个无条件的私有财产的捍卫者**和**对个人自由所有限制的坚定的反对者,然而,"他不能始终如一地坚持这两种身份,其原因只在于,一个人只要不是无政府主义者就不可能是第二种人"。② 为了表明这一点,科恩利用了一个人们习以为常的说法——"如果国家阻止我做某件我想做的事,那它就限制了我的自由",然后做了这样的论证:假设我想采取一个行动,这一行动需要使用你的财产,而从法律上讲我使用它是被禁止的。比方说,我想在你家的后花园支一个帐篷,这也许是因为我没有地方住,我也没有自己的土地,但我有一顶帐篷。如果我现在试图做我想做的这件事,国家就可能为了你的利益而进行干预。如果国家确实干预了,那我的自由就遭到了限制。以此类推,对于那些自己不拥有某一财产但想使用它的人们而言,不允许他们使用就都是对他们自由的限制,而且,总有一些人是不

---

① G. A. Cohen, *Self-ownership, Freedom, and Equality*, Cambridge University Press, 1995, p. 55.

② Ibid..

拥有它的，因为一个人的私人所有权是以"排斥其他人一切人"① 为前提的。自由企业经济是以私有财产为基础的，在这种经济中，人们售出和买进的是他们各自拥有的和将要拥有的东西。由此说来，诺齐克之流就不能抱怨社会主义的分配限制了自由，因为他们自己赞同的分配也同样限制自由。

科恩说，他上面的论证是基于"如果国家阻止我做某件我想做的事，那它就限制了我的自由"这一人们习以为常的说法。在这一论证的过程中，他假定，阻止某人做他想要做的事情就是使他在这方面不自由。进而言之，"**无论何时，只要有人干涉我的行动，无论我是否有权利采取这些行动，无论我的妨碍者是否有权利干涉我，就此而言，我都是不自由的**"②。然而，对他的这一论证有一种反对意见，这种意见是基于贯穿在自由至上主义者很多论著中的对自由的另一种定义。根据这一定义（它可被称作**自由的权利定义**），干涉不是使我不自由的充分条件，进一步讲，只有当某人阻止我做我有权利去做的事情时，我才是不自由的。诺齐克《无政府、国家和乌托邦》中的一段话使用的就是自由的权利定义：

> 其他人的行为为一个人可以得到的机会设置了限制。这是否使一个人的行为成为不自愿的，取决于这些其他人是否有权利这样做。③

如果有人将这种自由的权利定义与对私有财产的道德认可，即与"在

---

① 《资本论》第 3 卷，人民出版社 1975 年版，第 695 页。
② G. A. Cohen, *Self-ownership, Freedom, and Equality*, Cambridge University Press, 1995, p.59.
③ 罗伯特·诺齐克 《无政府、国家和乌托邦》，姚大志译，中国社会科学出版社 2008 年版，第 314 页。

一般情况下，人们对他们自己合法拥有的财产具有一种道德权利"①这样一种主张结合起来，那人们就可得出这样的结论，即对（合法的）私有财产的保护不会限制任何人的自由。从对私有财产的道德认可可以推断，你和警察阻止我在你的土地上搭建帐篷是正当的，而且，因为自由的权利定义，接着还可以进一步推断，你和警察并没有因此而限制我的自由。这样，根据诺齐克所使用自由的权利定义，私有财产不一定限制自由。进而言之，如果私有财产的形成和保护与人们的合法权利相一致，它就没有限制自由。对于这种反对意见，科恩给出了两种回应。

第一种回应依靠对"自由的"和"自由"等术语的日常用法。根据这种用法，阻止某人做他想要做的事情就是使他在这方面不自由。由此说来，上述反对意见对自由特征的描述是不能成立的，而其错误就在于，要确定"限制一个人可利用的机会"的行动是否使一个人（就这点而言）不自由，就必须调查导致对机会的那些限制是否是不正当地产生的，例如，当一个被确认是谋杀犯的人被正当地关进监狱，他才成为不自由的。

第二种回应则不依靠对"自由的"和"自由"等术语的日常用法。假定我们拒绝日常的用法并同诺齐克一起说，对某人行为的**正当**干涉并没有限制他的自由。那么，如果不做进一步的解释就无法证明，对私人财产的干涉是错误的是**因为**它限制了自由。因为人们再不能根据与权利无关的日常语言而理所当然地认为，对私有财产的干涉显然**确实**减少了自由。根据对自由的权利的定义，在表明人们对他们的私有财产拥有道德权利之前，人们应当避开这种断言。然而，自由至上主义者**既倾向**使用自由的权利定义，**又倾向**理所当然地认为对私有财产的干涉减少了其所有者的自由。但他们只有基于对自由的与权利**无关**的说明，才能认为后者是理所当然的，然而，基于这一说明，对私有财产的保护减少了非所有者的自由同样是显而易见的，而要避免这一结果，他们就得采用对

---

① G. A. Cohen, *Self - ownership, Freedom, and Equality*, Cambridge University Press, 1995, p. 59.

自由概念的权利定义。所以，他们在两个不一致的自由定义之间颠来倒去，这不是因为他们不能确定哪一个定义他们更喜欢，而是因为他们想要坚持一种事实上站不住脚的主张。自由至上主义者一方面想说，对人们使用他们的私有财产的干涉是不能接受的，因为这些干涉显然限制了自由，另一方面又想说，保护私有财产不会同样限制非所有者的自由，因为所有者有权排除其他人使用他们的财产，而非所有者则无权使用它。然而，只有在他们以两种不一致的方式定义自由时，他们才能坚持上述两种说法。

科恩进而指出，退避到对自由的权利定义使诺齐克陷入了一种循环。根据自由的权利定义，当一个人采取他有权采取的行动而没受阻止时，他就是完全自由的，换句话说，根据这种权利的定义，只有在干涉者没有权利去进行干涉时，干涉一个人才是干涉他的自由。因此，要知道一个人是否是自由的（在这里自由这一概念是完全从权利意义上讲的），我们就必须知道他的（及其他人的）权利是什么。但诺齐克对人们的权利提供了什么样的描述？他要么根本没提供任何描述，要么提供的是从自由方面描述，就像这样：人们拥有的权利是那些拥有它们将保证他们的自由的权利。因此，诺齐克使自己的命题（1）陷入一种循环。对诺齐克来说，当不存在强制时，就存在正义，也就是说，没有任何人的权利受到侵犯，而这意味着当不存在对自由的限制时就存在正义。但此时自由本身又是根据权利没受到侵犯来定义的，这导致了一种尴尬的循环定义，并且既没表明自由概念也没表明正义概念。

科恩还对诺齐克的自由和正义概念的循环定义如何影响命题（1）做了进一步的说明。（1）讲的是，"通过正义的步骤从正义的状态中产生的任何东西自身都是正义的"。要应用（1），我们就必须知道是什么使得步骤是正义的。诺齐克的回答是，当步骤是自愿完成的，或不存在强制时，它们就是正义的。然而，当我们接着问什么是自愿完成时，我们被告知，无论一个人的机会受到怎样的限制，只要在对其机会的限制的产生过程中不存在不正义，他的行动都是自愿的。这就产生了一种循环定义：正义是根据自愿定义的，而自愿则又是根据正义定义的。"以这样的方式谈论问题，我们将既不能把自由，也不能把正义用作评价的标准。"①

---

① G. A. Cohen, *Self - ownership*, *Freedom*, *and Equality*, Cambridge University Press, 1995, p. 61.

第六章

对"自我—所有权命题"的反驳

我的结论是,自由至上主义者陷入二难推理的困境:他们既不能以联合所有(而且彻底平等)的世界耗损了自我—所有权的实质性内容为由拒绝它,**也**不能为一个为更改的资本主义经济做辩护,因为在这一经济中,很多人的自我—所有权也同样没实质性内容。在我建构的这一特定的辩论中,这种二难推理反映了一个更深层的二难推理。因为自由至上主义者现在只得**要么**选择这样的自我—所有权,即纯粹的法律条件,这样的自我—所有权无视有关资源和物质环境的规则是否意味着自我—所有权提供了它允诺的自由和自主的问题,**要么**选择自我—所有权最终不能保证自由和自主。基于第一种选择,他们的哲学观点就失去了吸引力。基于第二种选择,他们的政治立场就需要大幅度地修正。①

我还特别表明,直接否认自我—所有权并不意味着赞同奴隶制、取消人的自主性和把人作为手段而不是目的,而肯定自

---

① G. A. Cohen, *Self-ownership, Freedom, and Equality*, Cambridge University Press, 1995, p. 14.

我—所有权则危及自主性，并且根本不能提供反对功利主义地利用人们的保证。由此说来，自我—所有权命题（严格地讲）虽然没被驳倒，但是，一旦它的真实特征被暴露，那就很难想象人们为什么还会被它所吸引。①

自由与平等的关系一直是当代西方政治哲学家激烈争论的重大问题。在这一问题上，诺齐克基于他的自我—所有权命题，即每个人都属于他自己，因而没有义务为任何其他人服务或生产，把资本主义的不平等说成是对每个人做自己愿做的事的自由的反映。他还进而论证说，平等的实现只能以不正义为代价，因为保证和维持平等必定要侵犯人的自我—所有权。科恩弄清诺齐克的自由至上主义的核心是自我—所有权原则大约是在 1980 年。此后，他开始把反击的目标转向诺齐克从自我—所有权原则出发为不平等所做的辩护，并于 1986 年接连发表两篇论文——"自我—所有权、世界所有权与平等"和"自我—所有权、世界所有权与平等 II"，② 从两个不同方面表明诺齐克从自我—所有权"这个前提推导出来的结论，即一旦奉行正义不平等就必然发生，实际上不是源于它"③。后来，他又在《自我—所有权、自由和平等》一书的第十章——"对自我—所有权命题的评价"，对诺齐克为不平等辩护由以出发的前提，自我—所有权命题本身，做了深入的剖析和有力的反驳。

---

① G. A. Cohen, *Self - ownership, Freedom, and Equality*, Cambridge University Press, 1995, p. 18.

② 前者发表在 *Justice and Equality Here and Now*, Frank Lucash ed., Cornell University Press, 1986, pp. 108 - 135; 后者发表在 *Social Philosophy and Policy*, 3（2），1986, pp. 77 - 96。这两篇文章经修改后被收入他 1995 年的《自我—所有权、自由和平等》一书中，即其中的第三章和第四章。

③ G. A. Cohen, *Self - ownership, Freedom, and Equality*, Cambridge University Press, 1995, p. 13.

一 诺齐克是如何从自由出发为不平等做辩护的?

科恩指出,诺齐克写作《无政府、国家和乌托邦》一书的目的,"是利用为社会主义者、自由主义者,以及诺齐克一类支持自由市场的右派分子共同赞同的自由,来为使社会主义者感到气愤和自由主义者感到担忧的不平等辩护"[①]。诺齐克利用人们"共同赞同的自由"的策略使得不少人把他这本书说成是一本"自由至上主义"的著作,而用"自由至上主义"指称这本书无疑含有这样的意思,即自由在诺齐克的政治哲学中具有至高无上的地位。然而,这种说法至多是一种误导。因为仔细研读一下这本书就不难发现,诺齐克首要信奉的不是自由,而是自我—所有权原则:每个人在道德上都是他自身及其能力的正当所有者,因而,只要不将这些能力用于侵犯他人,每个人(从道德上讲)都可自由地如其所愿地使用它们。正因为如此,诺齐克在书中虽然大谈自由,但他却从未给出一个可使人们从中引出自我—所有权原则的独立的自由概念,所以,他的真实的观点是,我们应当享有的自由的范围和性质,是依我们的自我—所有权的变化而改变的。由此说来,将"自由至上主义"用在诺齐克身上肯定就不是自由本身,而只是一种类型的自由,即其状态是由自我—所有权原则决定的自由。由于诺齐克把自我—所有权视为其理论的核心,所以,他从不认为没有财产的无产者的明显的不自由与他坚信的自由在资本主义社会盛行的观点相矛盾,因为每天被迫出卖其劳动力的无产者仍是自我的所有者,而且事实上,为了出卖劳动力,他也必须是自我的所有者,因而,就此而言,他仍是自由的。

那诺齐克是如何从自由出发为不平等做辩护的呢?科恩说,他的辩

---

① G. A. Cohen, *Self-ownership, Freedom, and Equality*, Cambridge University Press, 1995, p. 112.

护从根本上讲是从下述两个前提出发的。

第一个前提是自我—所有权原则。对此,诺齐克论证说,没人应是其他人的奴隶,无论是完全意义上的奴隶还是部分意义上的奴隶,这也就是说,没人可以正当地为其他人所有,每个人都正当地是自己的所有者,每个人都可以像对待他是其合法所有者的其他东西那样,对待他自身和他的能力。由于我不是奴隶,而是自己的完全的所有者,那么,如果我没有签约提供服务,你就不能命令我去提供它们。如果你有命令我提供它们的不受契约限制的权利,那就此而言,我就成了你的奴隶。由此可以推论,在一个福利国家中,重度残疾的人靠再分配的税收从身体健康的人那里抽取的收入来维持生活,实际上就是使一些人部分地成为另一些人的奴隶。概括起来,诺齐克对第一个前提的论证如下:

(1) 没人在任何程度上是其他人的奴隶。因此,
(2) 没人为其他人完全或部分所有。因此,
(3) 每个人都为自己所有。因此,
(4) 只要不损害其他任何人,每个人都必须有做他想做的事的自由,而且无须帮助任何其他人。①

第二个前提是,处于自然状态的外部世界不为任何人全部或部分所有。从诺齐克对第一个前提的论证本身,得不出广泛存在的不平等是正当的结论,因为当不平等开始出现时,人们拥有的肯定不是对自身的权利,而是对外部事物的权利,而后者是不能从对第一个前提的论证推导出来的。这样,要确立对外部事物的权利,诺齐克就需要一个进一步的前提,即第二个前提。对此,诺齐克论证说,处于自然状态的外部世界是先于人类而存在的,因此,尽管第一个前提包含每个人生来就拥有对

---

① 科恩说,这里需要指出,诺齐克并没有鼓励人们不去互相帮助。他禁止的是**强制性的**帮助,例如,他认为的再分配的税收所包含的强制性帮助。参见 G. A. Cohen, *Self-ownership, Freedom, and Equality*, Cambridge University Press, 1995, p. 68。

自己的自然权利，但没有人生来就拥有对外部事物的任何自然权利。这样说来，任何人确立的对外部事物的任何权利，都必定源于对他自身权利的运用，而就对外部事物的初始权利的形成而言，是凭借每个人的占有一定数量天然资源的权利，条件是他不因此而损害任何人。在这里，不损害任何人的占有不过是（4）中认可的"天赋自由"的一个实例。简言之，第二个前提是：

（5）外部世界，在其处于自然状态时，不为任何人全部或部分地所有。

而（5）与（4）合起来能推断：

（6）每个人都可以为自己积聚不受数量限制的自然资源，只要他不因此而损害任何人。

那么，因占有不为任何人所有的自然资源而损害其他人，意指的又是什么？诺齐克的回答是，它指的是使一个人的生活比他会拥有的资源未被占有的情况更糟。然而，未被占有的资源，像公共的土地，由于组织和激励方面的原因，同已被私人占有并因而可转化为私人收益的资源相比，会较少用于生产，而从私人占有并开发的资源获取足够的收益则是相对容易的，后一种情况使得占有者将有充足的东西补偿后来失去机会占有那些资源的其他人，从而使非占有者的情况同他们会拥有资源未被占有的情况相比将不会更糟。依照这一思路，由那些抢在其他人之前将自然资源私有化的人继而对几乎所有事物的全面私有化，就很容易证明是正当的。那些构成人们称之为无产阶级的人，则或因行动太慢，或因生得太晚，而已无任何东西可私有化，但他们的生活不会相应地更糟，因而，他们没有正当的不满可以表示。这样，由（6）就可以推断：

(7) 数量不等的自然资源可以完全正当地为人口中的一部分私人所有。

现在，如果每个人都拥有他自己，这是从（4）的意义上讲，和外部世界的资源被人口中的一部分人所独占，那根据对人的动机的通常假设——人们不是极度利他主义的，作为结果的经济状况将显现出广泛的不平等，无论平等是指什么，是收入的平等、利益的平等、满足需要的平等或其他什么平等。因而，（4）和（7）产生出诺齐克所想要的结论，这一结论就是：

(8) 广泛的状况不平等是不可避免的，或只有以侵犯人们对他们自己和对事物的权利为代价才可避免。

在表明诺齐克是如何从自由出发为不平等做辩护之后，科恩说，他是以三种方式反驳诺齐克的。第一种方式是质疑诺齐克从（1）到（4）的推论，或者，从更一般的意义上讲，反驳他关于自我—所有权的诡辩。第二种方式是暂不拒绝他的自我—所有权观念，而反驳他从（6）推出（7）的关于损害的说法，具体说来就是，质疑他确定对一种私有财产的占有是否损害他人的检验标准，并论证他所谓的事实，即一个人的生活状况同他会拥有的资源未被私人占有的情况相比没有更糟，不能表明这个人没有受到损害。第三种方式也是暂不拒绝他的自我—所有权观念，而去质疑他的第二个前提（5），即外部世界最初是无主的，以迫使他接受另一种关于人与外部世界最初关系的观点——把外部世界看作为每一个人集体所有的，并进而表明，如果这种观点与自我—所有权原则相结合，那广泛的条件不平等是可以避免的。

科恩对诺齐克的反驳实际上是先以第二种方式，再以第三种方式，最后才以第一种方式进行的。这在很大程度上是因为他在以后两种方式反驳诺齐克时，"还没能发现如何反驳作为前提的自我—所有权本身"①。故此，在他的《自我—所有权、自由和平等》一书中，以第二种方式反驳诺齐克的"自我—所有权、世界所有和平等"构成了第三章，以第三种方式反驳诺齐克的"自由和平等相容吗？"构成了第四章，而以第一种方式反驳诺齐克的"自我—所有权：对这一命题的评价"构成了第十章。下面，我将依科恩反驳诺齐克的实际进程，逐一阐释他的三个反驳。

二 关于"损害"的说法

前边表明，诺齐克为不平等的辩护实际上是从自我—所有权原则出发的，根据这一原则，每个人拥有自己是一种道德权利，因而，从道德上讲，他有权支配自己。然而，诺齐克不仅认为人们有权拥有自己，而且认为他们还可通过适当运用自己的能力而成为数量不等的外部资源的所有者，并因而对它们拥有同样坚实的道德权利。进而言之，只要成为私有财产的外部资源是正当产生的，它们就可以免受剥夺和限制。自我—所有权与外部资源不平等分配的结合，很容易产生对所有物品的私有财产的巨大的不平等，但如果不平等是正当产生的，并因而在道德上受保护，那试图以私人财产为代价去减少不平等，就是对人们的自我—所有权的不可接受的侵犯，因而就是不正义的。

科恩指出，毋庸置疑，导致当今不平等的所有私有财产，都是来自某种曾经不是任何人的私有财产的东西；或来自某种东西，这种东西是来自某种曾经不是任何人的私有财产的东西；或来自某种东西，这种东西又是来自某种东西，而后者又来自某种曾经不是任何人的私有财产的东西；如此等等。如果说现在归私人所有的任何东西至少都要经过这样

---

① G. A. Cohen, *Self-ownership, Freedom, and Equality*, Cambridge University Press, 1995, p. 13.

一个时刻，只是在这一时刻，原本不归私人所有的东西才被转变为私人所有，那原本不是私人财产的东西为什么能全然正当地为人口中的一部分人私有呢？诺齐克本人清楚地知道，这是他在为不平等做辩护时无法回避的一个至关重要的问题，故此，他在《无政府、国家和乌托邦》一书中用了两小节的篇幅[①]集中论述这一问题。

诺齐克的论述是从洛克的占有条件说起的。我们知道，洛克在谈到对原始自然资源的初始占有时提出，一个人可以占有混入他的劳动的东西，只要他给其他人留下足够多的和同样好的东西，并且不浪费自己得到的东西。[②]诺齐克对其中的一个条件——"劳动混入"提出怀疑，对其中的另一个条件——"占有者必须避免浪费"表示困惑，但同意其中的给其他人留下"足够多的和同样好的"这一条件。他还进而强调指出，"关键的地方在于，无主物的占有是否使其他人的处境变坏了"[③]，换句话说，"如果其他人不能再自由使用这个物从而其地位变坏了，那么一个通常产生对原本无主物的永久的、可继承的所有权的过程就不会如此了"[④]。科恩认为，诺齐克的这些表述及后来对它们的详细说明，也就是他的占有条件理论。这一理论具体说来就是：对于一个无主的、人人可得的物体 O 的占有，需要满足这样的条件，即 O 从大众使用的退出没使任何人的前景比 O 仍为大众使用会有的前景更糟。如果任何人的境况，无论从哪方面看，同 O 仍然无主会有的境况相比没有变得更糟，那么，这一条件肯定就得到了满足。此外，当某人的境况在某一相关方面恶化时，只要他的境况在其他方面得到的改善足以抵消这种恶化，这一条件也得到满足。因此，我正当地占有某物的条件是，

[①] 参见罗伯特·诺齐克《无政府、国家和乌托邦》，姚大志译，中国社会科学出版社 2008 年版，第 208—218 页。

[②] 参见约翰·洛克《政府论·下篇》，第五章"论财产"，商务印书馆 1964 年版，第 18—33 页。

[③] 罗伯特·诺齐克《无政府、国家和乌托邦》，姚大志译，中国社会科学出版社 2008 年版，第 210 页。

[④] 同上书，第 213 页。

当且仅当没人有任何理由更愿某物仍为大众使用，或者，有某种理由更愿某物仍为大众使用的任何人，在新的情况下得到他以前没有得到的某物，而它对他而言，至少与我使他失去的东西具有同样的价值。举例来讲：我圈起一块原本是公有地的沙滩，宣布它是我的，并公告使用它每人每天要付一个美元。但我增加了这块沙滩的休闲娱乐性（也许是通过给沙子涂上不同的色彩，或只是每天晚上清除乱丢的杂物），从而让所有使用它的人都认为花一美元使用它是值得的。同这块沙滩过去是免费的情况相比，以及它仍将无人占有的情况相比，他们现在更愿意花一美元在沙滩上待一天。因此，我对沙滩的占有满足了诺齐克的条件。

一些人也许认为，诺齐克的占有条件与洛克的占有条件基本相同，因而，满足诺齐克条件的占有不会产生让人信服的不满。但科恩指出，这只是一种错觉，因为诺齐克的条件远没有洛克的条件要求得那样高。让我们先来看看洛克的条件：

> 这种开垦任何一块土地而把它据为己有的行为，也并不损及任何旁人的利益，因为还剩有足够的同样好的土地，比尚未取得土地的人所能利用的还要多。所以，事实上并不因为一个人圈用土地而使剩给别人的土地有所减少。这是因为，一个人只要留下足供别人利用的土地，就如同毫无所取一样。谁都不会因为另一个人喝了水，牛饮地喝了很多，而觉得自己受到损害，因为他尚有一整条同样的河水留给他解渴；而就土地和水来说，因为两者都够用，情况是完全相同的。[1]

洛克这里讲了占有土地和水这两种情况。前一种情况显然就无须再加以说明了。就后一种情况而言，即使这个人没喝这条河的水，那任何人的境况也都决不会因此而得到改善，因为就所涉及的其他人而言，他喝后

---

[1] 约翰·洛克《政府论·下篇》，商务印书馆1964年版，第22页。

剩下水同以前完全一样。即使他把喝的水还给他们，他们的境况也不会变好，因为我们可以想象，这条河水量丰富，无论他们需要多少水，他们也不需要他喝的水。因此，只要是满足了洛克的条件的占有，人们的境况就不会比他们可能会有的境况更糟。

然而，满足了诺齐克的条件的占有情况却不是这样。说得更明确一点，即使满足了诺齐克的条件，仍可能出现使人们的境况比他们会有的境况糟得多的情况。这是因为，在诺齐克的占有条件的理论中，"**与确认一种占有的正当性相关的唯一反事实的情况（counterfactual situation）**①，**是 O 仍将人人可得**"②。但问题却在于，除了这种情况以外，还存在其他一些仅凭直觉就能想到的相关的反事实的情况，它们的存在表明诺齐克的占有条件太不严格，和他武断地缩小了可供选择对象的类别，而正是依据这些可供选择的对象，我们才能对一种占有出现时发生的情况与确定一个人是否因它受到损害的观点作对照。科恩说"人们可以同意诺齐克的看法，即决定一种占有的正当性的方式，是看看否则对所涉及人员可能或将会发生什么，但人们不能想当然地认为被占有的东西将会继续共同使用：忽视其他可能发生于它的事情是没有道理的。"③

为了表明诺齐克对其他可能的反事实的情况的忽视，科恩说，"让我们设想一个由两个拥有自我的人构成的世界"。④ 在这一世界中，人以外的一切东西都像洛克讲的那样是共同所有的，没人私人拥有任何东西，每人都可使用另一个人当下不使用的任何东西。这两个拥有自我的人，即 A 和 B，每人都从土地获取食物并且不阻碍另一个人获取食物的行为。A 能够从土地得到 m，B 能够得到 n，让我们假设，m 和 n 在这

---

① 反事实的情况是指实际未发生但在其他条件下可能发生的情况。
② G. A. Cohen, *Self-ownership, Freedom, and Equality*, Cambridge University Press, 1995, p. 78.
③ Ibid..
④ Ibid., p. 79.

里是小麦的蒲式耳①数。人们可以说，m 和 n 代表了 A 和 B 在外部世界共同所有的情况下，通过运用每人各自拥有的能力所能获得的东西。（以下讨论的几种情况的相关特征，都可在后面给出的表1中找到。）

现在假设，A 占有了全部土地。然后，他提出给 B 一份 n + p（p ≥ 0）蒲式耳的工资让他到地里劳动，B 不得已同意了。在新协议下，A 本人得到 m + q，而 q 大于 p，因此，A 从这一变化中获得的追加的蒲式耳数要比 B 获得的多。换句话说，B 没有少得小麦，或许还增加了一些，但不管怎样，A 增加的比 B 增加的多。产量的增加，即从 n + m 到 n + m + p + q，要归功于 A 设计的劳动分工的生产效率，因为 A 是一个优秀的组织者。让我们把这种 A 占有后的情况称为**实际情况**，它是我们将与各种反事实的情况做对照的情况。

那么，A 的占有满足了诺齐克的条件了吗？要弄清这一点，我们必须对 B 在 A 占有后的情况，与如共同所有继续存在 B 会过的生活做比较。为了简单起见，让我们假设，B 会过的生活与他此前过的生活完全一样，他将仍旧只获得 n 蒲式耳小麦。这样，如果以比较小麦的蒲式耳数的方式判定 B 的前景的变化，那 A 的占有明显满足诺齐克的条件。②

然而，共同所有继续存在只是一种反事实的情况，除此以外，还存在其他各种反事实的情况。

一种反事实的情况不是土地继续共同所有，而是 B 也许唯恐 A 那样做，因而抢先占有了 A 在实际情况中占有的土地。如果 B 也是一个优秀的组织者并抢先占有了土地，那他也可以获得附加的 q，并且也只

---

① 英制容量单位，1 蒲式耳 = 36.386 升。
② 科恩在这里还补充说"不过，如果把服从另一个人的命令也看作 A 的占有对 B 的相关影响，那我们就不能说后者是否违背了诺齐克的限制性条件，因为我们还没有对 B 在 A 的命令下的不利方面做出评价。在评价人们维持后来的转变，例如，我们正在检验的转变的得失时，权利赋予理论家常常无视人们可能重视的他们对他人的权力关系的价值，这种无视令人诧异，因为假定的自由至上主义者自称保证人们的自主权和主宰人们自己生活的至高无上的重要性。不过，我将不会再用这一点来论证诺齐克关于私有财产形成的主张是不充分的。此后，我将只根据小麦的蒲式耳数评价有利和不利。" G. A. Cohen, *Self-ownership, Freedom, and Equality*, Cambridge University Press, 1995, p. 80.

付给 A 附加的 p ［见表 1 中的 II（a）］。这样说来，虽然 A 在实际情况中的占有满足了诺齐克的条件，但 A 似乎没有权利强迫 B 接受它，但根据诺齐克的观点，他则确有这样的权利。那为什么应当要求 B 接受所谓的"先来先受益"的信条呢？也许 B 放弃占有是出于对 A 的尊重，但仅因为 A 比 B 更无情他就应该获利吗？可见，诺齐克的占有条件理论太缺少说服力。

另一种不是土地继续共同所有的反事实的情况是，B 是一个比 A 优秀得多的组织者，如果 B 占有土地，那 A 和 B 每人都会获得比他们在实际情况中获得的更多的小麦［见表 1 中的 II（b）］。然而，即使在这种情况下，诺齐克的条件也会得到满足，因为它的满足与否不受 B 占有后可能发生的任何事情的影响。而这意味着，诺齐克的条件许可，并且保护其结果使每个人的状况都比他应有的状况更糟的占有。因此，尽管如果 B 占有土地会使他们二人的状况都变得更好，那 A 也有权阻止 B 占有 A 已经占有的土地，虽然他这样做是十分愚蠢或荒谬的。

还有一种不是土地继续共同所有的反事实的情况：只有 B 是一个好的组织者，当 A 占有了土地之后，他向 B 提出，如要获得同样的 n + p 的工资，B 就要设计一种理想的劳动分工并在其中发挥其作用，而 B 为了生存而不愿饿死就接受了。此时，根据诺齐克的条件，A 的占有仍是正当的，尽管在这一情况下不仅是［如同 II（a）和 II（b）中的情况］B 也能设计生产效率的增长，而且他实际上设计出这种增长，此外，这种增长是 A 无能力提供的。这一情况表明，即使在私有化产生增加的价值时，私有者也不一定是价值的增加者，而且，如果人们认为价值的增加者应该得到回报，那人们应当注意到，诺齐克的条件并不能保证他们得到任何东西。要获得由私有化引起的生产增加的所有好处，仅仅作为占有者的他们无需对资源做任何事，除了使它们为他们所有以外。［关于表 1 中 II（c）的反事实的情况，将在本章的第三部分再涉及。］

表1　　　　　　　　　　　　反事实的情况①

实际情况 (A 占有)	I. 维持 共同所有	II. B 占有		
^	^	(a) B 的才能 = A 的才能	(b) B 的才能 > A 的才能	(c) B 的才能 < A 的才能
A 得到　m + q	m	m + p	m + q + r	m
B 得到　n + p (q > p ≥ 0)	n	n + q	n + p + s (r > 0; s > 0)	n

总之，诺齐克以两种方式改换了洛克的条件，一种是合理的，另一种是不合理的。合理的改换是，如果可以得到足够的补偿，那就允许不必留下"足够多的和同样好的东西"。这从原则上讲没有削弱洛克的条件，并且以适当概括的形式将其明确地表达出来。另一不合理的，即不可接受的改换是，"由于简单地不去考虑没有那种占有可能或将会发生什么，而只是基于外部世界将继续共同所有的特定假设去考虑将会发生什么，因而弱化了洛克的条件。这种改换无理地降低了断言 A 损害了 B 的标准"②。

以上是科恩以第二种方式对诺齐克的反驳，即暂不拒绝他的自我—所有权观念，而去质疑他的"损害"的说法。科恩的反驳表明，诺齐克的对外部世界的初始占有的条件，即只要不损害任何人外部世界人人可得，不但没有可能从自我—所有原则派生而来，而且还极不严格，因此，"自我—所有原则不能用来以诺齐克意欲表明它要求不平等的特殊方式，表明它要求不平等"③。

---

① G. A. Cohen, *Self-ownership, Freedom, and Equality*, Cambridge University Press, 1995, p. 81.
② Ibid., p. 83.
③ Ibid., p. 13.

三 关于"外部世界最初是无主的"假定

科恩说,他在思考诺齐克为不平等所做的辩护时突然意识到,尽管自我—所有权原则讲每个人对自己都拥有完全的主权,但除了对人的权利以外,它并没有讲任何人对外部资源的权利,而没有这些资源,人们想要的东西是无法生产出来的。为什么对外部资源的不平等分配,以及由此导致的对所有物品的私有财产的巨大的不平等,会是实行一种只讲人的所有权的原则的必然结果?"从诺齐克给出的理由来看,答案似乎是,自我—所有权原则被认为隐含着这样一个原则,即一个易于容许形成对部分外部自然的不平等的私有财产的原则:建立这一原则会确保大量的分配不平等,无论后者是从何种程度上讲。"[①] 通过进一步的思索,科恩发现,诺齐克从自我—所有权原则出发为不平等的辩护实际上是基于这样一个假定:外部世界最初是无主的,因而,实际上人人可得。然而,这一假定是轻率的,因为即使人们接受自我—所有权原则,那也无须赞同这一假定,而且他们完全可以提出一种与其根本不同的假定,即外部世界最初是人们联合所有或集体所有的,每一个人都对如何利用它拥有否决权,因而任何人都不能对其进行单方面的私有化。正是基于后一种假定,科恩开始以第三种方式反驳诺齐克为不平等所做的辩护,即也是暂不拒绝他的自我—所有权观念,而只去质疑他的外部世界最初是无主的假定,并进而论证,如果自我—所有权原则与外部世界是人们联合所有的假定相结合,那诺齐克讲的广泛的状况不平等就可以避免。

科恩的反驳是从前面表 1 给出的一种 B 占有土地的反事实的情况〔见表 1 的 II(c)〕开始的。这种情况假定 B 缺少 A 的组织才能,并假定如果 B 占有了土地,他不能指挥 A 生产出多于在共同所有下生产的

[①] G. A. Cohen, *Self-ownership, Freedom, and Equality*, Cambridge University Press, 1995, p. 13.

东西。在这样的假定下，A 的占有还是正当的吗？一些人也许会认为它是正当的，但科恩却指出，"即使这样，它的正当性也是有争议的"①。因为承认它是正当的就要想当然地假定，土地从一开始（在任何人经营之前）就不是为 A 和 B 联合所有或集体所有，因而，决定土地利用的正常方式就不是双方同意的民主协商，而是单方的决定。为什么我们不应把 A 占有之前的土地视为联合所有的，而非要像诺齐克想当然地认为是共同所有的？

在科恩的论述中，共同所有权与联合或集体所有权是两种不同的所有制形式。在共同所有权（common ownership）下，土地不为任何人拥有，因而，每个人都可主动地使用它，只要他不妨碍别人同样的使用。相比之下，在联合或集体所有权（joint or collective ownership）下，土地为所有的人一起拥有，每个人对它的利用都要服从集体的决定。当然，做出集体决定的适当程序也许很难确定，但联合所有权无疑不允许任何人单方将全部或部分土地私有化，无论他对其他人提供什么样的补偿。因此，就 A 和 B 的情况而言，如果原初状态是联合所有而非共同所有，那从道德上讲，B 就有权禁止 A 去占有，即使 B 会因他的禁止而获益。而且，B 可以有很好的理由行使这一权利，因为如果他阻止 A 去占有，那他此时就能以他做出让步并允许 A 去占有为条件，与 A 就他将能得到的产品份额进行讨价还价。这样一来，B 就可能获得超过 A 否则将会给他的数额，从而增加他的利益。由此说来，诺齐克要使自己为不平等所做的辩护得以成立"就必须假设，从道德上讲，世界的资源绝非是联合所有的，而只能是人人可得的，然而，他非但没有确定这一前提，甚至都不愿去阐明它，或表明他需要它的任何意识"②。

为了进一步表明在联合或集体所有制下自我—所有权不会导致分配的不平等，科恩说，让我们设想一个由两个人组成的社会，并根据他们

---

① G. A. Cohen, *Self-ownership, Freedom, and Equality*, Cambridge University Press, 1995, p. 83.

② Ibid., p. 84.

各自的自然禀赋称他们为 Able（即有能力者）和 Infirm（即体弱者）。他们每人都拥有自己，并且二人联合拥有其他一切东西。只要具备适宜的外部资源，Able 就能产生出维持和改善生活的产品，但 Infirm 却没有任何生产能力。我们假定他们每个人都是理性的、自利的和互不关心的（即他们没有怨恨、仁爱和其他一切从根本上涉及他人福利的动机），而我们想要知道的是他们将会达成什么样的生产和分配的方案。

现在，Able 和 Infirm 得到的东西不仅取决于他们本身的能力和决定，而且还取决于从物质方面讲的外部世界的情况。我们可以区分出五种相互区别，并且合起来可以涵盖所有可能的物质生活的情况：

（1）Able 每天不能生产出一个人一天所需的东西，因此，Able 和 Infirm 都得饿死。

（2）Able 能生产出够一个人，或比这多些但不够两个人所需的东西。Infirm 允许 Able 生产他能生产的东西，因为只有怨恨和嫉妒才会让他不允许。这样一来，Able 活着而 Infirm 饿死。

（3）Able 能生产出刚好够维持他本人和 Infirm 生活的东西。故此，除非他生产出这样多的东西，否则 Infirm 就禁止他生产。Able 这样做了，他们两人都活下去。

（4）如果只是 Able 生产，那生产的数量就是由他的选择自主决定的，而且数量超出了维持 Able 和 Infirm 两人的生活所需。因此，他们对一定数量的剩余产品的分配进行讨价还价。达不成一致的代价是不生产，所以两个人都饿死。

（5）Able 能生产一定的剩余产品，但现在，更现实地讲，他可以改变它的数量，因此，Able 和 Infirm 不仅如（4）所讲的那样，将就谁获得多少讨价还价，而且还将就生产多少讨价还价。

上述情况中令人感兴趣的是（4）和（5），因为在这两种情况中都会出现讨价还价。在相关的哲学和经济学文献中，关于这种讨价还价会有什么结果人们是有争议的。但有一点是清楚的，这就是，那些进入讨价还价过程中的内容将是 Able 和 Infirm 的效用函数，包括对 Able 来说的劳动的负效用和对 Infirm 来说的体弱的负效用。用通俗一些的话来讲就是，重要的是他们的偏好，他们想要什么、不想要什么及其程度。科恩认为，在这里，要害的问题是，Able 的才能，仅就其本身而言，将不会使他得到额外的补偿。这是因为，虽然进行生产的是 Able，而不是 Infirm，但 Infirm 掌控一个生产的必要的条件（放宽他对土地使用的否决权），因此，尽管 Able 掌控两个生产的必要的条件（对土地的联合所有权和进行生产的能力），但这没有给 Able 在讨价还价上以任何优势。这就如同，如果一件物品的价格是 101 美元，你有 100 美元而我只有 1 美元，那么，如果我们两人都是理性的和自利的，如果我们两人联合购买它只是因为你提供获得它所需的更多的款项，那你将不会得到这一物品的更大份额。可见，对外部世界的联合所有可以阻止自我—所有权产生诺齐克讲的那种不平等。

科恩说，对于他的论证，有人提出一种看似致命的反对意见：肯定对外部世界的联合所有，就像 Able 和 Infirm 的情况表明的那样，会与实现自我—所有权的目的及预期的结果相矛盾。这些人指出，虽然在 Able 和 Infirm 情况中实现的那种平等没有违反自我—所有权原则，但对外部世界的联合所有使得其居民的自我—所有权仅是形式上的，他们不能利用他们的自我—所有权实现对他们自己生活的真正控制，因为他们想做任何事情都要服从其他人的否决权。如果没有其他人的同意我就什么也不能做，那我的自我—所有权还有什么意义？可见，对外部世界的联合所有将使同其结合的自我—所有权不起任何作用。

科恩承认，上述反对意见曾使他一时感到难以回应，"然而，基于进一步的反思，在似乎已被击败的险境中又显现出胜利"①。为了表明这一点，科恩说，让我们回想一下我们争论的目的，这就是回击诺齐克的这一论点：尊重人民的自我—所有权要求扩大他们过他们自己生活的自由，而这与社会主义者珍视的状况平等是不相容的。针对诺齐克的这一论点，我们在前边做出的回应是，与诺齐克所讲的相反，自我—所有权与状况平等可以相容，因为一旦自我—所有权与对外部世界的联合所有相结合，其产生不平等的趋向也就消除了。对于我们的回应，那种反对意见说，对外部世界的联合所有使与之结合的自我—所有权成为只是形式上的，"**然而，就眼下争论的目的而言，如能表明诺齐克为之辩护的自我—所有权本身就只是形式上的，那这种反对意见就会消失**，因为此时诺齐克就不能再坚持认为，自我—所有权必然产生状况的不平等（因为 Able 和 Infirm 的情况表明，仅仅形式上的自我—所有权是做不到这一点的）"②。诺齐克本人无疑认为，他赞同的自我—所有权决不仅仅是形式上的。为此，他在《无政府、国家与乌托邦》一书的第三章辩解说，每个人都应自由地过他自己的生活，而这一**需要**是由构成自我—所有权的权利来保证的。但诺齐克同时还认为，处境最凄惨的无产者，即那些必须要么出卖他的劳动力给资本家，要么饿死的人，也享有这些权利。如若这样，那诺齐克就不能说 Able 的自我—所有权是形式上的，因为无论它是否确实仅是形式上的，就其引起的结果而言，它都不比无产者的自我—所有权更少。如果 Able 和无产者都缺少具有实际意义的自我—所有权，那这是因为没有 Infirm 和资本家的同意，他们就不能做任何事。这会引出一个让诺齐克左右为难的问题，因为对此他只能说：或者，资本主义没有给予无产者具有实际意义的自我—所有权，因为无

---

① G. A. Cohen, *Self - ownership, Freedom, and Equality*, Cambridge University Press, 1995, p. 14.

② Ibid., pp. 99 - 100.

产者的自我—所有权远没有坚实到这种程度；或者，如果它坚实到这种程度，那真正的自我—所有权就允许状况平等的实现，因为 Able 的自我—所有权至少坚实得同无产者的一样，但在 Able 和 Infirm 的情况中，自我—所有权并没有产生不平等。

不难看出，科恩以第三种方式对诺齐克的反驳，最终使诺齐克陷入二难推理的困境：他"既不能以自我—所有权的实质内容被消除为由拒绝联合所有（而且彻底平等）的外部世界，**也**不能为很多人的自我—所有权同样没实质内容的不加改变的资本主义经济做辩护"①。这样一来，他的自我—所有权必然导致广泛的不平等的观点也就站不住脚了。

四 关于"自我—所有权命题"的三个诡辩

科恩知道，仅以前边两种方式反驳诺齐克为不平等所做的辩护是不充分的，因为它们都没有涉及这一辩护由以出发的前提——自我—所有权命题本身。为此，他又进而以他讲的第一种方式，对诺齐克关于自我—所有权的三个诡辩做了深入的剖析和逐一的反驳。

诺齐克关于自我—所有权的第一个诡辩是，"如果你拒绝自我—所有权命题，你就是同意奴隶制"②。在诺齐克的论述中，拒绝自我—所有权命题的主要形式，是肯定服务其他人的非契约性义务。对此，他论证说，那些强制实行非契约性义务的原则，"创制了别人对人们及其行动和劳动的（部分的）所有权。这些原则涉及一种转换，即从古典自由主义者的自我—所有权观念转换为对**其他**人们的（部分的）财产权

---

① G. A. Cohen, *Self-ownership, Freedom, and Equality*, Cambridge University Press, 1995, p. 14.

② Ibid., p. 230.

的观念"①。科恩指出,诺齐克的这一论证利用了人们对他人拥有财产权的厌恶,即对奴隶制的厌恶,其目的"是通过向不相信自我—所有权的人们表明,拒绝自我—所有权就是赞同奴隶制,从而使他们发生转变"②。这一论证隐含的推理过程如下:

(1) 如果 X 有非契约性的为 Y 做 A 的义务,那 Y 就拥有奴隶主拥有的那种支配 X 的劳动的权利。

(2) 如果 Y 拥有奴隶主拥有的那种支配 X 的劳动的权利,那就此而言,X 就是 Y 的奴隶。

(3) 任何人在何种程度上成为另一个人的奴隶,在道德上都是不能容忍的。因此,

(4) X 有非契约性的为 Y 做 A 的义务,在道德上是不能容忍的。

在科恩看来,这一论证的推理过程虽然成立,但它的前提(1)和(3)都有问题。由于对(3)的反驳比对(1)的反驳相对简单,所以,他先从对(3)的反驳开始。

关于(3),科恩说,让我们暂且考虑一种与奴隶制不同(但部分类似)的情况,即监禁的情况。假设你是一个无罪的人,而我把你强行扣押在一个房间 5 分钟。从规范的意义上讲,无论这种短暂的**扣押**是否算作短时的"监禁",无论把它说成监禁是否是言过其实,它与长期的监禁都存在重大的不同。对一个无罪之人的长期监禁肯定是不正当

---

① 罗伯特·诺齐克 《无政府、国家和乌托邦》,姚大志译,中国社会科学出版社 2008 年版,第 206 页。
② G. A. Cohen, *Self-ownership, Freedom, and Equality*, Cambridge University Press, 1995, p. 230.

的，但对一个无罪之人的短暂的扣押则可能是正当的，例如，由于维持社会秩序的临时需要。这样说来，即便上述论证的前提（1）是正确的，以致再分配的税收就像诺齐克认为的那样，确实类似奴隶制下的强迫劳动，但从规范的意义上讲，有限的强迫劳动与具有奴隶特征的终身强迫劳动仍然存在重大的不同，因而不能将前者等同于后者。

  在提出自己对（1）的反驳之前，科恩先转述了约瑟夫·拉兹（Joseph Raz）[①]反驳诺齐克的一个论证：在我母亲生病时虽然我有帮助她的义务，但她却没有免除我的这一义务的权利，因此，她拥有的权利，同我拥有的决定是否帮助她的权利相比并不更多；即使我的母亲确有免除我的这一义务的权利，她拥有的也不是奴隶主拥有的那种权利，即支配我必须履行那种义务的不受限制的权利；她不能吩咐我去做她任意想要我做的任何事。科恩说，从拉兹的论证可以推出三个递进弱化的论断：（1）我有对我母亲的义务无须意味着她拥有对我的任何权利；（2）虽然我的母亲也许确实对我拥有一种权利，虽然如果我没有履行我的义务，可能是她而不是别人会有抱怨，但她没有免除我的义务的权利，因此，没有那种奴隶主拥有的权利；（3）即使我的母亲确实有权免除我的义务，甚至有权禁止我履行它，那由此也不能认为，她拥有奴隶主那样的权利，即可以吩咐我去做她选择的任何事情的权利。这第三个最弱的论断，因而也是一个最难否定的论断，足以表明我对她的义务无须体现奴隶主拥有的那种权利，即诺齐克的论证所需的那种权利。简言之，"在一定的条件下，我何以有权用我的能力去帮助别人的问题，不是由任何人对一种权利的行使来决定的，而是由一种相关义务的存在来决定的"[②]。这就驳倒了诺齐克的论证，即只要我不拥有自己，我就是一个奴隶。因为奴隶制的特征是非契约性的义务，而当我缺少一种涉及我的

  [①] 约瑟夫·拉兹，英国牛津大学、美国哥伦比亚大学法学教授。参见他的《自由的道德》（牛津大学出版社1986年版）。

  [②] G. A. Cohen, *Self-ownership, Freedom, and Equality*, Cambridge University Press, 1995, p. 232.

能力或活动的某些方面的权利时,那也许是因为我有这样一种义务,但由此不能认为我就是一个奴隶,因为此时另一个人并不拥有我缺少的权利。

对于上述反驳有人提出异议。他们说,自我—所有权命题并不排除道德义务,而只排除法律上的强制性义务,只有后者才表示奴隶制,而我对我母亲的义务则不是法律上的强制。如果不管我对我的母亲还有任何其他义务,国家都强加给我一种服务我的母亲,或服务一般而言的穷人的法律义务,这难道还不表明它对我的劳动具有奴隶主式的权利吗?科恩把这种异议称为"强制异议"。科恩认为,这种异议是不能成立的,因为前边讲的我母亲和我关系不同于奴隶主和我的关系的论证,同样可用在国家上。人们可以认为,国家没有权利免除我的那一义务,也就是说,它虽有责任向我收税,但却没有权利决定我是否应将收入转让给穷人。因此,即便国家有权指导对我的劳动的这一特定的使用,但它没有权利处置我的劳动。我的母亲,或穷人并不因为国家强制实施他们对我拥有的任何权利,而对我拥有奴隶主那样的权利。简言之,我们相互之间都可能有强制性的义务,但这不意味着,任何人都拥有决定任何人劳动的奴隶主式的权利。实际上,这种义务构成了实行再分配国家的规范性的内容。在这样的国家,不存在与帮助人的能力的某些方面相关的自我—所有权,也不存在奴隶主和奴隶的关系。

诺齐克关于自我—所有权命题的第二个诡辩是,如果你拒绝自我—所有权命题,"你就是限制人的自主权"[1],其理由是当且仅当人们拥有自我—所有权时,他们才能控制自己的生活,或享有**自主权**。科恩说,诺齐克这里讲的自主权无疑是指一个人的选择范围,这样说来,"在对自我—所有权与自主权的关系考察中首先要注意,自主权是一个程度的问题,即一个人拥有的选择的数量和质量的问题。因此,自我—所有权

---

[1] G. A. Cohen, *Self - ownership, Freedom, and Equality*, Cambridge University Press, 1995, p. 230.

有利于自主权的主张就需进一步明确"①。不能否认，如果一个人的自我—所有权在任何程度上都是不完全的，那他就没有自主权，而完全的自我—所有权可以保证更多的自主权。但诺齐克的主张却是，自主权在普遍而完全的自我—所有权下比在任何其他制度下都更多。这种主张是不能成立的。首先，至少在一个人们具有不同才能的世界中，自我—所有权是不利于自主权的。因为在这样的世界中，为自我—所有权所认可的对私利的追求，产生了没有财产的无产者，他们的生活前景对其限制太大，以致他们无法享有符合自主权观念的对他们自己生活的实质性的控制。因此，如果每个人都应享有程度合理的自主权，那至少在某些情况下，就必须对自我—所有权强行加以限制。其次，即使在一个由具有同等才能的个人构成的世界中，自我—所有权也无法实现自主权的最大化。因为自主权，即你在生活中拥有的选择范围，是依据两种情况的变化而变化的：一是你对自身权利的范围，你的选择范围的变化与它们成正比；二是其他人对自身和对其所有物的权利，你的选择范围的变化因它们的不同而不同。在很多情况下，如果不对自我—所有权加以某种限制，那就会使一些人的自主权比另一些人更少，甚至会使全体人员的自主权更少。如果我们当中没人有权利做某些事情，我们在自主权上就都能受益。可见，自我—所有权原则不能充分满足自主权的需要。也正因为如此，所以，"当自我—所有权以不利于自主权的方式被行使时，如果我们不得不在它和外部强加的必要限制之间做选择，那对自主权的信奉会建议选择后者"②。

诺齐克关于自我—所有权命题的第三个诡辩是，如果你拒绝自我—所有权原则，你就是"赞同把人仅仅作为手段限制人的自主权"③。诺

---

① G. A. Cohen, *Self-ownership, Freedom, and Equality*, Cambridge University Press, 1995, pp. 236–237.
② Ibid., p. 237.
③ Ibid., p. 230.

齐克说，他肯定的权利"反映了康德主义的根本原则——个人是目的，而不仅仅是手段；没有他们的同意，他们不能被牺牲或用来达到其他的目的"①。科恩指出，诺齐克这样讲无非是想把自我—所有权同康德的名字连在一起以抬高其权威性。在反驳诺齐克的这一诡辩之前，科恩说，为了清晰起见，让我们把这段引文中的"个人是目的，而不仅仅是手段"称为**康德的原则**，把其后的（分号后的）"没有他们的同意，他们不能被牺牲或用来达到其他的目的"称为**诺齐克的同意原则**。接着，他从三个方面对诺齐克进行了反驳。

第一，拒绝自我—所有权原则并不意味着拒绝康德的原则，肯定自我—所有权原则也不意味着肯定康德的原则。科恩说，诺齐克引用的康德的原则的完整表述说的是，"你永远把人决不仅仅当作手段，而永远同时当作目的，无论是对你自己还是其他的人"②。不难看出，这一原则没有禁止我把另一个人当作手段，**只要我同时把他的地位尊为一种独立的价值中心，它就允许我这样做**。例如，当我把钱交给一个售票员并让他给我车票时，我**当然**是把他当作一种手段，因为我和他互动只是**因为**他是我获得车票的手段。而当我把钱投入**自动售票机**时，我无疑也把它当作一种手段。这样，在我对待机器的行为及它在我的目的中的地位，与我对待售票员的行为及他在我的目的中的地位之间，显然存在某种共同的东西。我在这两种情况中采取的行为都是充当实现我的目的的手段，这是我为什么采取它的原因。然而，如果遵从康德的原则，那我在态度上的差别实际上就不是我没有把售票员当作手段，而是我把他也当作目的。因此，例如，如果机器坏了，那我只会生气，因为现在我买不到票了；但如果是售票员出事了，假设他突然昏厥了，我则会尽力救助他。我因此而表明，我从未把他**仅仅**当作手段。当然，我的反应可能还不足以表明我把他当作全然康德意义上的目的，因为同相对清楚的不

---

① 罗伯特·诺齐克《无政府、国家和乌托邦》，姚大志译，中国社会科学出版社2008年版，第37页。
② 同上书，第39页。

把人当作手段的观念相比,康德的把人当作目的的观念并不特别清楚,而且康德也没对其做出很好的解释。但是,尽管康德的全部要求是什么可能还不清楚,但清楚的是,它要求的无论是什么,都与人们(势必)会把其他人当作通常意义上的工具来使用相一致。科恩说,假设我认为,身体健康的人有一种义务,一种国家通过征税强迫他遵从的义务,即生产超出维持他们自己需要的剩余产品,以养活否则就会死去的残疾人。这样我就得反对自我—所有权原则。因为自我—所有权意味着,就使用你的能力而言,你对任何其他人都没有非契约性的、可被强制实施的义务。然而,在我致力反对自我—所有权时,我仍可忠于康德的原则。这是因为,虽然我认为身体强壮的人的劳动应被用作手段,而且在必要的时候还可违背他们的意志,以使那些不幸的人能得到帮助,但由此不能认为我不关心身体健康的人们本身:除了别的以外,我认为他们应当提供所说的服务,是因为我还相信提供这种服务不会损害他们的生活。可见,拒绝自我—所有权并不意味着拒绝康德的原则,因为你可以肯定后者而同时拒绝前者。同样,肯定自我—所有权也不意味着肯定康德的原则。因为遵从自我—所有权并不包含我对待其他人的态度,而且在康德的论述中,把其他人**当作目的**意指的是一种对待他们的特殊形式。以前边讲过的那个昏厥的售票员为例。我可以遵从他的自我—所有权,但只把他完全作为手段来对待,并因此在他昏厥时不为他做任何事。当然,我不会威胁要揍他的鼻子,以让他更快把票给我,但这不意味着我一定把他当作目的。这是因为,正如我遵从他对其鼻子的所有权一样,我也能遵从英国铁路公司对其机器的所有权,并因而在机器出故障时不去乱敲它,但由此不能认为我把英国铁路公司当作目的。

第二,诺齐克的同意原则不同于康德的手段—目的原则,而"它们之间的不同体现在对允许你将另一个人用作手段的条件的满足上"[1]:对康德而言,只要你把那个人(也)当作目的,你就可以利用他,而

---

[1] G. A. Cohen, *Self-ownership, Freedom, and Equality*, Cambridge University Press, 1995, p. 241.

对诺齐克而言，只要你得到他的同意你就可以利用他。看出这两种条件的不同只需注意：一个作为雇主的资本家可以严格遵从诺齐克的同意要求，虽然他并不关心他的雇工的福利（或与他们作为目的的地位相关的其他东西），而向身体健康的人收税的国家虽然侵犯了诺齐克的同意要求，但却仍然尊重他们的人性。

科恩说，也许有人认为，康德在《道德形而上学原理》中的一段话，会对他在诺齐克的同意原则和康德的原则之间所做的区分提出质疑。这段话是这样讲的：

> 有意于对别人做出一种虚假承诺的人将立刻看出，他想把另一个人仅仅当作手段来利用，而后者并不同时在自身包含目的。因为我想通过这样一种承诺来为了我的意图而利用的人，不可能会赞同我对待他的方式，因而甚至包含着这个行为的目的。①

科恩说，根据他的理解，使这个做虚假承诺的人没能得逞的，不是他欺骗的那个人**不同意**，而是他**不能**同意前者意欲对待他的方式。与诺齐克不同，康德并不要求我与之打交道的那个人的实际的同意，而只要求可能的同意。而"可能"在这里意指的是"规范意义上的可能"，因此，康德要求的可能同意的标准，就不同于诺齐克要求的实际同意的标准。这样，在满足诺齐克要求的意义上，我可以实际上同意把我仅仅当作手段的行为，例如，同意被那个在"奴隶赌博"②中赢了我的那个人所奴役。但是，这显然不能证明，在康德的意义上，我会同意奴役我的那个

---

① 康德《道德形而上学原理》，《康德著作全集》第4卷，李秋零译，中国人民大学出版社2005年版，第437页。
② 科恩在《自我所有、自由和平等》一书中所举的一个例子：A和B在天资和情趣上完全相同，这两个人是如此喜爱拥有一个奴隶，以致每个人都愿意冒着成为一个奴隶的危险以换取同样的获得一个奴隶的机会，因此，他们抛硬币来决定，结果B输了，A给他戴上了镣铐。参见 G. A. Cohen, *Self-ownership, Freedom, and Equality*, Cambridge University Press, 1995, p. 47。

人的行为，因为对康德而言，同意这一点是不可能的。反之，即使我拒绝对我的一种特殊对待，那由此也不能认为，在康德的意义上我**不能**同意它。因为康德的主题不是自我—所有权，因此，实际的同意和不同意对他来讲都不是关键问题。可见，前边讲的那种质疑是不能成立的。

第三，自我—所有权并不反映同意原则。科恩指出，诺齐克认为，自我—所有权"反映"了未经人们同意就不能利用他们的原则，而这意味着，他把同意原则作为自我—所有权的基础或理由。然而，同意原则根本不起这样的作用，因为它只是自我—所有权的一个直接衍推：它明确表达的是这样一种权利，一种几乎覆盖自我—所有权原则本身覆盖的全部范围，而且再无什么其他东西的权利。你可以既同意自我—所有权观念，也（因而）同意它的主要衍推，但你不能认为它的衍推是自我—所有权的一个**理由**。

以上是科恩对诺齐克从自我—所有权原则出发为不平等所做的辩护的三个反驳。对于科恩的反驳，加拿大著名政治哲学家威尔·金里卡讲过这样一段话："我认为科恩对诺齐克的批判完全是毁灭性的，他彻底拆解了诺齐克的论证。如果读过杰瑞[①]对诺齐克的批判之后，还有人支持后者的话，我认为是不可理解的。"[②]

[①] G. A. 科恩的全名是杰拉尔德·阿伦·科恩（Gerald Allan Cohen），但他喜欢他的朋友叫他杰瑞·科恩（Jerry Cohen），或干脆叫他杰瑞。
[②] 引自威尔·金里卡和卞绍祖的对话《当代政治哲学前沿：多元立场、公民身份与全球视野》，载《马克思主义与现实》2013年第2期。

第三部分

挑战罗尔斯

第七章

对罗尔斯差别原则的两个批判

在一个分配正义占优势的社会中，人们在物质方面可能得到的利益大致上是平等的。分配正义不容许那种深层的不平等，即由对处境好的人提供经济刺激而驱动的不平等，而这种不平等正是为罗尔斯的差别原则所认可的一个正义的社会所展示的东西①。

科恩集中并且系统批评罗尔斯的自由主义平等主义的著作，是2008年在哈佛大学出版社出版的《拯救正义与平等》一书。他在这本书的"导言"中指出，资本主义所展现的价值冲突主要是平等与效用的冲突，虽然它的花言巧语既赞同平等又赞同效率，但它实际上却是为了效用而牺牲平等，因为它是依靠不正义来生产人类的幸福的。就这一问题而言，"罗尔斯在而且因为不平等释放那些好处给每一个人时就认可它为正义的，是一种掩饰其试图解决的这一冲突的方式"②。

同他的《自我所有、自由和平等》一样，《拯救正义与平等》在很大程度上也是科恩以往发表的论文的汇集。其中的第一章"刺激论证"

---

① G. A. Cohen, *Rescuing Justice and Equality*, Harvard University Press, 2008, p. 2.
② G. A. Cohen, *Self-ownership, Freedom, and Equality*, Cambridge University Press, 1995, p. 13.

源于他 1991 年 5 月在斯坦福大学做"坦纳讲座"(Tanner Lectures)[①]时的讲稿——《刺激、不平等和共同体》。他在"刺激论证"中表明，依据罗尔斯的差异原则，一种不平等如果通过人们常说的刺激机制而使处境最差的人受益，即当付给处境较好的人比付给处境最差的人更多报酬有助于后者的益处时，这种不平等就是正当的，然而，以这种方式为不平等辩护是难以成立的。

一 差别原则没有证明基于刺激的不平等是正义社会的特征

众所周知，差别原则是罗尔斯讲的正义社会的一个基本原则，这一原则认为，"社会和经济的不平等（例如财富和权力的不平等）只要其结果能给每一个人，尤其是那些最少受惠的社会成员带来补偿利益，它们就是正义的"[②]。科恩指出，罗尔斯的这一说法表明，他之所以认为这些不平等是正义的，只是因为它们对于改善处境最差的人的境况是必要的。然而，认真阅读一下《正义论》中的相关论述就不难发现，对罗尔斯讲的为差别原则所认可的不平等的必要性实际上可做两种解读：一种是严格的解读，即不平等的必要性只是对于使处境最差的人境况变好而言，它与人们的意图无关；另一种是不严格的解读，即不平等的必要性只在于给有才能的人以经济刺激，因为否则他们将不努力工作而这会使处境最差的人境况更坏，因而，它与有才能的人的选择即意图有关。在罗尔斯的著作中，对差别原则的这两种不相容的解读都能得到材

[①] "坦纳讲座"是世界著名的教育类讲座，涉及与人类环境、利益、行为和愿望相关的诸多领域，其资助单位包括牛津大学、加州大学、剑桥大学、哈佛大学、普林斯顿大学、斯坦福大学、犹他州大学、耶鲁大学等世界著名大学。

[②] 约翰·罗尔斯《正义论》，何怀宏、何包钢、廖申白译，中国社会科学出版社 1988 年版，第 14 页。

料的支持。他对人们在正义社会中表示要矢志于差别原则精神的那些论述，是对它的严格的解读，这种解读与他对博爱的论述是一致的。然而，由于罗尔斯同时还赞同基于刺激的不平等，他又把这种与有才能的人的意图相关的不平等视为差别原则是可以接受的。

在科恩看来，即使罗尔斯关于经济刺激的有利后果的因果性描述是真实的，而且无论差别原则本身正确与否，差别原则都没有证明基于刺激的不平等是罗尔斯本人讲的正义社会的特征。

首先，认为基于刺激的不平等是正义的，与罗尔斯讲的正义社会的共同体特征相矛盾。罗尔斯描述的正义的社会，即他称之为秩序良好的社会，是一个其公民完全愿意遵从正义要求的共同体。所谓共同体，其基本含义是存在某种一致性，就罗尔斯说的作为一个正义社会的共同体而言，它指的是这一社会中每个人都是出于一种由正义原则赋予的正义感来行事。对于这一点，罗尔斯在其著作中有很多清楚的论述。例如，他在《康德道德理论中的建构主义》一文中告诉人们，在正义的社会中，"每一个人都接受，并且知道别人也接受相同的权利和正义的首要原则"，"在日常生活中的各方都肯定并且遵守（那些）首要的正义原则"。[1] 而对那些原则的完全遵从意味着——用罗尔斯的话来讲就是，在"他们的日常生活中"——他们按照它们来行事。而且，"在某种程度上按照那些原则行事"，他们的"完全的自主性得到了实现"，"因为他们的正义感发挥了决定性的作用"。[2] 公民们坚定地信奉这种行为方式，他们"都有一种表现他们作为自由平等的道德的人的本性的欲望，而他们只有按照他们在原初状态会承认的原则去做才能充分表现这种本性。一旦所有的人努力按照这些原则去做并且都做到这一点，那么他们作为道德的人的本性，就个别地或集体地得到最充分的实现，他们的个

---

[1] John Rawls, Kantian Constructivism in Moral Theory, *Collected Papers*, Harvard University Press, 1999, p. 308.

[2] Ibid., p. 315.

人的和集体的善也就随之实现"①。

不难看出，罗尔斯的这些论述意指的是，在他所说的正义社会中，每一个公民的经济动机都是受正义原则制约的，而他讲的正义原则，无疑包括差别原则。上文表明，差异原则认可的不平等的正义性只在于它们对于改善处境最差的人的境况是必要的。这样说来，如果那些有才能的人在"他们的日常生活中"，是"根据"一种致力于首要关注处境差的人的差异原则来行动，那他们怎能还要求那些基于刺激的不平等呢？当他们要求这种不平等时，能认为他们的"作为道德的人的本质""得到最充分的实现"了吗？罗尔斯在《正义论》中还讲过这样一段话："通过避免在一个平等自由的结构中利用自然和社会环境中的偶然因素，人们在他们的社会结构中表达了相互尊重。"② 如果是这样的话，那在罗尔斯讲的正义的社会中就不会存在要求那些基于刺激的不平等的人，因为他们将不会利用他们的偶然天赋和社会优势，而且这段话还说明，如他们那样做他们就是缺少那一社会结构所要求的对其他人的尊重。既然这样，那罗尔斯为什么还认为基于刺激不平等是正义的呢？科恩指出，这种认可包含这样一种意思，即处境最差的人从基于刺激的不平等这一点受益，只是因为如果取消了这种不平等，有才能的人就将不努力工作从而降低生产，而其结果将无益于处境最差的人的境况的改善。因此可以说，差别原则如果可用来辩护基于刺激的不平等，那只是在有才能的人违反差别原则本身的正义精神的时候，因为如果他们明确遵从作为正义原则的差别原则，他们就不需要导致不平等的经济刺激。这样说来，罗尔斯对基于刺激的不平等的认可，就是与他对正义社会的理解相矛盾的，因为这种认可预先假定了一种非共同体的社会模式，在这一社会中，人们之间的关系是被理解为获利的机遇，或获利的障碍来

---

① 约翰·罗尔斯《正义论》，何怀宏、何包钢、廖申白译，中国社会科学出版社 1988 年版，第 531 页。
② 同上书，第 177 页。

考虑的，这显然与他讲的作为一个共同体的正义的社会的特征，即每一个公民的经济动机都是受正义原则制约相矛盾的。

其次，认为基于刺激的不平等是正义的，与罗尔斯强调的正义社会的博爱观念不一致。在罗尔斯描述的正义社会中，博爱是一种"重要的价值"①。在罗尔斯看来，认可基于刺激的不平等体现了对处境最差人的博爱，因为这种不平等会给他们带来更好的境况。对此科恩指出，这只是罗尔斯的一种幻想。因为这些人的更好的境况只是由那些比他们处境更好，而且也许好得多的人追逐私利给予的，而根本不是他所说的博爱的实现。

在《正义论》中，罗尔斯把博爱描述为"这样一种观念，即如果不是有助于境况较差者的利益，就不想获得较大的利益，……一个家庭的成员通常只希望在能促进家庭其他成员的利益时获利。那么按照差别原则行动正好也产生这一结果"②。在科恩看来，只有对差异原则做严格解读时，按照这一原则行动才能产生罗尔斯所说的结果，因为"只希望在能促进其他成员的利益时获利"，是与追求基于刺激的不平等的欲望不相容的。实际上，罗尔斯的"如果不是有益于境况较差者的利益，就不想获得更大的利益"这句话的含义是模棱两可的。这句话意指的是除非他们获得某种东西（无论多么少）吗？如果是这样，那它就没有满足差别原则规定的把境况较差者的利益放在首位的准则，而且它也绝对满足不了博爱观念的要求。那这句话意指的是，除非他们的所得并不会使境况较差者的所得少于需要的所得吗？如果是后者，那在可行的选择足够多的条件下，它意指的是获取平等。为了说明这一点，科恩设计了这样一个例证：兄弟两个，A 和 B 都住在纽约，他们在那里的益处程度分别是 6 和 5。如果他们搬到芝加哥，他们的益处程度会分别上升到 10 和 5.1。如果他们搬到波士顿，他们的益处程度会分别上升

---

① G. A. Cohen, *Rescuing Justice and Equality*, Harvard University Press, 2008, p. 15.
② 约翰·罗尔斯 《正义论》，何怀宏、何包钢、廖申白译，中国社会科学出版社 1988 年版，第 105—106 页。

到 8 和 7。罗尔斯的博爱观念与 A 提出他们搬到芝加哥相一致吗？如果认为相一致，那是难以令人信服的。或者，罗尔斯的博爱观念讲的是把境况较差者的利益放在首位，那根据这一理由，就应选择波士顿，而且，在一个对再分配没有任何阻碍的可行的选择中，如兄弟俩在芝加哥每人都能有 7.5 的益处，其结果是平等。

科恩说，就他所论证的问题而言，可以考虑一下罗尔斯的这段话："天赋更好的人（那些在自然天赋的分配中占有更幸运的位置的人，而从道德上讲他们对此不是应得的）被鼓励去获得更多的利益——他们已经从这种分配的幸运位置中受益了，但条件是他们应以有利于天赋更差的人（那些在这种分配中占有更不幸位置的人，而从道德上讲他们对此也不是应得的）善的方式来培养和使用他们的自然天赋。"[①] 接着，他提出这样一个问题：如果根据差别原则的要求，即基本善方面的不平等被证明是正义的，只是当它对于扩大较少天赋的人的善是必要的，那就这段话中所讲的"条件"而言，对天赋的培养和使用必须有多少贡献给较少天赋人的善？从所引用的那段话来看，可以认为，其数量在最好的情况下是尽可能地多，在最坏的情况下也有一定的数量，无论它有多少。然而，可以论证的是，差别原则要求的是较少天赋的人在基本善的流通中获得的同天赋更好的人一样多，如表 2 所示[②]。

表 2

	天赋差的人	天赋更好的人
A 没有培养	5	5
B 培养和使用（I）	6	9
C 培养和使用（II）	7	8

根据对所引那段话讲到的条件的解读，并与那段话的其他内容相一

[①] 约翰·罗尔斯《作为公平的正义》，姚大志译，上海三联书店 2002 年版，第 123 页。
[②] 参见 G. A. Cohen, *Rescuing Justice and Equality*, Harvard University Press, 2008, p. 79.

致，B 虽然比 A 展现为更不平等，但它是可以接受的，尽管对较少天赋的人不利（与 C 相比）。但根据差别原则，B 是不能接受的，因为 C 是可能的，而且它的可能性确立了 B 中的不平等比对使较少天赋的人的境况变好而言是必要的不平等更大。然而，可行的选择通常还包括 D：

表3

	天赋差的人	天赋更好的人
D 培养和使用（III）	7.5	7.5

科恩说，除非因为如果平等地分配有天赋的人就不愿生产得更多，而这与罗尔斯的博爱观念不一致，为什么平等地分配增加的产品将会不可能呢？可见，运用差别原则很难证明基于刺激的不平等是公正的，因此差别原则将会要求 D。简言之，赞同基于刺激的不平等与罗尔斯描述的正义社会的博爱观念相矛盾，罗尔斯要么必须放弃赞同对有天赋的人的经济刺激，要么必须放弃他的博爱观念，而博爱观念却是值得坚持的。

第三，基于刺激的不平等在当代的存在虽有其合理性，但不能由此认为它们是正义的。罗尔斯说，"一个处在原初状态中的人将承认这些（为刺激所要求的）不平等的正义性，他若不这样做确实是目光短浅的"。[①] 科恩认为，这段话中的"目光短浅"虽然用词不当[②]，但它无疑包含着这样一种主张：不承认基于刺激的不平等的正义性将是错误的。他对这一主张的回应是，如果我们在完全遵从正义原则的假设中谈问题，那我们就既不需要也不应该承认基于刺激的不平等是正义的。

科恩指出，由于被罗尔斯构想为支配一个正义社会的原则，差异原

[①] 约翰·罗尔斯 《正义论》，何怀宏、何包钢、廖申白译，中国社会科学出版社 1988 年版，第 150 页。
[②] 科恩说，我们通常认为，目光短浅不是指对正义而是指对一个人自己利益缺少洞察力。无论怎样，一个在原初状态中的人不会问自己什么是正义。在既定的无知的前提下，他会从他的利益的观点来问自己什么是最好的选择。参见 G. A. Cohen, *Self-ownership, Freedom, and Equality*, Cambridge University Press, 1995, p. 82.

则把现存的对使处境最差的人获益是必要的，但这种必要反映的是有天赋的人的意图的那些不平等，被人谴责为不正义。然而，如果考虑到那些不平等是必要的，那纵然因为上述理由，消除它们也将是草率的。换句话说，如果我们关心处境差的人，那我们有时也应当承认刺激的必要性，就如同我们有时甚至应当满足绑匪对赎金的要求一样。但我们这时不是在根据严格解读的差别原则行事，因为根据严格解读，它是支配一个社会的正义原则，即这一社会的人们都是由它所激励的。我们这时是在根据不严格解读的差别原则行事，这种不严格解读的差别原则赞同基于刺激的不平等，并被应用于那种为人们熟悉的不正义的社会中。根据刺激性的报酬确实不可避免地假设，那些基于刺激的不平等的存在可被证明是合理的，但由此不能得出在提供它们时没有出现不正义这样的结论。说得更明确一点，当有天赋的人是在他们得到丰厚的报酬才决定努力生产时，付给他们丰厚的报酬以使他们努力生产并因而使处境最差的人境况变好是合理的，但根据差别原则本身制定的标准，这些人此时的态度是不正义的。因此，根据严格的罗尔斯的正义的观点，赞同基于刺激的不平等的不严格解读的差别原则，不是一个正义的基本原则，而是一个操纵人们的不正义的原则。而它之所以不是一个正义的基本原则，是因为它给予那些冒犯正义的追求自身利益最大化者以好处。

科恩说，当基于刺激的不平等对于使处境最差的人获益还具有必要性时，承认其存在的合理性是明智的，但认识到此时的社会不是建立在正义之上也是明智的。与此相关的一个更具普遍意义的关键问题是，人们不应该像罗尔斯在《正义论》中那样假定，"正义是社会制度的首要价值"[①]，而这意味着，如果法律和制度是不正义的时候，它们就必须改革或废除。因为有时正义是达不到的，而且我们无奈地接受其他东西会更好。例如，当不付赎金就不能使孩子从绑匪那里回来，即当正义的结果无法获得时，那交付赎金，从而使所有的人（绑匪、父母和孩子）

[①] 约翰·罗尔斯：《正义论》，何怀宏、何包钢、廖申白译，中国社会科学出版社1988年版，第3页。

都比拒付赎金处境更好，几乎无疑是更可取的。此外，从传统的马克思主义的观点来看，正义在匮乏的条件下并不是制度的首要价值。在这样的条件下正义的分配不可能实现，如硬要实现它可能会使每个人的境况更差，因此，此时不正义的法律和制度不应"改革或废除"。而且马克思主义讲的匮乏不是指生活用品的缺少，而是指更为广泛的环境，即为了保证或许是相当合理的生活用品，大多数人必须花费他们的大部分时间从事那种与他们的自我实现相冲突的劳动。我们是否还在这样一种条件下是一个巨大的难题。但在这种条件下，容忍，乃至有时支持基于刺激的不平等可能是正确的，尽管实际情况是它与正义相矛盾。在有些时候，不严格解释的差别原则可被推荐为社会制度的首要美德，因为我们不能实现正义，而与刺激相伴随的不正义是我们能够得到的最好的不正义。

二 差别原则没有确立被罗尔斯视为正义的不平等的正义性

科恩指出，除了前边讲的根据差异原则为基于刺激的不平等的辩护以外，罗尔斯还根据差异原则对不平等的正义性做了另外一种论证。这种论证始于这样一种主张，即对机会平等理想的恰当理解需要把平等本身作为探究正义制度的自然**出发点**，即没人拥有正当的权利要求得到比其他任何人更多的资源，无论是基于应得，还是根据任何其他先前的条件；然后提出，如果现实的情况是在某一**不平等**报酬体制下**每一个**人的境况都会更好，那拒绝这一体制无疑会是愚蠢的，[①] 因此，人们不应当在平等的出发点止步，因为不平等被证明是正当的。这一论证被科恩称

[①] 参见 G. A. Cohen, *Rescuing Justice and Equality*, Harvard University Press, 2008, pp. 15–16。

为"帕累托论证"①。科恩说,他在这里既不挑战差别原则,也不挑战帕累托法则,他的反对意见是要表明,这种论证并没有确立被罗尔斯视为正义的不平等的正义性。

在反驳罗尔斯的论证之前,科恩先对这一论证本身做了进一步的说明。这一论证包括两个步骤。第一个步骤是从机会平等到平等。这里讲的机会平等不是自由至上主义者理解的机会平等,即只是不存在对任何人经济或社会的自我发展的法律障碍。在罗尔斯看来,这种机会平等容忍"自然和社会偶然因素"(天赋、出身、培养,等等)的深刻影响,而其"最明显的不正义之处就是它允许分配的份额受到这些从道德观点看是非常任性专横的因素的不恰当的影响"。② 为此,在罗尔斯讲的机会平等中,无论自然的还是社会的优势都不对福利的不平等起作用。由此出发,罗尔斯把平等确立为唯一自明的分配正义的基础,用他的话来讲就是:"自由而平等的道德个人根据什么原则来接受下述事实——即社会和经济的不平等受到社会运气、天赋机缘和历史偶然性的深刻影响呢? 由于各派都把他们自己看作是这样的个人,所以,对他们来说,一个明显的出发点就是,假设所有社会的首要善(包括收入和财富)

---

① 对于帕累托论证涉及的几个基本概念的含义,科恩做了这样的说明: 如果任何一个人在 A 中都比在 B 中处境更好,那状况 A 就是**强帕累托更优**(strongly Pareto – superior); 如果至少一个人处境更好而没有人处境更差,那状况 A 就是**弱帕累托更优**(weakly Pareto – superior)。如果状况 A 对于状况 B 是帕累托更优,那状况 B 对于状况 A 就是**帕累托次优**(Pareto – inferior)。如果某种状况对于 A 是帕累托更优,那状况 A 就是**帕累托次优**(无条件地)。如果对于 A 不存在帕累托更优,那状况 A 就是**帕累托最优**(Pareto – optimal); 如果对于它不存在弱帕累托更优,那它就是**强帕累托最优**,如果对于它不存在强帕累托更优,那它就是**弱帕累托最优**。如果 A 和 B 对于对方都不是(即使是弱的) 帕累托更优,那状况 A 与状况 B 就是**帕累托不可比**(Pareto – incomparable)。如果 A 的改变有益于某些人而不伤害任何人,那它就是**弱帕累托改进**(weak Pareto – improvement); 如果 A 的改变有益于每一个人,那它就是**强帕累托改进**(strong Pareto – improvement)。每当帕累托改进可行时,**帕累托法则**(Pareto principle) 都指令帕累托改进: 强帕累托法则(甚至也) 指令弱帕累托改进,而弱帕累托法则仅指令强帕累托改进。参见 G. A. Cohen, *Rescuing Justice and Equality*, Harvard University Press, 2008, pp. 87 – 88。

② 约翰·罗尔斯:《正义论》,何怀宏、何包钢、廖申白译,中国社会科学出版社 1988 年版,第 72—73 页。

都应当平等，每一个人都应拥有相等的份额。"①

第二个步骤是从平等支配的分配到由差异原则支配的分配。由差异原则支配的分配在这里指的是帕累托更优（Pareto‑superior）的不平等分配，即其中所有的人，特别是现在处于底层的人，都比他们在最初的平等状态中处境更好。罗尔斯认为，最初生活机会中的深层的不平等在现代社会是不可避免的，而差异原则告诉我们这些深层的不平等是可证明为正当的。正因为如此，罗尔斯在《正义论》中多次讲到，当且因为基本②善的不平等体现了一种相对平等分配而言的帕累托更优的选择时，就可证明它是正当的：

>……各方就从一个确立所有人的平等的自由的原则开始，这一平等的自由包括机会的平等和收入与财富的分配平等。但却没有什么理由说这一接受应当是最终的。如果在社会基本结构中有一种不平等可以使每个人的状况都比最初的平等状况更好，为什么不允许这种不平等呢？人们为了将来的较大回报，能够把一种较大的平等可能给予的直接得益③用来进行合理的投资。④

---

① 约翰·罗尔斯《政治自由主义》，万俊人译，译林出版社 2000 年版，第 298 页。这里需要指出，原文中的 primary goods 在这里被译为首要善，在何怀宏、何包钢、廖申白翻译的《正义论》中被译为基本善。本章不涉及这两种译法的问题，而只把它们当作同一概念使用。

② 科恩强调，严格地讲，是社会的基本善。根据罗尔斯本人的论述，基本善是"每个有理性的人都想要的东西"，因为"不论一个人的合理生活计划是什么"，它们"一般都对它有用"。"社会的基本善"是"社会掌握的"基本善，即"权利和自由、权力和机会，收入和财富"，是自尊的社会基础"别的基本善像健康和精力、理智和想象力都是自然赋予的，虽然对它们的占有也受到社会基本结构的影响，但它们并不在它的直接控制之下。"参见，约翰·罗尔斯《正义论》，何怀宏、何包钢、廖申白译，中国社会科学出版社 1988 年版，第 62 页。

③ 科恩指出，这是对处境最差的人而言；处境较好的人直接从**不平等**得益。这一思想就是，我们抑制穷人以给富人更多的东西，作为一个结果，穷人处境后来变好。参见 G. A. Cohen, *Rescuing Justice and Equality*, note. 24, Harvard University Press, 2008, p. 95.

④ 约翰·罗尔斯《正义论》，何怀宏、何包钢、廖申白译，中国社会科学出版社 1988 年版，第 150 页。

接着,

> 对全部基本善的平等划分,从接受某些不平等来改善每个人的境况这种可能性来看又是不合理的。①

再有,

> 假设一个最初的安排,在这一安排中,所有的社会基本善都被平等地分配,每个人都有同样的权利和义务,收入和财富被平等地分享。这种状态为判断改善的情况提供了一个水平基点。如果某些财富和权力的不平等将使每个人都比在这一假设的开始状态中更好,那它们就符合我们的一般观念。②

因此,

> 所有社会价值——自由和机会、收入和财富、自尊的基础——都要平等地分配,除非对其中的一种价值或所有价值的一种不平等分配合乎每一个人的利益。③

科恩说,联系《正义论》的其他论述可以清楚地看到,在以上论述所建议的不平等中,那些比其他人做得更好的人是具有更多生产天赋的人,他们得到的基本善比他们那些更少天赋的同胞要多。那如何理解有天赋的人得到的更多的基本善呢?科恩说,要弄清这一点,我们有必要考虑一下罗尔斯在《作为公平的正义》中的一段话:

---

① 约翰·罗尔斯 《正义论》,何怀宏、何包钢、廖申白译,中国社会科学出版社 1988 年版,第 548 页。
② 同上书,第 62—63 页。
③ 同上书,第 62 页。

> 天赋更好的人（那些在自然天赋的分配中占有更幸运的位置的人，而从道德上讲他们对此不是应得的）被鼓励去获得更多的利益——他们已经从这种分配的幸运位置中受益了，但条件是他们应以有利于天赋更差的人（那些在这种分配中占有更不幸位置的人，而从道德上讲他们对此也不是应得的）善的方式来培养和使用他们的自然天赋。①

罗尔斯这里讲的"更多的利益"也就是更多的社会的基本善，那"更多的利益"的确切含义是什么？看来天赋更好的人已经拥有的东西，即他们的（非社会的基本）天赋，被算作是与其他人的天赋相比较而言的好处，而这是一个"他们在天赋分配中的幸运位置"的问题。由此可以推断，他们被鼓励获得的"更多的利益"意指的是更大差别的利益，即与天赋差的人相比对他们已有的基本善的更大添加。这样说来，在罗尔斯所建议的帕累托更优的不平等中，有天赋的人比没有天赋的人拥有更多的基本善，对此罗尔斯说得非常清楚：报酬的不平等尤其是作为对有天赋人的鼓励而起作用的。

在做了上述说明以后，科恩接着指出，罗尔斯的论证是从社会的基本善是平等的，天赋的（非社会的基本）善是不平等的开始的，我们可以把这种状态称为 D1；然后移到对帕累托更优的选择，其中有天赋的人不仅享有他们最初的好处，而且享有更多的社会基本善的好处，我们可以把这一状态称为 D2。需要注意的是，在这一离开 D1 的移动中，天赋的不平等被一种社会的基本善的不平等加强而不是抵消了。科恩说，那些有天赋的人最终将得到更多社会的基本善会使人们对罗尔斯的论证感到意外，因为那一论证的第一部分，即把人们带入 D1 的那部分论证，主要强调的是更多天赋的情况证明不了分配结果的正当性。由此

---

① 约翰·罗尔斯《作为公平的正义》，姚大志译，上海三联书店 2002 年版，第 123 页。

出发,科恩深入分析批判了罗尔斯为 D2 所做的辩护:不以一种不平等的情况取代 D1 是不合理的。

首先,罗尔斯对作为起始点的 D1 描述明显不充分。科恩说 "我们缺少有关 D1 的信息,即我们所要求的对它应让位于 D2 的建议做全面评价的信息,而且我相信,这种不充分的描述,即缺少信息,使得从 D1 到 D2 的滑动比否则将会出现的情况更顺利。"① 我们只知道在 D1 中,"所有的社会基本善都被平等地分配,每个人都有同样的权利和义务,收入和财富被平等地分享"②。而这作为对起始点的描述至少在三个方面是不充分的。第一,由于我们仅知道有关社会基本善的情况,我们并不知道有天赋的人和没有天赋的人在 D1 中提供的劳动投入。我们既不知道他们在劳动上花费多少时间,也不知道他们的劳动有多么辛苦。第二,我们不知道基本善的最初的平等是什么,准确地讲,按照一种决定性的尺度,基本善的平等是什么。考虑一下收入和财富方面的善。就对非劳动所得的收入和财富而言,人们可以假定平等指的是在经济价值上相同,但对通过劳动所得的收入(简称劳动收入)而言,平等指什么就成问题了。因为劳动收入的平等在这里既可指工资率(即每一劳动时段的收入)的相同,因而可能是不同的周或年收入,也可指周或年收入的相同,因而可能是不同的工资率,还可指其他什么方面相同。第三,从更总括的意义上讲,D1 中所定的收入和财富的相同是在什么水平上?为什么它不以更高或更低的水平为起点?科恩说,D1,即"最初的平等",是判断 D2 是对 D1 的改进基准尺度。如果我们缺少有关 D1 的信息,那我们就不能说 D2 是否和如何比 D1 更好。

其次,罗尔斯的论证前后不一致,其第一部分给出的选择平等作为正义出发点的理由,与其第二部分给出的赞同背离作为正义出发点的平

---

① G. A. Cohen, *Rescuing Justice and Equality*, Harvard University Press, 2008, p. 98.
② 约翰·罗尔斯 《正义论》,何怀宏、何包钢、廖申白译,中国社会科学出版社 1988 年版,第 62 页。

等的理由相矛盾。科恩说，我们姑且先把有关 D1 中劳动的辛苦程度及收入和财富水平的问题放在一旁。让我们假设 D1 中劳动收入的平等是每小时工资的平等，可称其为工资率 W；有天赋的人和没天赋的人劳动同样的时数并投入同等程度的努力，因为他们的"义务"是"同样的"[①]；由于投入同样的努力但更有天赋，有天赋的人比没有天赋的人生产得更多，尽管按照假定，他们没有得到更多的收入。很多人会把这看作是不公平的，但更有天赋的人的更多的产品在这里被视为应归于他们幸运的天赋这一在道德上没有道理的条件，因而，这种幸运天赋的结果在对初始平等的论证中是不受重视的。科恩接着说，根据前边讲的关于 D1 的那些假设，我们可以推断，在 D2，无论有天赋的人还是没有天赋的人都享受高于 W 的工资率，在那里，他们的工资率可分别称为 Wt 和 Wu。我们还知道 Wt 大于 Wu；知道能够使没有天赋的人得到 Wu 的，是当有天赋的人得到 Wt 时提供的超过他们在 W 提供的额外的生产能力；知道罗尔斯认为 Wu 和 W 之间的差额对于证明 Wt 和 Wu 之间的差额的正当性是必要的。我们还要假设，没有天赋的人在 D2 生产的东西不多于他们在 D1 生产的东西。科恩强调，当然，上述假设只是充填罗尔斯的论证留下的某些空白的一种方式，但它是一种相当正常的方式，而且当起始点以此方式加以详细说明时，思考那一问题的结论就将是坚实的，而且其他可接受的说明也会产生相似的结论。

接着，科恩提出了一种他认为在实践上或许可行或许不可行，但在逻辑上是可能的分配，他把它称为 D3。在 D3 中，生产的数量同 D2 一样，但不同于 D2 的是，在 D3 中工资是相同的，即有天赋的人和没有天赋的人工资率都是 We，在那里，We 超过 W 和 Wu，但少于 Wt（用符号表示就是 Wt > We > Wu > W）。D3 相对于 D1 是帕累托更优，但与

[①] 约翰·罗尔斯《正义论》，何怀宏、何包钢、廖申白译，中国社会科学出版社 1988 年版，第 62 页。

D2 不同（它与 D3 是帕累托不可比①），D3 保持了平等，而且没有天赋的人在 D3 比在 D2 的处境更好，而有天赋的人的处境在 D3 比在 D2 不太好，这两种人的处境在 D3 都比在 D1 更好（见表4）。

表4

	D1		D2		D3
有天赋的人	W	<	Wt	>	We
	=		>		=
没有天赋的人	W	<	Wu	>	We

注：<意指"小于"，>意指"大于"，=意指"等于"。②

科恩说，如果 D3 是可行的，**而且**有天赋的人愿意在 We 的工资率上生产在 Wt 的工资率上生产的东西，那罗尔斯的主张，即面对可能的帕累托更优的不平等坚持平等就是非理性的，就会失去它的力量，因为一种保持了平等的帕累托改进的移动，其中没有人像一些人在 D2 那样穷，此时也是会实现的。我们可以假定，如果 D3 的确是可行的，那同 D1 相比而增加的产品，就还要完全归于有天赋的人的更大的生产率。但是，由于在 D3 中工资率是平等的，有天赋的人在 D3 中没有像他们在 D2 中那样因产品的增加而有更多的获利。

前边表明，罗尔斯的论证是这样的：对于基本善的不平等分配不存在任何理由（论证的第一步），除非一种不平等的分配有益于每一个人（论证的第二步）。现在我们看到，这一论证不能证明从 D1 到 D2 的移动是正当的，因为在 D2 是可能的地方，一般说来 D3 也是可能的，而相对于 D3，D2 不是一种使每一个人受益的不平等分配：处境最差的人在 D3 要比在 D2 更好。按照罗尔斯的第一步论证，D2 实际上展现的是

---

① D2 和 D3 是帕累托不可比，是因为在每一状况中一些人都会比他们在另一状况中处境更好。

② 参见 G. A. Cohen, *Rescuing Justice and Equality*, Harvard University Press, 2008, p. 101.

一种不平等，一种缺少证明为正当的不平等。因为依据那些导致 D1 的假设，如果 D3 是可行的，那 D2 是不能证明为正当的。罗尔斯不能以没有人应得比其他人更多的东西为理由使平等成为正义的自然起点，然后因为对平等的背离有益于处境最差的人就背离平等，**然后**再宣布这一结果无疑是正义的。

总之，科恩认为罗尔斯的差异原则在一定程度上容忍了某种形式的不正义，而这也正是他为什么提出要拯救正义和平等的原因。

第八章

差别原则只运用于社会"基本结构"吗?

> 罗尔斯的观点,以及更一般意义上的自由主义的观点,代表了一种逃避——一种对在日常生活选择中尊重分配正义的责任的逃避,一种可能(或许不可能:这很难讲)被这样的环境,即当代平等主义的政治哲学家通常比其他人更富有,所助长的逃避。[①]

科恩在1997年发表的一篇题为《行动在哪里?论分配正义的场所》的论文[②]中,对罗尔斯的自由主义平等主义提出又一个批评,这一批评指向的是罗尔斯的差别原则只运用于社会基本结构的主张。

一 正义的社会与正义的风尚

读过《正义论》的人都知道,差别原则是罗尔斯提出的正义原则

[①] G. A. Cohen, *If You're an Egalitarian, How Come You're So Rich?*, Harvard University Press, 2001, p.4.

[②] 此篇论文发表在《哲学与公共事务》第26期第1期(1997年冬季号),并经修改后被收入《如果你是平等主义者,为何如此富有?》一书(第8讲和第9讲),和《拯救正义与平等》一书(第3章)。

之一，这一原则讲的是 "社会和经济的不平等（例如财富和权力的不平等）只要其结果能给每一个人，尤其是那些最少受惠的社会成员带来补偿利益，它们就是正义的。"① 罗尔斯的这段话及其相关论述表明，他之所以认为这些不平等是正义的，只是因为它们对于改善处境最差的人的境况是必要的。此外，罗尔斯还坚持认为，在他所说的正义社会中，每一个公民的经济动机都是受正义原则制约的，而他讲的正义原则，无疑包括差别原则。科恩指出，且不说差别原则本身是否是一个全然正义的原则，仅就差别原则如果像罗尔斯本人意欲构建的那样，其功能是调控一个其成员本身都接受这一原则的正义社会的事务而言，那几乎任何重要的不平等都通不过它设置的证明不平等为正当的检验。例如，不少人认为，而且罗尔斯本人也认为，差别原则允许一种基于物质刺激的为不平等所做的论证（以下简称刺激论证），其思路是：当且仅当付给有才能的人比一般工资更高的报酬时，他们才会生产出更多的产品，而他们那时额外生产的产品的一部分可用来增加处境最差的人的利益。在这些人看来，这种由不同的物质刺激引起的不平等在差别原则的条件中是正当的，因为这种不平等有益于处境最差的人，即对于将他们置于尽可能好的地位是必要的。然而，这种基于物质刺激的不平等就通不过上面所说的那种检验。

科恩指出，刺激论证的焦点是那些在市场经济中拥有高工资的处境较好的人所享有的选择上。因为他们可以根据所得报酬的高低，去选择需要多些努力的工作或少些努力的工作，去选择这一职业而不是那一职业，去选择为这个雇主而不是那个雇主工作。这些人通常被称为 "有才能的人"，他们被幸运地置于这样的地位，以致他们拥有高工资，并且能够根据报酬的高低而改变他们的生产能力。不过，由于他们幸运的地位，即他们拥有的无论哪种由于自然天赋或社会背景而导致的才能，都可归于完全偶然的环境，所以在罗尔斯看来，他们增加的那些报酬之

---

① 约翰·罗尔斯：《正义论》，何怀宏、何包钢、廖申白译，中国社会科学出版社 1988 年版，第 14 页。

所以可被证明是正当的，原因并不在于它们是对其运用的出众的能力的公平回报，而仅在于它们引发了更多的有益于处境最差的人境况改善的生产成果。对于这种基于物质刺激的不平等为什么通不过上面所说的那种检验，科恩做了如下分析和论证。

（1）刺激论证所说的有才能的人本身要么认可差别原则，要么不认可这一原则，这就是说，他们要么相信如果不平等对于使处境差的人境况变好是不必要的它们就是不正义的，要么他们不相信这是正义的要求。

（2）如果他们不相信这是正义的要求，即不认可差别原则，那他们的社会就不是罗尔斯讲的正义的社会，因为按照罗尔斯的观点，一个社会只有在它的成员本身认可并坚持正确的正义原则时才是正义的。当然，差别原则可以用来辩护政府对社会中不平等的容许或提倡，但如果这一社会中有才能的人本身并不接受它，那它此时为不平等的公共政策的辩护就是出现在这样一个社会中，即它的一些成员——有才能的人，与其他成员在差别原则的正义性上不具有一致性。这样一来，这些成员的行为本身就不能看作对差别原则负有责任，而只能看作对外来的应用于它的原则的回应。如果情况是这样，那罗尔斯就不能认为差别原则的功能是调控一个其成员本身接受这一原则的正义社会的事务。

（3）如果他们认可差别原则，就像罗尔斯说的那样，他们将正义原则应用于他们的日常生活并在这样做的过程中实现了他们自己的正义观念，那人们接着可以问：按照他们自己对这一原则的信念，如果工作确实要求特殊才能且又不特别令人不愉快，那他们为什么要求比没有才能的人得到更多的报偿呢？人们还可以问他们的额外报酬对于提高处境最差的人的地位是否必要，因为根据差别原则，这才是唯一的能够证明其额外报酬为正当的理由。消除不平等必然会使每个人境况变得更差吗？还是其必然性只是就这样的情况而言，即如果不平等被消除（例如，通过再分配的所得税以实现充分的平等），有才能的人就会决定比他们现在生产得更少，或不接受特别要求他们的职位呢？认可差别原则的有才能的人会发现这些问题很难回答。他们在差别原则法庭上的自我辩解中不能声称他们的高报酬对于提高处境最差的人的地位是必要的,而这是因为,在通常的情况中,是他们自己使那些高报酬成为必要的,即由于他们自己不愿像为超出一般水平的高报酬那样富有成效地为一般水平的报酬工作,而这种不愿意将会使无才能的人得到的更少。因此,这些高报酬是必要的只是因为那些有才能的人的选择没有受到差别原则的适当支配。如果差别原则的功能是调控一个其成员本身接受这一原则的正义社会的事务,那基于物质刺激的不平等就通不过它设置的证明不平等为正当的检验,因为那些有才能的人实际上并没有认可这一原则。

基于上述分析和论证,科恩进而提出,认可并贯彻差别原则必须含有这样的意思,即社会的正义不仅是它的立法机构的功能,它的强制性法规的功能,而且也是人们在这些法规内做出的选择的功能。罗尔斯对差别原则的典型运用通常是这样的:存在一种所有行为者都追求他们自己收益最大化的市场经济;存在一种罗尔斯讲的国家,这种国家选择了使收入最大限度地返给处境最差的人的税收制度;由于有才能的人追求私利的动机,一种完全平等的税收制度同那些完全平等的税收制度相比会使每个人的处境都更差。这种运用差别原则的模式,即公民因受正义激励而赞同通过玩弄税收游戏的国家政策来反对他们中一些人的作为追求私利的经济主体的表现,与罗尔斯对一个正义社会的要求,即它的市民本身愿意服从体现在差别原则中的正义标准,是格格不入的。由此人们可以得出这样一个结论 "一个在差别原则条件中是正义的社会不仅需要正义的强制性**规则**,而且还需要影响个人选择的正义的**风尚**。"[1]缺少这样的风尚,那些对于改善处境最差的人的条件不是必要的不平等就将流行,因而可以说,所需要的风尚提倡的分配比经济游戏规则本身更能保证分配的正义。而且,确实需要一种风尚,一种贯穿日常生活动机中的反应结构,不仅因为人们无法设计出可被依照经常检查的平等主

---

[1] G. A. Cohen, *Rescuing Justice and Equality*, Harvard University Press, 2008, p.123.

义的经济选择规则,还因为如果总要求人们考虑这样的规则会严重损害自由,即便这样的规则是可以制定的。

科恩承认,抽象地讲,人们可以想象出一组完美而和谐的强制性规则,在它们中普遍存在的自私的选择会使处境最差的人的地位提高到与任何其他选择模式将会产生的结果一样。在强制性规则具有这种特性并且为人们所了解的地方,人们就可以做出自私的选择,并确信他们选择的结果将会满足对差别原则的恰当的不妥协的解释。在这种(想象出来的)情况中,差别原则的正义所需的唯一风尚是心甘情愿地服从相关的规则,这也是罗尔斯(必须)明确要求的一种风尚。然而,大量有关与刺激兼容的经济学文献却告诫人们,这种所期待的完美的规则是无法设计的。由于实际情况是这样,因此,正像前边论证的那样,所需要的风尚必须指导那些规则之内的选择,而不是仅仅命令人们去遵从那些规则。

二 罗尔斯支持者的"基本结构异议"

对于科恩的上述质疑,罗尔斯的支持者提出了一种反对意见。他们认为,科恩"将问题聚焦在日常经济生活中有才能的生产者的态度上是不适当的,因为他们的行为发生在社会基本结构之内,而且不决定社会基本结构,而差别原则只适用于后者"。[①] 在他们看来,无论人们在基本结构中的选择会是什么,只要基本结构满足了罗尔斯那两个正义原则——自由原则和差别原则,它就是正义的。他们还论证说,毫无疑问,而且罗尔斯本人也承认,人们的选择本身是正义的还是非正义的可以根据很多观点来评价。例如,任意地任命候选人 A 而不是 B 担任某一职务也许被认为是不正义的,即使这种情况发生在正义的基本结构的

---

① 关于这种限制的典型论述,参见约翰·罗尔斯《政治自由主义》,万俊人译,译林出版社 2000 年版,第 299—300 页。

规则之内,因为这些规则不能被适宜地设计出来去禁止所说的这类任意行为。但这种选择中的非正义并不是罗尔斯的原则意欲谴责的那种非正义。因为根据假设,这种选择发生在已经确立的基本结构中,因而它不能影响基本结构本身的正义,而基本结构,按照罗尔斯的说法,是由那两个原则所支配的。同理,有才能的人在工作和报酬方面做出的选择,也不应服从差别原则法庭做出的裁决,因为在这样的地方去裁决那些选择是在错误的地方应用这一原则。差别原则是对制度而言的正义原则,它决定对制度的选择,而不决定在制度之中做出的那些选择。由此说来,科恩的质疑是对罗尔斯的"一个正义社会中的公民坚持的是那些使这一社会正义的原则"的要求的曲解,因为就差别原则规定的范围来看,只要有才能的人遵照通行的经济规则就可认为他们忠诚地坚持了它,因为差别原则要求那些规则。科恩把这种反对意见称为"基本结构异议"(the basic structure objection)。[1]

在反驳这一异议之前,科恩先澄清了两个相关问题。

第一,"基本结构"的含义。根据那种异议,"基本结构"这一用语指的是某种结构,无论它是否具有法律上的强制性。说得再明确一点就是,它的关键特征是它实际上是一种结构,即一种选择于其中做出的规则的构架,而非一组选择或行动。这样一来,基本结构异议说的就是,科恩对刺激论证的质疑是将意欲用于一种结构的原则错误地用于个人的选择和行动上。

第二,他和罗尔斯在正义原则运用对象问题上的分歧。科恩指出,他本人主要关注的既不是任何意义上的社会基本结构,也不是人们个人的选择,而是社会中利益和负担的格局,就是说,他主要关注的既不是选择于其中发生的结构,也不是一组选择,而是在同等程度上关注结构的结果和选择。用他的话来讲就是"我关注的是分配正义,我用这一概念特指个人利益与负担的分配中的正义(和它的缺失)。我的根本信

---

[1] G. A. Cohen, *Rescuing Justice and Equality*, Harvard University Press, 2008, p. 125.

念是，当利益的不平等反映的不是诸如不同人的劳动在艰苦程度上的差别这类情况，或不是人们在收入和休闲方面的不同偏爱和选择，而是无数形式的幸运和不幸的情况时，就存在分配的非正义。这种利益上的差别是随着结构和人们于其中的选择而变化的，因此，我接着关注的是它们**两者**。"[1] 不过，罗尔斯可能会说，他关注的也是分配正义，但根据罗尔斯的观点，分配正义的获得只是在这样的情况中，即社会中利益和负担的分配是那些表现为与正义的基本结构的规则完全一致的行为的结果。对此罗尔斯在《正义论》中有这样的论述 "正义原则被运用于社会基本结构，……社会制度应当这样设计，以便事情无论变得怎样，作为结果的分配都是正义的。"[2] 这就是说，在罗尔斯看来，一旦正义的基本结构的规则得到完全遵从，必然就不存在（进一步的）影响分配正义的个人的正义或非正义的余地，无论是增进还是减少分配正义。罗尔斯当然还会同意，在一个正义的结构中存在影响分配的吝啬和慷慨的余地，不过，虽然慷慨会改变分配，而且可能使分配更为平等，但却不能使分配更正义，因为那样它是在做不可能的事，即在增加已经作为一种（全然）正义的分配而确立起来的正义，而这种（全然）正义的分配只是由于正义的结构与其产生的东西相一致。科恩的看法则与罗尔斯相反，他认为在一个正义的结构中存在相关的（说相关，是因为它影响分配的正义）个人的正义和非正义的余地，而且实际上，仅通过结构性的手段是不可能实现分配正义的。

三 对"基本结构异议"的初步反驳

科恩认为，前边讲的"基本结构异议"实际上是基于罗尔斯本人

---

[1] G. A. Cohen, *Rescuing Justice and Equality*, Harvard University Press, 2008, p. 126.
[2] 约翰·罗尔斯 《正义论》，何怀宏、何包钢、廖申白译，中国社会科学出版社 1988 年版，第 275 页。

的主张,即差别原则只运用于社会基本结构。对于罗尔斯的这一主张,科恩先做了初步的反驳,即指出罗尔斯的这一主张与他本人的一些说法自相矛盾。这表现在,虽然罗尔斯总讲差别原则只决定基本结构的正义,但他还讲过三种有悖于这种限制的情况。这意味着在他讲的每种情况中,罗尔斯要么必须坚持这种限定而否认所说的情况,要么必须坚持所说的情况而放弃这种限定。

第一种情况是,罗尔斯说,每当差别原则被满足时,社会就展现出一种特别强烈的博爱:它的公民"如果不是有助于状况较差者的利益,就不欲占有较大的利益。……一个家庭的成员通常只希望在能促进家庭其他成员的利益时获利。那么按照差别原则行动正好也产生这一结果"。[①] 对此科恩指出,但如果差别原则提供的所有正义都来自基本结构,而不管人们在经济交往中的动机会是什么,那这种强烈的博爱就实现不了。因为"只希望在能促进家庭其他成员的利益时获利",是与追求市场利益最大化者的自私动机不相容的,而差别原则,就对其纯粹结构意义上的解释而言,是不谴责这种动机的。

第二种情况是,罗尔斯说,在由差别原则支配的社会中,处境最差的人能够容忍他们低下但尚有尊严的地位,因为他们知道其地位的改善是不可能的,知道他们在任何少些不平等的分配下都会受到损失。对此科恩指出,如果正义仅仅涉及结构,那这一说法就是不正确的,因为此时处境最差的人居于相对低下的地位是必然的,也许只是由于处境较好的人的选择倾向强烈反对平等。如果处境最差的人可能非常低下的地位确实是因为处境好的人在经济选择中对私利的无限追逐,那不可能存在由纯粹社会结构导致的前者地位的改善这一事实,对于保证处境最差的人的尊严为什么会是足够的呢?例如,假定就像政治家们如今惯常声称的那样,为增加处境差的人的利益而提高所得税税率将会产生相反的结果,因为更高的税率对处境较好的人的生产率将产生严重的抑制的效

[①] 约翰·罗尔斯 《正义论》,何怀宏、何包钢、廖申白译,中国社会科学出版社 1988 年版,第 105—106 页。

果。知道这一真相会有助于提高处境较差的人的尊严意识吗？

第三种情况是，罗尔斯说，在一个正义的社会中，人们在日常生活中是以**来自**正义原则的正义感行事的，换句话说，他们在自己的选择中力求应用那些原则。而他们这样做是因为他们"有一种表现他们作为自由平等的道德的人的本性的欲望，而他们只有按照他们在原初状态会承认的原则去做才能充分表现这种本性。一旦所有的人努力按照这些原则去做并且都做到了这一点，那么他们作为道德的人的本性，就个别地或集体地得到最充分的实现，他们的个人的和集体的善也就随之实现"①。对此科恩指出，如果在一个意欲实现这些原则的结构中，他们随心所欲地选择就能满足正义的要求，那他们为什么还必须**按照**正义原则行事呢？若无一种伪善的味道，他们在知道自己力图要获取在市场中能得到的最大利益时，又怎能去庆贺其作为道德的人的本性的充分实现呢？

科恩承认，他指出的上述不一致对于反驳罗尔斯的主张还只是初步的而不是根本性的，因为在每一情况中，罗尔斯都能固守将正义限定在基本结构的立场，放弃或削弱产生这种不一致的言论。但这样做是有代价的，因为这意味着尊严、博爱和人的道德本性的充分实现这些理想不能再说成是罗尔斯的正义所提供的。

四 对"基本结构异议"更为根本的反驳

科恩接着对"基本结构异议"做了更为根本的反驳，即指出罗尔斯的理论体系存在一个重大的断层线，并进而表明这一断层线不仅瓦解了基本结构异议，而且还向他的差别原则只运用于社会基本结构的主张提出了一个其无法摆脱的二难推理。

关于罗尔斯理论体系中的那一断层线，科恩说，由于罗尔斯总把作

---

① 约翰·罗尔斯 《正义论》，何怀宏、何包钢、廖申白译，中国社会科学出版社 1988 年版，第 531 页。

为正义首要主题的基本结构说成是一组制度，因此，在他看来，正义原则并不评判人们在（正义的）制度内遵守其规则的行为。不过，在罗尔斯那里，哪些制度被认为有资格作为基本结构的组成部分却极不清楚。有时似乎强制性的（从法律意义上讲的）制度即构成基本结构的全部，或更准确地讲，这些制度属于基本结构是仅就它们具有（法律上）强制性而言。依据对罗尔斯用社会"基本结构"意指的东西的通常解释，这种结构在其宪法规定中、在可能要求实施宪法规定的具体的法规中和在虽然极为重要但与宪法本身的明确表述相抵触的进一步的立法和政策中是容易察觉的。因而人们可以说，在对基本结构的这第一种理解中，基本结构指的是社会的总的法律强制的略图，它以一种相对固定和一般的方式决定人们可以和必须做什么，依据这种理解，它是不问那些由人们在既定的基本结构中做出的选择所创造和破坏的限制与机会的。然而，在罗尔斯的著作中，基本结构是否总是依据排他性的强制性条件做如此理解，却不是很清楚。因为虽然罗尔斯经常说基本结构由社会主要制度构成，但当他述说基本结构的详细内容时，却没有特别强调强制性。例如，他在《正义论》中有这样一段论述："我们现在的题目是社会的正义问题。对我们来说，正义的主要问题是社会的基本结构，或更准确地说，是社会主要制度分配基本权利和义务，决定由社会合作产生的利益之划分的方式。所谓主要制度，我的理解是政治结构和主要的经济和社会安排。这样，对于思想和良心的自由的法律保护、竞争市场、生产资料的个人所有、一夫一妻制家庭就是主要社会制度的实例。……我不想普遍地考虑制度和社会实践的正义，……[正义的两项原则]可能对私人交往的规范与实践就不起作用，或者不能对那些范围较小的社会群体的规范和实践发生效力。它们可能同日常生活中的各种非正式的风俗习惯亦不相干，不能够用来解释自愿的合作安排或制定契约的过程的正义性质（或更好地说：公平性）。"[1] 这样，根据对基

---

[1] 约翰·罗尔斯《正义论》，何怀宏、何包钢、廖申白译，中国社会科学出版社 1988 年版，第 7—8 页。

本结构是什么的这第二种理解，属于基本结构的制度其构成就可以很少依赖法律而更多依赖习惯、习俗和期望。这种理解的一个明显的例子是家庭，罗尔斯有时将它包括在基本结构中，有时则没有。不难看出，在对基本结构的第一种理解和第二种理解之间存在一个重大的断层线，而一旦这一断层线被逾越，即从社会的强制性管理进入由约定俗成的规则和习惯构成的非强制性管理，正义的范围就不能再排除选择的行为，因为至少在某种情况下，构成非正式结构（再想想家庭）的规定与人们做出的习惯性选择有密切关系。

为了使人们准确把握他的论证，科恩还对正义的范围为什么不能排除人们的选择行为做了进一步的说明。他指出，人们当然可以谈家庭结构，它不同于人们在家庭结构中做出的习惯性选择，但人们却不能因此声称适用于家庭结构的正义原则不适用于家庭结构中的日常选择。为了表明这一点，他做了这样一个对比：强制性结构的产生与人们的日常选择无关，因为它是由那些制定国家基本法律的特定选择形成的，而家庭的非强制结构具有其特性却只是因为其成员日常做出的选择。维持非强制结构的限制和压力存在于作为主体的人们的意向中，而那些意向是因为并且是在人们以限制或压力的方式选择行动时才实现。就强制性结构而言，人们也许能够非常容易地区分开那些建立和维持一种结构的选择和那些发生于这一结构中的选择。但就非正式结构而言，这种区分，虽然从概念内涵上讲是清晰的，但在外延上就难以区分了。例如，当 A 选择遵照流行的习俗时，对要 B 去这样做的压力就会增强，而当 A 不遵照它们时，这种压力也就不存在，流行的习俗本身也就不存在。在这里，结构和选择虽然仍能区分，但从正义原则对它们的适用性的视角来看，它们就难以区分了。

科恩说，由于至少在非正式结构的情况中，适当的遵照行为服从的是同样适用于那一结构本身的对正义的判断，那由此就可得出这样的结论：维持基本结构异议的唯一出路是坚守对基本结构做纯粹强制性的阐释。然而，这一出路对于罗尔斯是不存在的，因为他还提出了基本结构的进一步特征:"基本结构之所以是正义的主要问题,是因为它的影响十分深刻并自始至终。"[1] 就所涉及的正义而言,基本结构的这一进一步的特征并不是可有可无的,因为它是解释为什么基本结构是正义的主要问题所需要的。然而,认为只有强制性结构才产生深刻影响是错误的,因为像家庭这样的非强制结构同样会产生深刻影响。所以,如果罗尔斯后退到强制性结构,那就与他自己的正义判断什么的尺度相矛盾,并使自己背上对正义主题的武断而狭窄的界定的负担。因此,他必须让其他结构进入,而这意味着让选择行为进入。更为重要的是,即使行为在一定程度上没有构成非强制的结构,那它也会通过直接诉诸作为正义准则的影响深刻的尺度而进入。例如,在这一尺度下,人们无须判定在提供高等教育问题上重男轻女的习惯做法是否构成了家庭结构的一部分就可谴责它的不公正。由于罗尔斯把"影响十分深刻并自始至终"作为基本结构之所以是正义的主要问题的根本原因,这使他陷入一种二难推理。因为他要么必须承认正义原则运用于(法律上可选择的)社会惯例,并且实际上也运用于不是法律规定的个人选择形式(这既因为它们是那些惯例的实质性的东西,也因为它们的影响同样是深刻的),在此情况下,将正义限制于结构从任何意义上讲都不能成立;要么将他的关注只限于强制性结构,如果这样,他就使自己陷入对其主题的完全武断的描述。科恩还以家庭为例对这一二难推理做了进一步的说明。

家庭结构对于增加不同人的利益和负担是至关重要的,特别是对不同性别的人是至关重要的,而"家庭结构"包括取决于丈夫和妻子的社会构建期望。例如,如果这种期望要求外出工作的双职工家庭中的妇女去承担更多的家务负担,那它们就是性别歧视的和不公正的。然而,这种期望却不需要法律的支持,因为它们具有非正式的强制力量:性别歧视的家庭结构是与性别中立的家庭法相一致的。这样,按照对基本结构的强制性意义的定义,在它之外就存在一种深刻影响人们的生活机会

---

[1] 约翰·罗尔斯:《正义论》,何怀宏、何包钢、廖申白译,中国社会科学出版社1988年版,第7页。

的情况,这种影响是通过人们对所说的期望的回应而做出的选择实现的,而这些期望反过来又是靠这些选择支撑的。然而,罗尔斯却必须说,由于(法律上非强制的)家庭结构和行为不是正式的强制性命令的结果,它们与基本结构具有的"正义"的含义无关,否则他就要以放弃基本结构异议为代价。但罗尔斯的这一说法根本站不住脚,因为他的那种区别是不可能的。科恩说 "约翰·斯图亚特·密尔教导我们,非正式的社会压力对自由的限制可不亚于正式的强制性法律。家庭的例子表明,非正式的压力与分配正义的关系同其与自由的关系一样重大。当基本结构被做强制性意义的定义时,其规则本身并不决定分配结果正义的原因之一,是那些相对独立于强制性规则的情况,即一些人比另一些人拥有更大的权力决定在这些规则中将发生什么。"[①]

科恩最后向罗尔斯提出这样一个问题:当关注强制性基本结构的主要原因是它对人们生活的影响,而这同时也是关心非正式结构和个人选择方式的原因时,人们为什么应如此不相称地关注前者呢?

最后,为了使人们更好地把握他对罗尔斯的上述质疑和批判,科恩还对他的论证过程做了简要复述和概括:

他一开始对刺激论证的批判如下:

(1)在一个正义的社会中,公民是遵守它的正义原则的。

但是,

(2)如果他们在日常生活中贪婪地追求利益最大化,那他们就不会遵守差别原则。

[①] G. A. Cohen, *Rescuing Justice and Equality*, Harvard University Press, 2008, pp. 137–138.

因此，

（3）在一个由差别原则支配的社会中，公民并没有刺激论证认为属于他们的那种贪婪。

基本结构异议对上述批判所做的回应采取以下形式：

（4）正义原则只适用于正义社会的基本结构。

因此，

（5）一个正义社会中的公民可能遵守差别原则，而无论他们在由该原则决定的结构内的选择会是什么，即使他们在经济上的选择完全是贪婪的。

因此，

（6）命题（2）缺少正当的理由。

他对基本结构异议的初步反驳是：

（7）命题（5）与罗尔斯关于正义社会中公民与正义原则的关系的诸多论述不一致。

他对基本结构异议的更为根本的反驳是：

（8）命题（4）是站不住脚的。

第九章

是基本的正义原则还是理想的社会管理规则?

根据建构主义的观点,正义的内容是由社会生活规则,即在一个特许的选择环境(在罗尔斯那里这种环境就是原初状态)中将被选择的管理规则所确定的。我对正义的拯救否认所说的这种确定,是基于两个理由:如果社会生活规则基础坚实,那它们将既反映那些不同于正义的价值,又反映那些限制正义可应用范围的实践上的强制。这样一来,正义本身,就不可能是被这样的规则所指定的东西了。[1]

科恩在《拯救正义与平等》一书中指出,罗尔斯的原初状态理论实际上是把理想的社会管理规则等同于基本的正义原则,把前者的产生方式等同于后者的产生方式,就研究社会正义问题而言,这一理论无疑会造成误导。他还进而指出,罗尔斯的原初状态理论应用的是当代政治哲学中流行的研究社会正义问题的建构主义的方法,并以罗尔斯的原初状态理论为例对这种方法做了深入的分析和批判。

---

[1] G. A. Cohen, *Rescuing Justice and Equality*, Harvard University Press, 2008, p. 3.

一 罗尔斯的两个正义原则不是正义原则，而只是理想的社会管理规则

罗尔斯在《正义论》中提出，正义原则是他假设的原初状态下人们的选择的产物，用他的话来讲就是，"正义的原则是在一种无知之幕后被选择的"。① 说得具体一点就是：在他给出的原初状态特定的有知和无知的条件下——"没人知道他在社会中的地位，他的阶级出身，他也不知道他的天生资质和自然能力的程度，不知道他的理智和力量等情形"，"也没有人知道他的善的观念，他的合理生活计划的特殊性，甚至不知道他的心理特征"，但"他们知道有关人类社会的一般事实，他们理解政治事务和经济理论原则，知道社会组织的基础和人的心理学法则"，② 人们会选择他所说的两个原则，一是平等自由的原则，二是机会的公正平等原则和差别原则的结合，而这两个被选出的原则都被他径直说成是正义原则。科恩认为，罗尔斯的人们在原初状态下的选择决定正义原则的产生的方法，是建构主义方法的典型体现。因为按照通常的理解，所谓建构主义的方法是指这样一种观点，即"认为一个原则是通过作为一个正确选择过程的产物而获得其规范性凭证的"。③ 罗尔斯的原初状态理论无疑具有建构主义的特征，只不过它涉及的仅是社会正义的基本原则。对此，罗尔斯本人也有明确表示"原初状态的观念旨在建立一种公平的程序，以使任何被一致同意的原则都将是正义的。"④

---

① 约翰·罗尔斯《正义论》，何怀宏、何包钢、廖申白译，中国社会科学出版社1988年版，第12页。
② 同上书，第136—137页。
③ G. A. Cohen, *Rescuing Justice and Equality*, Harvard University Press, 2008, p. 274.
④ 约翰·罗尔斯《正义论》，何怀宏、何包钢、廖申白译，中国社会科学出版社1988年版，第136页。

科恩指出，那些将建构主义的方法应用于社会正义问题研究的人，往往是从提出并回答"什么样的管理规则将被我们通常的社会生活所采纳"这一问题入手的。罗尔斯的原初状态理论实际上也是这样。在《正义论》中，罗尔斯虽然说"两个正义原则正是由原初状态所提出来的选择问题的答案"①，可他实际上并未向原初状态下的选择者提出什么是正义原则的问题，他只是说，在无知之幕的背后，"他们不知道各种选择对象将如何影响他们自己的特殊情况，他们不得不仅仅在一般考虑的基础上对原则进行评价"②；"他们必须选择这样一些原则：即无论他们最终属于哪个世代，他们都准备在这些原则所导致的结果下生活"③；由于他们是有理性的，他们知道一般来说他们必须保护他们的自由，扩大他们的机会，增加达到他们目的的手段（不管这些目的是什么），因而他们"试图接受那些尽可能地促进他们的目标体系的原则"④。从罗尔斯的这些论述不难看出，虽然他强调原初状态中的人们必须选择一些原则，但他要求这些人选择的原则却只是"他们都准备在这些原则所导致的结果下生活"的原则，只是那些"尽可能地促进他们的目标体系的原则"，由此说来，他的原初状态理论并没有要求选择者回答什么是正义原则的问题，而只是要求他们回答什么是将要管理他们共同生活的规则的问题。如果说罗尔斯并没要求原初状态下的选择者回答什么是正义原则这一问题，那这些选择者的回答也就不能等同于对什么是正义原则这一问题的回答。但罗尔斯却把他们的回答视为对什么是正义原则这一问题的回答，并因而认为他们选择的那两个原则就是正义原则。

在科恩看来，罗尔斯说的两个正义原则实际上并不是正义原则，而

---

① 约翰·罗尔斯：《正义论》，何怀宏、何包钢、廖申白译，中国社会科学出版社1988年版，第118页。
② 同上书，第136页。
③ 同上。
④ 同上书，第143页。

只是理想的社会管理规则。因为根据罗尔斯的论述,他的两个正义原则的内容是由在原初状态中基于全面考虑而被选择的,然而,正是由于基于全面考虑,即不是仅仅基于对正义本身的考虑,在原初状态中被选择的原则实际上就还既要反映那些制约正义可应用范围的实践上的限制,如对基于激励机制的收入差异的保留,又要反映那些不同于正义的价值,如对与人的福利相关的改善每个人受益现状的帕累托原则的妥协。换句话说,由于正义不是影响对罗尔斯所说问题的回答的唯一考虑,因此,对罗尔斯或其他建构主义者"所说的那个问题的回答,虽然部分地依赖有关正义的信念,但也依赖与正义的本质无关的事实和可行性的情况,依赖不是正义的价值。因此,建构主义用对所说问题的正确回答来确认正义原则就是站不住脚的,这既因为它把正义看作对事实是敏感的,又因为它没有在正义和其他价值之间做出区分。用最理想的生活原则来确认正义原则是不正确的,因为最理想的原则之所以最理想,就在于把所有的事情都考虑进去,因而不是仅从正义的观点来考虑的"①。

根据建构主义者的观点,正义的内容是由在一个特许的选择环境中,如在罗尔斯的原初状态中,将被选择的社会管理规则所确定的,而在这一环境中选择的社会管理规则之所以被说成具有正义原则的资格,是因为在特殊的动机和信息条件下,这样的社会管理规则是被选择者所接受的。对此,科恩指出,在任何其目的是选择社会管理规则的环境中,选择者的注意力,无论是明确地还是实际上,都必定转向那些并不反映正义本身内容的考虑。这是因为,虽然正义(无论它可能是什么)必定会影响对社会管理规则的选择,但那些对决定正义将被如何实施或使正义不可行的实际存在的偶然情况,以及那些要求正义做出妥协的其他价值和原则,如前边谈到的改善每个人受益现状的帕累托原则,在对社会管理规则的选择中也起作用,而选择者——无论是现实的还是假设

---

① G. A. Cohen, *Rescuing Justice and Equality*, Harvard University Press, 2008, p. 21.

的,都会因此而偏离对正义的选择。以罗尔斯的原初状态理论为例,他假设的原初状态下的居民显然没有在对正义的考虑与对其他因素的考虑之间做出明确的区分,他们只是在既定的有知与无知的特殊结合的条件下,选择那些"尽可能地促进他们的目标体系的原则",这样一来,他们的选择就必定以某种方式既要反映对正义的考虑,也要反映对与正义无关的其他因素的考虑。科恩强调指出,他的反对意见根本不是建构主义者没考虑那些非正义的因素,"而是他们在意欲确定什么是正义原则时不适当地考虑了它们,因为不同的非正义的因素对建构主义过程的产物的影响意味着,它产生的东西不是基本的正义,而且有时甚至……根本就不是正义"①。

在建构主义者看来,正确的正义原则依赖有关人的本性和人的社会的事实性信息。对此,罗尔斯曾有明确的说法:"在作为公平的正义中,首要的正义原则依赖有关人的本质和社会如何运行的一般信念,这些信念是为原初状态的当事人所认可的。从建构主义的观点看,首要的原则不是独立于这种信念的,而且也不像某些形式的理性的直觉主义所坚持的那样,在所有可能的世界中都是真实的。"② 对此,科恩提出反对意见。他指出,尽管在选择管理原则时我们的确需要这样的事实性的信息,但"事实在基本正义原则的确定中是无关紧要的"③,因为无论基本的正义原则的内容会是什么,它们决不依赖任何事实性的信息,换句话说,基本的正义原则只能源自对纯粹的正义的考虑。当然,人的本性和人的社会的事实性信息对于在特定时期正义告诉我们去做什么会造成一定的差异,它们还告诉我们能在多大程度上实现正义,它们对我们应在多大程度对正义做出妥协也有影响,但它们对正义本身的内容没有影响。

---

① G. A. Cohen, *Rescuing Justice and Equality*, Harvard University Press, 2008, pp. 283 – 284.
② John Rawls, Kantian Constructivism in Moral Theory, *Collected Papers*, Harvard University Press, 2001, p. 351.
③ G. A. Cohen, *Rescuing Justice and Equality*, Harvard University Press, 2008, p. 285.

总之，科恩认为，"研究社会正义的建构主义的方法错误地描绘了正义的特性，这既因为它将正义看作对某些类别的事实是敏感的，还因为它没有在正义和其他价值之间做出区分"，① 而将正义原则等同于基于全面考虑的理想的生活原则则是这两个错误的集中体现。

二　对罗尔斯的建构主义的批评

科恩说，他"对建构主义的批判是基于两种区分"②。第一种是基本规范原则与管理规则的区分。所谓规范原则，是指告诉人们应当做什么或不应当做什么的一般性指令，而基本规范原则，是指不是源自**其他**规范原则的规范原则，如自由原则、正义原则等。所谓管理规则，则既指那些国家强制范围之内的规则。例如，所得税规则，也指那些国家强制范围之外的人们应怎样相互对待的规则。例如，处理（或不处理）男女之间纠纷的规则。第二种是正义与其他价值之间的区分，以及因此而导致的表达和服务于正义价值的管理规则与表达和服务于其他价值，如人的福利，人的自我实现，或知识的促进的管理规则的区分。科恩指出，就第一种区分而言，由于人们创建和接受管理规则是为了管理他们的事务，因此，人们接受什么样的管理规则是依据他们预期的接受这些规则将会产生的效果。但人们却不是在相同意义上接受基本规范原则的，因为基本规范原则体现着人们的信念，人们不是依据他们预期的它们将会出现的效果而决定相信它们的。就第二种区分而言，一种社会制度可以实现不止一种价值，而正义只是其中的一种。从上述两种区分出发，科恩指出，在罗尔斯的相关论述中，对"正义是什么"这一问题的回答，被完全等同于他特殊设计的选择者——原初状态中的居民，对"在你们特殊的有知和无知的情况下，你们将会选择什么样的管理社会

---

① G. A. Cohen, *Rescuing Justice and Equality*, Harvard University Press, 2008, p. 275.
② Ibid., p. 276.

的一般规则"这一问题的回答,这样一来,罗尔斯就将正义等同于理想的管理原则了。为了使人们能清楚地看到这一点,科恩给出如下图示①:

	(a) 基本原则	(b) 管理规则
(c)正义	(1)正义的基本原则	(3)特别服务正义的管理规则
(d)一般价值	(2)一般价值的基本原则	(4)服务一般价值的基本原则的管理规则

罗尔斯的原初状态下的选择的结果,是将(1)等同于(4),即将正义的基本原则等同于服务于一般价值的基本原则的管理规则,因此,他既将正义置于错误的纵列——将基本原则等同于管理原则,又将其置于错误的横列——将正义混同于一般价值。科恩说,他在这里并不是批判原初状态理论本身,即罗尔斯用来使原初状态的居民回答应选择什么管理规则问题这一特殊的设计,而是反对他将对这一问题的回答等同于对"正义是什么"这一问题的回答。这种等同意味着双重的合并,一是基本的正义原则与管理规则的合并,二是正义原则,无论是表达正义的基本原则,还是服务实现正义的管理规则(尽其可能而且合理),与分别表达或服务其他价值的原则,无论它们是基本原则还是管理规则的合并。其结果是错误地将基本的正义原则等同于极为一般意义的理想的管理原则。

---

① G. A. Cohen,*Rescuing Justice and Equality*, Harvard University Press, 2008, p.278.

为了对建构主义做更为深入的分析和批判,科恩还对**基本的**正义原则和**实施的**正义原则做了区分。他先将**基本的**正义原则界定为不是实施的正义原则,将**实施的**正义原则界定为源自(即被断言基于)正义原则与某种非正义原则的东西**结合**。例如,与一组经验事实,或一种非正义的价值,或一种非正义的原则的**结合**。然后,他进而指出,实施的正义原则是根据非正义的事实性信息,或非正义的价值,或非正义的原则,来实施正义的,而基本的正义原则反映的只是对正义的考虑,或只是对非正义的考虑,但它们不会反映对正义的考虑与对其他的考虑的混合,因为反映这种混合的是实施的正义原则。换句话说,实施的正义原则源自正义**和**某种其他东西,而基本的正义原则,则只源自正义或非正义的东西。为了使人们能清楚地把握他对**基本的**正义原则和**实施的**正义原则的区分,科恩又给出如下图示[①]:

对纯粹正义的考虑　　或　　对纯粹非正义的考虑

基本的正义原则 + 任何其他东西

实施的正义原则

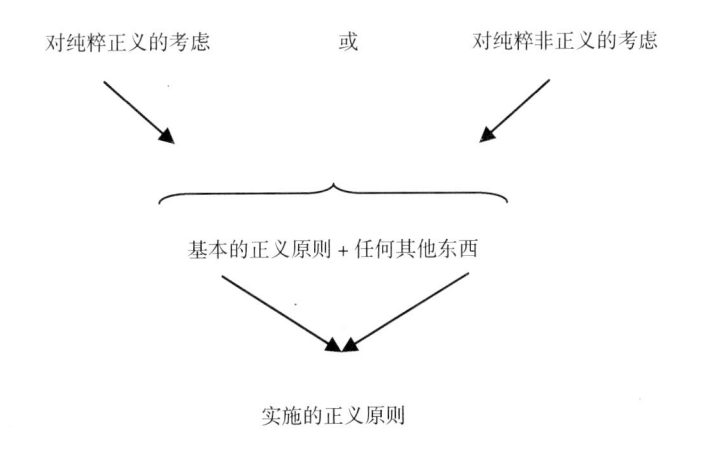

图中的箭头向上读,意指"可以源自"。科恩说,建构主义者删除了图示上方左首的项目("对纯粹正义的考虑"及箭头),他则删除了上方右首的项目("对纯粹非正义的考虑"及箭头),而这体现了他与建构主义者之间明显的、根本性的分歧是基本的正义原则的来源问题:

[①] G. A. Cohen, *Rescuing Justice and Equality*, Harvard University Press, 2008, p. 280.

根据建构主义，基本的正义原则来自对产生正义原则的正确过程，以及对人的本性和人的社会的事实的判断（它们本身并不反映正义原则），而他则认为，"基本的正义原则的内容无论会是什么，它们都决不依赖于任何事实的特性，或者说，……决不依赖于对任何不考虑正义的价值或原则的考虑"①。因此，建构主义者的错误在于让实施的正义原则充当基本的正义原则的角色。

科恩强调，他这里并不涉及什么是正确的正义原则问题，而只是指出建构主义者在他们**自己**的信念结构问题上存在错误。这一错误表现在，无论他们中的谁断言一种敏感于任何事实的正义原则，实际上就都因此而认可了一种不敏感于事实的原则，因而，他们断言的这种敏感于任何事实的正义原则，说到底是源自那种不敏感于事实的原则和相关的一个或一些事实，而那种不敏感于事实的原则**本身**是一种正义原则。当然，人们也许并不清楚那种不敏感于事实的正义原则是什么，而且它实际上也许很难确定，但如果那种原则是预先假定的，那建构主义者就是把**实施的**正义原则误认为**基本的**正义原则了。一旦潜在的对事实不敏感的原则被展现出来，我们就会看到，它们才是建构主义者潜在确认的**基本的**正义原则，而且正是它们使得建构主义者选择的原则具有或多或少的正义。

三 正义是社会制度的首要价值吗？

科恩说，对于他对罗尔斯的建构主义的正义观的批判，一些建构主义者也许会提出这样的反对意见：在罗尔斯那里，"正义"这一术语是由选择社会管理规则的理想程序所规定的一组原则的别称，因而也是无论什么样的正确的社会管理规则的别称，这样说来，如果"正义"指

---

① G. A. Cohen, *Rescuing Justice and Equality*, Harvard University Press, 2008, p. 281.

的就是正确的社会管理规则,那批评罗尔斯将理想的社会管理规则等同于基本的正义原则就是没有道理的。对于这种反对意见,科恩的回应是,且不说罗尔斯并不总是这样使用这一术语的,[1] 仅就这些人说的对"正义"的这种用法本身而言,他们就难以自圆其说。这是因为,正义,无论其内容是什么,都只是在设计正确的社会管理规则中被考虑的一种因素,因而,提出那种用法的人,无论他们认为正义是什么,都无法否认存在这样的现实的可能性,即某些事实或某些其他价值会使正义变得不宜实施,或使正义的实施过于困难,或代价过高。可按照他们提出的对"正义"的这种用法——"正义"是正确的社会管理规则的别称,他们将无法承认这种实际存在的情况,因为他们的用法是排斥这种情况的。因而,他们将无法承认,选择社会管理规则的正确方式是既要考虑正义**也要**考虑其他因素的,无法承认只有这样才能达到他们所说的那种"正义"。

与上述问题相关的是罗尔斯的那个著名论断,"正义是社会制度的首要价值,正像真理是思想体系的首要价值一样"。[2] 科恩首先指出,罗尔斯的这个论断意指的是这样的情况:一种思想体系可以展现不是真理的其他价值,如精炼和有条理,但如果它缺少真理的价值,那它的其他价值都不能使这一体系免受谴责。同样,一种制度可以展现不是正义的其他价值,如经济效率和协调的组织,但如果它缺少正义的价值,那它的其他价值也不能使这一制度免受谴责。他接着指出,虽然正义和真理之间无疑存在**某种**密切关系,但罗尔斯在他的论断中对它们之间的关系所做的那种类比却是不恰当的,因为"正义和社会制度之间的关系确切地讲并不像真理和思想体系之间的关系"[3]。真理可以是**思想体系**的首要价值,但它却不也是**表达**的首要价值,而表达,即说话的行为,

---

[1] 参见 G. A. Cohen, *Rescuing Justice and Equality*, Harvard University Press, 2008, pp. 304–306.

[2] 约翰·罗尔斯 《正义论》,何怀宏、何包钢、廖申白译,中国社会科学出版社1988年版,第3页。

[3] G. A. Cohen, *Rescuing Justice and Equality*, Harvard University Press, 2008, p. 303.

才是可与社会制度相类比的；或者，无论怎样讲，社会制度和正义的关系更类似表达与真理的关系，而非思想体系与真理的关系。说得再具体一点就是，一种陈述的真理性既不是它的合理表达的必要条件，也不是它的合理表达的充足条件，因为一般说来，不能迫使一个人要么讲出所有的真理，要么讲的只是真理。不能迫使一个人讲出**所有的真理**是因为，有些真理对于表达的环境是不适当的，或者在这一环境中困难太大以致不能表达，因而，仅就表达真理本身而言，有时人们能做到的至多是使谎言降到最低程度，而不能消除谎言；不能迫使一个人讲的只是真理是因为，有时从各方面考虑，不真实的讲话、误导，甚至谎言都可证明是正当的。正如不是所有的真理都适于表达出来，同样，不是所有的正义都能，或都应当通过社会制度来实施，因为如同真理不是所有合理表达的一个必要条件一样，考虑到所有的因素，在社会制度的构成中有时偏离正义也是合理的。因此，正义并不像罗尔斯声称的那样是社会制度的首要价值。以教育制度为例，教育制度就其分配教育的益处而言当然应当是正义的，但有时这种正义的要求会与社会发展的程度本身相冲突，而当这样的时候，正义的要求并不总是被选择的。

一些建构主义者现在也许会说，这样的话，如果罗尔斯没有把他的原则叫作"正义原则"，换句话说，如果罗尔斯的问题只是"我们应当接受什么样的管理规则"，那这不仍是一个合理的问题吗？叫不叫正义原则又有什么关系？对于这些人的说法，科恩的回应是，确定什么是正确的管理原则无疑是一个合理的提议，但"正义"名下的东西，即这个名称意指的东西，却是一种被哲学家们讨论了几千年的令人困惑的价值，这些哲学家并不认为他们自己是这一价值首要的确立者，因而他们有不同的见解，但这不同的见解却被这些轻蔑地说"叫不叫正义原则又有什么关系"的人过于轻率地抛弃了。实际上，人们对罗尔斯学说的众多兴趣就在于它**确实**承诺告诉我们什么是正义，或者说，《正义论》这本书受到令人兴奋的欢迎是被认为提供了一种新的、全面的正义理论，用罗尔斯本人的话来讲就是，"人们想要知道的是，那（两个）原则实现正义感的方式，和为什么他们要联想**这**一道德概念，而不联想其他概念"①。罗尔斯在这里实际同意，在我们研究哲学**之前**我们对于正义有着强烈的信念，但问题却在于，"无论这些信念的内容会是什么，任何告诉我们在全面考虑的情况下什么样的管理规则将被接受的程序，都将不能显露和提纯这些信念。在全面考虑的情况下，我们应做的是必须反映众多的价值，并（因而）反映众多的妥协，但关于我们的正义概念的深刻真理却是，这样的妥协并不影响它的内容"②。此外，如果"正义"在罗尔斯看来仅是无论什么样的、全面考虑的正确的社会管理原则的别称，那在他将正义与真理做类比时，他的"正义是社会制度的首要价值"的主张就将失去他赋予它的意义。罗尔斯提出正义概念是基于这样一种实质性的主张，即社会制度的首要的责任是服务于正义。我们确实想要社会管理规则服务于**正义**，这些规则应当而且能够根据所有适当的理由去尽量这样做。但如果"正义"指的**就是**管理社会的正确规则，那从概念上讲，我们就无法做出这样的判断。当我们考虑管理规则时，我们想要问的是：当服务于正义对于它们同样是合理的和可行的时候，它们这样做吗？但根据建构主义者对"正义"概念的那些说法，这样的问题就不可能提出。简言之，为什么罗尔斯将他的原则称为**正义**原则，而不是公共政策的首要原则，这是有原因的，其原因用罗尔斯自己的话来讲就是，"每个人都拥有一种基于正义的不可侵犯性，这种不可侵犯性即使以社会整体利益之名也不能逾越"③。

科恩说，他对罗尔斯的建构主义正义观的批判与他捍卫的平等构成分配正义的主张密切相关。因为前边表明的罗尔斯将正义原则等同于理想的管理原则中的两个错误的每一个，都将诱使人们否认正义和平等的

---

① John Rawls "Justice as Reciprocity", *Collected Papers*, Harvard University Press, 2001, p. 198.
② G. A. Cohen, *Rescuing Justice and Equality*, Harvard University Press, 2008, p. 305.
③ 约翰·罗尔斯 《正义论》，何怀宏、何包钢、廖申白译，中国社会科学出版社1988年版，第3页。

同一性。第一个错误，即将基本原则等同于管理原则，将因获取相关信息的困难和其他实践方面的问题而使平等成为一种无法实现的政策目标，从而诱使否认这种同一性；第二个错误，即将正义混同于一般价值，引出的则不是在各种背景中可与平等恰当匹配的正义原则。

第十章

规范原则与事实

我知道的**论证**所有的原则都依赖事实的唯一哲学家是约翰·罗尔斯，而且他不是在建构主义的基础上论证这一问题的：他认为，**所有的**基本原则，无论是由建构主义还是由别的什么导出，都依赖事实。因而，例如，功利主义的理由恰当地讲是依赖这样的事实，即绝不可能要求奴隶制来实现人类幸福的最大化。我检验并反驳了罗尔斯为内容广泛的敏感于事实的原则给出的几个论据。在我讨论罗尔斯的观点的过程中，我试图强化受事实限制的原则和与事实无关的原则之间的区分，而后者是通过识别前者的一个重要子项，即管理规则，并将它们与其基于的基本原则相对照而得到证实的。[1]

在当代政治哲学研究中，规范原则与事实的关系是一个更具元伦理学性质的基础性问题。在这一问题上，大多数哲学家认为，规范原则是以人的本质和人的处境的事实为根据的。罗尔斯《正义论》中的一段话——"正义观念必须由我们的生活条件来证明其正当性，这一点我

---

[1] G. A. Cohen, *Rescuing Justice and Equality*, Harvard University Press, 2008, p. 20.

们可能了解，也可能完全不了解"①，表达就是这种信念。对此，科恩在《拯救正义与平等》中提出并论证了一个截然不同的见解，即"原则能够回应（即根据）事实，只是因为它也是对不回应事实的更为根本的原则的回应"，②并据此对罗尔斯在《正义论》中阐述的所有基本原则都依赖事实的观点做了深入的分析和批评。

一 反映事实的原则要反映事实，就必须反映不反映事实的原则

同其以往一贯的做法一样，深谙分析哲学方法的科恩在说明规范原则与事实的关系之前，先对这两个概念做了界定：他所说的规范原则（或简称为"原则"），是指告诉人们应当做什么或不应当做什么的一般性指令，与此相应，他所说的事实，是指那种某人可以合理地认为支持规范原则的任何真实情况。③当然，这里的界定并不否认规范原则本身可以是事实，但那是一种与上面界定的事实含义不同的"事实"。如果对事实做广义的理解，即用"事实"泛指所有的真实情况，那真实存在的规范原则（如果存在这种的原则的话）也属于事实，但这种理解与他讲的相对规范原则而言的事实无关。

科恩指出，在规范原则与事实的关系这一问题上，大多数哲学家倾向认为，我们关于规范原则的根据的看法，包括对规范原则的最深层、最一般的根据的看法，应当反映或回应有关事实根据的真实情况。换句话说，这些看法应当包括确认规范原则的理由中的事实根据。说得具体一点就是，我们关于规范原则的看法应当反映或回应有关人的本性的事

---

① 约翰·罗尔斯《正义论》(修订版)，何怀宏、何包钢、廖申白译，中国社会科学出版社2009年版，第359页。
② G. A. Cohen, *Rescuing Justice and Equality*, Harvard University Press, 2008, p. 229.
③ Ibid..

实。例如，人们容易痛苦或他们能够相互同情，以及有关人的社会组织的事实；例如，人们往往遇到集体行动的难题，或社会往往是由利益不同和意见冲突的个人构成的。因此，所有可信的规范原则都对事实是敏感的，事实至少构成确认它们的根据的组成部分。科恩不同意这种看法。在他看来，所有指导人们生活的规范原则都对人们生活的事实是敏感的这一说法听起来似有道理，但却难以成立。因为第一，并非**所有的**原则都对事实是敏感的；第二，**一些**原则对事实是敏感的，只是因为解释为什么既定的事实构成这些原则的根据的其他原则，对事实是不敏感的。由此，他进而提出了他在规范原则与事实的关系这一问题上的基本论点："原则能够反映或回应事实只是因为它也是对不回应事实的原则的回应。"[①] 换个说法就是，反映事实的原则要反映事实，就必须反映不反映事实的原则。

为了使人们弄清并准确把握他的论点，科恩先对其做了初步的说明。假定命题 F 陈述了一种事实性的主张，并假定一个人按照并基于他对命题 F 的看法，确认了规范原则 P。那我们可以问他，**为什么他把 F 看作确认 P 的一个理由**。如果他能回答这一问题，那他的回答将必定包含对一个更为根本的原则（我们称它为 P1）的确认。P1 是一种在拒绝 P 本身之后仍会继续得到确认的原则，此外，它还是一种无论 F 是否真实都可坚持的原则，和说明为什么 F 是确认 P 的一个理由的原则。举例来说，假定某人确认**我们应当履行我们的承诺**的原则（我们称它为 P），因为只有**当承诺得到履行时受约人才能顺利实施他们的规划**（我们称它为 F）。那他无疑会同意，他认为 F 支持 P 是因为他确认 P1，而 P1 粗略说来就是，**我们应当帮助人们实施他们的规划**。在这里，使得 F 成为 P 的根据的是 P1，是 P1 使得 F 支持 P。但这个人对 P1 的确认，从根本上讲，与他是否相信 F 没有任何关系。即使他不相信事实性的陈述 F，他也会确认 P1，因为在他的信念体系中，P1 对于 F 是否真实并

[①] G. A. Cohen, *Rescuing Justice and Equality*, Harvard University Press, 2008, p. 232.

不敏感。"如果他后来认识到，勇敢地应对遭违背的承诺会使人的性格更坚强，因而有助于人们成为更有效率的规划的实施者，并因此认为 F 是错误的，那他将有理由放弃或修改他对 P 的确认，但他却没有理由放弃 P1。"① 不过，这里需要指出，虽然使一种事实成为根据的原则对**这种**事实的存在与否并不敏感，但它对其他事实也许是敏感的。为了说明这一点，让我们再回到承诺的例子，其中 P1 讲的是我们应当帮助人们实施他们的计划。现在我们也许会问，支持 P1 的是什么？一种可能的回答是一种新的事实性的主张（我们称它为 F1），这种主张说，除非人们能够实施他们自己的计划，否则他们不能获得幸福。但此时 F1 支持 P1 显然只是依据一个更为根本的原则，我们称它为 P2，这一原则讲的是，在没有其他考虑的情况下，人们的幸福应被促进；而且，P2 并不基于任何事实也是可能的。当然，一些人也许还会将 P2 基于这样一种假设的事实：促进人们的幸福表达了我们对他们的尊重。但此时这些人必须持有与事实无关的原则 P3，即我们应当表达我们对人们的尊重。如果这些人又提出，P3 本身又是基于人们拥有那些被认为值得尊重的特征这样的事实，那他们此时必须持有相应的与事实无关的原则 P4：人应当尊重具有相关特征的生命，无论是人还是其他生命。这里需要强调，P4 是不受否认人类或其他生命具有相关特征的影响的，当然，如果没有具有这样特征的生命，P4 就不能应用，但某些生命确有这样的特征却不是确认 P4 的根据。

科恩接着指出，他的上述说明是基于三个前提。第一个前提说的是，"每当事实 F 支持原则 P 时，就存在一种对**为什么** F 支持 P 的解释，即对 F 如何体现为赞同 P 的根据的解释"②。这里需要注意的是，首先，这一前提并没有说每一规范原则都必须有其基于的根据，它只是坚持认为，总存在解释一个根据之所以成为根据的解释；其次，这一前提不含有规范原则本身不能被证明为正当的意思，因为它只是断言，规

---

① G. A. Cohen, *Rescuing Justice and Equality*, Harvard University Press, 2008, p. 234.
② Ibid., p. 236.

范原则不能被事实证明为正当的；最后，这一前提只要求回答为什么事实支持规范原则的问题，因此，令人满意的回答将总以进一步的原则 P1 为特征，并随着一个对事实不敏感的原则的陈述而结束。

第二个前提讲的是，"由第一个前提确认其存在的那种解释会援引或包含一种更具根本性的原则（对它的信奉在否认 F 后将会仍然存在），一种以前面阐明的那种形式解释**为什么 F 支持 P** 的更具根本性的原则"[①]。对于第二个前提，有人会提出这样的挑战，即他们承认第一个前提讲的必须有一种对为什么事实 F 支持原则 P 的解释，但却否认援引更具根本性的规范原则这一唯一有效的解释形式，并以此否认第二个前提。在他们看来，解释为什么 F 支持 P 的也可以是某种方法论原则，例如，体现在罗尔斯"原初状态"设计中的方法论意义的原则。在这一设计中，事实支持原则的确是依据进一步的原则，但却不是第二个前提所要求的规范原则。这种进一步的方法论原则并不直接告诉人们去做什么，而只告诉人们如何选择那些告诉他们去做什么的原则。这种方法论的原则解释为什么既定的事实证明对事实敏感的规范原则是正当的，而这就损害了第二个前提。然而，这些人的挑战是不能成立的。因为第一，虽然原初状态的设计依照一组事实会选择规范原则 P，但这是因为当这些事实被搁置起来时它会选择与事实无关的规范性原则 P1，换句话说，对于那些赞同原初状态的方法，并因而赞同由于那些事实而选择 P 的人，否认 P1，或否认 P1 的辩护作用，是不可能的。第二，我们不仅要重视被原初状态的程序证明为正当的规范性原则，而且还要重视证明这一程序是正当的规范性原则。程序不是根本性的，所建构的程序之所以被断定为正当的，其原因简单地讲就是，它反映了自由和平等的人的"观念"，而以这种方式去设想人们，则或者体现，或者预先假定了一种对事实不敏感的规范性原则。

第三个前提讲的是，对进一步的、更具根本性的原则的追问不能无

[①] G. A. Cohen, *Rescuing Justice and Equality*, Harvard University Press, 2008, p.236.

止境地进行。基于上述两个前提，我们可以向任何一个根据一种事实而确认一种原则的人提问：解释这一事实构成这一原则根据的更为根本的原则是什么？一旦更为根本的原则被说出以后，再接着问它是否基于任何事实，而且可以根据需要反复多次地这样追问，直到他得出不反映事实的原则为止。但这种追问却不能无限进行下去。这是因为，第一，"这种形式的可信的追问可以无限地继续恰恰是不可置信的：如果你不同意，那就尽力构建一个，比如说，一个超出引证 5 个原则的追问"[①]；第二，这种无止境的追问需要无限套叠的原则，而没人认为存在相关的无限多的原则；第三，只要一个人对他确认的原则是什么和对他为什么坚持它们有清楚地理解，那追问就不可能无限进行下去。

从上述三个前提出发，科恩又通过两个例子对他的论点做了进一步的说明和辩护。例子（1）：假定事实性陈述 F 讲的是宗教至少在一些人的生活中是重要的，原则 P 指令宗教活动的自由。那么，无论谁相信 F 支持 P 都会相信一种更具根本性的原则 P1，即如果某种活动在人民生活中是重要的，那他们就应有从事这种活动的自由；而且可以肯定，他相信 P1 是因为相信 P2，即人民生活中的重要活动应当受到尊重；而且很有可能的是，他相信 P2 至多是因为他相信向前延伸到某一点的原则（Pn），即所有的生命都应受到尊重，只要它们具有使人们值得尊重的特性。而且，事实不是确认最终的规范性原则 Pn 的根据。例子（2）与例子（1）略有不同：假定 F 讲的是人具有神经系统，P 讲的是，在无其他考虑的情况下，他们的身体应被慎重对待。那么，几乎可以肯定，基于 F 而相信 P 的人都会相信进一步的事实性断言 G，即具有神经系统的生命容易疼痛，因而我们可以说，G 使得 F 成为 P 的理由。但问题依然存在：是什么给 G 以这种效力？答案显然是一种进一步的原则，即 P1，这一原则讲的是，在无其他考虑的情况下，**人应避免引起疼痛**。在这里，P1 可能是相应的与事实无关的原则延伸的终点。这等于说，

[①] G. A. Cohen, *Rescuing Justice and Equality*, Harvard University Press, 2008, p.237.

如果一种生命容易疼痛，你不应引起它疼痛，而且显然，对这一原则的确认尤其不是根据存在很多对疼痛敏感的生命这样一种信念。

二 "是"与"应该"，"应该"与"能够"

一些人认为，科恩的论点不过是对人们熟知的大卫·休谟讲过的"不能从'是'推出'应该'"这一元伦理学的命题的重述。还有一些人根据"'应该'必然含有'能够'"这一被大多数哲学家接受的元伦理学的命题，对科恩的论点提出了非难。为了澄清和辩护他的论点，科恩又对他的论点与这两个元伦理学命题的关系做了进一步的说明。

关于他的论点与第一个命题的关系，科恩首先指出，一些人至今坚持认为，人们可以从"是"推出"应该"。例如，哈里处在痛苦中这一陈述蕴涵着哈里应被帮助，或者，哈里是清白的这一陈述蕴涵着惩罚哈里将是非正义的；由于众所周知休谟曾拒绝过这种的观点[1]，一些对他的论点只有初步了解的人认为，他的论点不过是在重述休谟讲过的那个老问题，而这是对他的论点的错误理解。因为只要认真读一下他的相关论述就不难看出，他在对其论点的论证中并没有说，**由于**（像休谟所说）人们不能从"是"推出"应该"，一个基于事实 F 而确认原则 P 的人还必须确认某一真实的与事实无关的规范性陈述。这种休谟式的假定不是他的论证的组成部分。他的结论也不支持休谟的观点，因为他用于得出其结论的前提就不涉及人们能否从"是"推出"应该"的问题。简言之，尽管他确信他已说明了他的结论，但他却"不能声称那是值得关注的证明了人们不能从'是'推出'应该'的成果"。[2]

科恩接着指出，他的论点非但与休谟的论点——人们不能从"是"推出"应该"截然不同，而且还能得到那些反一休谟论点的人的认可。

---

[1] 参见休谟《人性论》，关文运、郑之骧译，商务印书馆 2005 年版，第 509—510 页。
[2] G. A. Cohen, *Rescuing Justice and Equality*, Harvard University Press, 2008, p.249.

这是因为，他的论证不是以否认人们能从"是"推出"应该"为前提，因而，那些反一休谟论点的人根本不会否认他的论点。此外，如果他们确实相信事实支持原则，那他们还将必须认可他的论点。举例来说，假定某个确实相信事实支持原则的人还认为，通过基于语义的衍推（entailment），人们**能**从"是"推出"应该"。像很多人一样，他也确认应当帮助受到伤害的人的原则，而当问他为什么这样做时，他辩护说，同其他人一样，是通过对受伤害的人遭受痛苦的事实的了解。但此时他必定相信**应当帮助陷入痛苦的人**这一进一步的原则，而如果问他为什么相信这一原则，那他会这样说：应当帮助陷入痛苦的人是一种概念性的真，如果一个人不这样认为，那他就没有理解"痛苦"、"帮助"、"应当"等概念**意指**什么。这种说法将他的观点与休谟的观点区别开来。但如果这种反休谟的观点是正确的，那他的原则，**如果 X 陷入痛苦，那应帮助 X**，就是对事实不敏感的，因为它是一种衍推，而衍推，作为先验的东西，对事实是不敏感的。换句话说，他对事实看法的变化不会导致他去怀疑用黑体字标出的原则。

总之，由于他的论点——所有对事实敏感的原则都以对事实不敏感的原则为前提，并不要求"应该"不能从"是"推出，因此，就有关"应该"能否从"是"推出这一问题的争论而言，他的态度是中立的，而就这一问题所涉及的争论者而言，同意他的观点的人不会是休谟主义者，而是反一休谟主义者。所以，他的论点涉及的不是休谟谈过的那个老问题，而是一个在元伦理学的文献中"几乎没有讨论过"[①]的新问题。

关于他的论点与第二个命题的关系，科恩指出，尽管哲学家们在能否从"是"推出"应当"这一问题上存在很大争议，但他们却几乎一致赞同"'应该'必然含有'能够'"这一命题。而一些人正是根据这一命题，对他的规范原则不是基于事实的主张提出了非难：事实常常使提出供讨论的规范原则不能被遵循，由于"应当"必然包含"能够"，因此，事实使提出供讨论的规范原则失去资格，换句话说，事实构成了

[①] G. A. Cohen, *Rescuing Justice and Equality*, Harvard University Press, 2008, p.230.

拒绝它的根据。然而，这种非难却难以成立。这是因为，当这里所说的事实，即人们无能力的事实，被说成排除一个因其不能被服从的规范原则时，我们可以接着问，如果这一被推定排除的规范原则根据反事实的假设**能**被服从，那对它我们又应怎么说？显而易见，只有当我们越出涉及能力的事实层面并对那一反事实的问题做出回答，我们才能抵达规范原则。任何一个仅仅根据做 A 是不可能的事实而拒绝"一个人应当做 A"这一原则的人，也就是说，任何一个否则将会确认这一原则的人，都会承诺"如果可能做 A，一个人应当做 A"这一对事实不敏感的原则。由此可以认为，当"'应该'必然含有'能够'"这一命题被用来表明可行性限制对规范原则的确认时，它是被误用了。这种误用的论证方式是很多人都熟悉的：

（1）规范性判断是"应当—陈述"

（2）"应当—陈述"必然包含相应的"能够—陈述"

所以，

（3）规范性判断必然包含"能够—陈述"

我们把上面讲过的那种陈述—形式，即"如果可能做 A，一个人应当做 A"称作（4）。现在（4）要么是一种"应当—陈述"，要么不是一种"应当—陈述"。假定（4）是一种"应当—陈述"，那前提（2）就是错误的，因为（4）无须相关的"能够—陈述"。但假定相反，即（4）不是一种"应当—陈述"，那前提（1）就是错误的，因为那些以（4）的形式出现的附有条件的陈述，"讲的就是有关规范性判断的本质的东西"[1]。

---

[1] G. A. Cohen, *Rescuing Justice and Equality*, Harvard University Press, 2008, pp. 251–252.

科恩还以作为规范原则的正义为例,对上述非难做了进一步的反驳。如果我们关注的是服从具有正义权威的指令,而我们面对的是一些不能同时服从的指令,那为了满足所说的实际的服从,通常明智的做法是去掉那些通不过"应当"必然包含"能够"检验的指令。但这种做法的结果却不能给我们提供有关正义自身本质的完整画面。换句话说,除非我们能表明那些被拒绝的指令是否**只因**它们不可行而被拒绝,否则,我们的画面就是不完整的。于是,在它们的不可行确实是拒绝它们的唯一原因的地方,我们会发现以这种要求出现的基本的正义原则:如果可能做 A,那你应当做 A。由此不难看出,**所有**的正义原则都是以有条件的"应当—陈述"的形式出现的,当现实被插入时,我们从它们导出无条件的"应当—陈述"。但现实主要影响这种陈述的"可能的"部分,并且只是因此而影响这种陈述的"应当的"部分。由此说来,我们对正义原则的确认,"是不受事实上的可能性的影响的"[1]。举例来讲,如果正义就像查士丁尼大帝(Justinian)[2] 讲的那样,是每个人得他应得的东西,那正义是得他应得的东西,就与那些也许使他应得的东西不可能得到的限制无关。

总之,虽然"'应该'必然含有'能够'"这一命题无疑存在某种真实性,但这种真实性对于规范原则的本质却没有重要意义,因为它证明不了对基本规范的确认是受人们能做什么所限制的。

三 基本的正义原则是对人的条件的事实的回应吗?

科恩指出,尽管元伦理学的文献很少谈及规范原则与事实的关系,但有一个值得注意的例外,这就是罗尔斯的著作。罗尔斯在其《正义论》中提出并论证说,基本的正义原则和实际上一般说来的"首要原

---

[1] G. A. Cohen, *Rescuing Justice and Equality*, Harvard University Press, 2008, p. 252.
[2] 东罗马帝国(拜占庭)皇帝。

则",是对人的条件的事实的回应。对于罗尔斯的这一论点及其相关论证,科恩针锋相对地提出了反驳。

罗尔斯说,"对于首要原则的选择要基于经济学和心理学的一般事实,对此并不存在任何反驳"①。例如,差别原则"**依赖于**这样一种观念,即在具有开放阶级体系的(无论有否私有制)竞争经济中,**极端的不平等将是不常见的**"②。科恩指出,罗尔斯在这里意欲表明,他的首要原则对事实的依赖不会招致反对意见,但他的这一说法是不能成立的。因为从罗尔斯有关差别原则的那些话,特别是其中的"依赖于"这样的用语可以推论,如果他对"**极端的不平等**"做不同的估量,那他将会拒绝差别原则,**因为它会容许过多的不平等**。由此还可以进一步推论,在罗尔斯对竞争经济的事实支持差别原则的说明的背后,存在一个他在对什么是正义原则的标准陈述中未能清楚表达的平等原则,一个类似"人们不应引起太多的不平等"的这样的原则,而对罗尔斯所要表明的所有东西来讲,**这一进一步的原则或者**本身并不依赖任何事实,**或者**显示一个在它背后的不依赖任何事实的更具根本性的原则。科恩接着说,罗尔斯的上述说法如要成立,就"需要否认我认为是明显的真理性的东西,即在我的论证的第二个而且是关键的前提中所断言的东西,这就是,事实支持原则只是根据一个更进一步的原则,而他在手边的例子中使用的那一表述,'极端的不平等',却确认了那一前提,因为它混合了涉及事实的东西和涉及使事实有意义的原则的东西:极端的不平等之所以是**极端的**只是根据一个指明多少才是过多的原则"。③

罗尔斯还论证说,原初状态中选择正义原则的居民必须被提供众多的事实信息,因为如果没有事实信息的输入,原初状态的人们将不知道选择什么:"若果真如此,他们怎么可能做出一个决定呢?一个选择问

---

① 约翰·罗尔斯 《正义论》(修订版),何怀宏、何包钢、廖申白译,中国社会科学出版社2009年版,第122页。
② 同上。黑体字是科恩标注的。
③ G. A. Cohen, *Rescuing Justice and Equality*, Harvard University Press, 2008, pp. 259–560.

题只有在用自然法则和别的约束条件适当地限制了选择对象、那些选择者也已经有某些取舍的倾向时才算是界定良好了。没有一种这方面的确定结构，所提出的问题是决定不了的。因此我们需要毫不犹豫地在决定正义原则的选择时预先假定某种社会制度的理论。的确，正如我们需要一种善观念来对可选项进行排序那样，我们也同样需要有关一般事实的假设。如果这些假设是真实的和足够一般的，那么一切就都走上轨道了，因为若没有它们，整个理论设计就会是无意义的和空洞的。"[1] 在科恩看来，罗尔斯的这一论证也是不成立的。这是因为，"在缺乏事实的情况下，选定正义原则、了解所有你的规范性信念是什么的困难无论会有多大，那些对确实反映事实的原则的决定，都含有一种对与事实无关的基本原则的信奉"[2]。由于缺乏想象力，原初状态下的居民也许需要事实性的信息来诱导适当的选择，但这种选择的结果却不依赖这种信息。

罗尔斯为他的首要原则是基于事实的论点的辩护，还体现在他赞同功利主义的求助事实的做法。他在谈到功利主义时说 "人们常常提出反对，例如说功利主义可能容许奴隶制和农奴制，容许对自由的其他侵犯。这些制度是否能得到证明得依赖于精确统计的计算是否展示它们产生了一种较高的幸福余额。功利主义者对此做出的回答是：社会的性质使这些计算一般是反对否定自由的。"[3] 他还说 "契约理论（因而，罗尔斯[4]）同意功利主义认为正义的基本原则相当依赖于人和社会的自然事实的意见。"[5] 在这里，罗尔斯既不赞同功利主义，也不赞同其辩护

---

[1] 约翰·罗尔斯 《正义论》（修订版），何怀宏、何包钢、廖申白译，中国社会科学出版社 2009 年版，第 123 页。

[2] G. A. Cohen, *Rescuing Justice and Equality*, Harvard University Press, 2008, p. 262.

[3] 约翰·罗尔斯 《正义论》（修订版），何怀宏、何包钢、廖申白译，中国社会科学出版社 2009 年版，第 122 页。

[4] 科恩加的插入语，见 G. A. Cohen, *Rescuing Justice and Equality*, Harvard University Press, 2008, p. 263.

[5] 约翰·罗尔斯 《正义论》（修订版），何怀宏、何包钢、廖申白译，中国社会科学出版社 2009 年版，第 122 页。

者有关奴隶制的事实性主张,但他赞同功利主义的援引"人和社会的自然事实"去辩护基本原则的做法。例如,援引奴隶制不是使人类幸福最大化的安排这一假定的自然事实。在科恩看来,罗尔斯赞同功利主义的求助事实的做法不但本身就存在问题,而且还暴露了出现于《正义论》中的一个根本性的错误。

科恩指出,认真分析一下罗尔斯的那些话就会发现,他说的"人们常常提出反对,例如功利主义可能容许奴隶制和农奴制,容许对自由的其他侵犯",实际上是人们在奴隶制问题上对功利主义的两种单独的反对意见,但他却把它们视为一种单一意见的两种不同表述。为了表明这一点,科恩假设了两个基于不同理由的反对者,反对者 A 和反对者 B,A 的意见与上面引用的"功利主义可能容许奴隶制和农奴制"相一致,B 的意见则与(功利主义可能"容许对自由的其他侵犯"相一致:

A:我反对功利主义是因为,如果我们采用功利主义,那我们可能面临将不得不建立奴隶制的情况(因为它会使幸福最大化),而我**从来就**反对建立奴隶制。

B:我反对功利主义是因为,它说如果情况是我们只能通过建立奴隶制实现功利最大化,那我们就应当这样做,但我不认为这是一个建立奴隶制的充足理由。

要看出反对者 A 和反对者 B 是基于不同的理由,就要注意罗尔斯对这两种反对意见所做的单一回应——"这些制度是否能得到证明得依赖于精确统计的计算是否展示它们产生了一种较高的幸福余额(即奴隶制实际上不会是幸福的最大化)",会使 A 无话可说,但却不会使 B 满意。因为 A 担心的是,如果服从功利主义的要求,那奴隶制也许就不得不被强加,现在他知道不存在这样的危险,所以他反对功利主义的理由得胜了。但奴隶制实际上不是功利的最大化对 B 将不起作用,因为 B 的反对意见是，奴隶制是否正当不应"依赖""精确的计算"而做出，说这样计算的结果总是可靠的，不是对无论我们建立还是不建立奴隶制**都不应**依赖这样的计算这种反对意见的回应。因此可见，罗尔斯所做的单一回应表明，他没有看到人们在奴隶制问题上对功利主义实际上存在两种基于不同理由的单独的反对意见。

科恩接着指出，需要注意的是，他是在"对 A 的反对意见的陈述中，而不是在对 B 的反对意见的陈述中使用'采取'这个词"。[①] 这是因为功利主义原则在这两个不同的反对者的眼中具有的不同地位。B 责难的不是作为一种我们可能考虑采取的管理我们事务的规则的功利主义，而是作为一种规定我们道德信念的原则的功利主义。A 责难的则是作为一种管理规则的功利主义，即作为某种社会手段，被立法通过并被政府本身所执行，或在社会意识和社会实践中得到执行的功利主义。管理规则是"一种获取某些效果的手段"，我们接受或不接受它，准确地讲是根据对它的可能的效果的评价，因此，是根据对事实的了解。而我们评价那些效果，并因此决定接受哪些受阻于事实的原则，则是通过联系这样的原则——它们不是取得成效的手段，而是对我们更根本的、与事实无关的信念的陈述。罗尔斯对上述两种基于不同理由的单独的反对意见的单一反应表明，他"没能在我们决定是否接受的管理规则，和不是以这种方式任选的'首要原则'（用他自己的表述）之间做出区分，这是为什么他能无保留地赞同功利主义的做法的原因，和为什么他能相应地认为即使首要原则也是基于事实的原因"[②]。而《正义论》的一个根本性的错误，就在于将基本的正义原则等同于那些我们可能采取的管理社会的原则。

[①] G. A. Cohen, *Rescuing Justice and Equality*, Harvard University Press, 2008, p. 265.
[②] Ibid..

第四部分

社会主义平等主义者的追求

第十一章

平等主义者的追求应是消除非自愿的劣势

  我理所当然地认为，存在正义要求人们具有的同等数量的某种东西，但并不是任何东西，而只是在任何程度上都被与分配平等竞争的那些价值所允许的东西；我研究的是许多持有这种平等主义观点的作者所说的问题，即在走向更大的平等过程中，在以其他价值为代价不是不能容忍时，应当使人们在哪个（些）范围或哪个（些）方面更为平等。[①]

  在当代西方政治哲学领域，虽然"平等"的理念已为各个流派普遍接受[②]，但对于应使人们在什么上平等却存在种种不同的主张。正是由于这一原因，自罗尔斯的《正义论》问世以后，平等主义者之间关于"什么的平等"的争论[③]就一直没有停止，不少著名的学者都明确地给出了自己认可的平等物（equalisandum），如罗尔斯的"基本益品"、德沃金的"资源"、阿内逊的"幸福机会"、阿玛蒂亚·森的"能力"。

  [①] G. A. Cohen, *On The Currency of Egalitarian Justice, and Other Essays in Political Philosophy*, Princeton University Press, 2011, p. 3.
  [②] 参见威尔·金里卡《当代政治哲学》，刘莘译，上海三联书店2003年版，第7—8页。
  [③] "什么的平等？"是阿玛蒂亚·森1979年做的坦纳讲座的题目，后被人们作为对这一争论的准确概括而被广泛引用。他的这篇讲稿被收录在《坦纳讲座：关于人的价值》第一卷（Sterling McMurrin, ed. *The Tanner Lectures on Human Values*, Vol. 1, Cambridge University Press, 1980）。

在这个问题上,科恩在其写于 1988 年的那篇著名的论文——"论平等主义正义的通货"①中,提出了他的"优势获取平等"的主张,并从这一主张出发对德沃金的"资源平等"提出了三个批评。

一 "优势获取平等"

科恩认为,平等主义者关于"什么的平等"的争论,实际上是从反对把"幸福"作为平等物的幸福平等(Equality of welfare)主义开始的,因此,在提出他的"优势获取平等"主张之前,有必要先对幸福平等的反对意见做一考察。

人们一般认为,率先对幸福平等主义提出明确批评的是德沃金。但科恩指出,对"幸福平等"的批评实际上是始自罗尔斯。当然,罗尔斯在其著作中并没有直接使用"幸福平等"的概念,他只是在批评功利主义时谈到了冒犯性嗜好。然而,正如阿玛蒂亚·森所指出的,就这一点而言,罗尔斯实际上是在批评幸福平等主义——正义的分配只不过是个人幸福的某种函数。② 因此,从逻辑上可以认为,罗尔斯对冒犯性嗜好的批评,也可用来反对把幸福平等视为唯一正义原则的观念。

---

① 《论平等主义正义的通货》的初稿是科恩为世界发展经济研究组织 1988 年 7 月在赫尔辛基召开的"社会质量"论坛准备的论文,因为这篇论文单独作为一篇文章发表太长,因而,科恩把它分成部分内容重叠的两部分。较大的部分在 1989 年以"论平等主义正义的通货"为题发表在 *Ethics* Vol. 99 (1989)。剩下的部分在第二年以"什么的平等"为题发表在 *Recherches Economiques de Louvain* Vol. 56 (1990),后被收入玛莎·努斯鲍姆与阿玛蒂亚·森主编的《社会质量》(牛津大学出版社 1993 年版,其中译本由社会科学文献出版社 2008 年出版) 一书。

② 参见 Amartya Sen, "Equality of What?", In Sterling M. McMurrin (ed.), *The Tanner Lectures on Human Values*, Vol. 1, Cambridge University Press, 1980, p. 211。

对于幸福平等主义所讲的"幸福"（welfare）[①]，在流行的哲学和经济学中存在许多不同的理解。科恩本人感兴趣的，并且与他为其"优势获取平等"辩护直接相关的是其中的两种理解：一是作为令人满意或令人愉快的意识状态的幸福，他把这称为享乐的幸福；二是作为偏好满足的幸福，偏好在这里是指对人生状态的排序，如果一个人偏好的一种人生状态实现了，那他的偏好就得到了满足。科恩还特别指出，在幸福的含义这一问题上，他的这两种理解大体上相当于德沃金的"感觉状态"与"相对成功"的理解[②]和阿玛蒂亚·森的"幸福"（happiness）与"欲望满足"的理解。[③]

科恩说，在罗尔斯的著作中可以发现对幸福平等的两种反对意见，一种是对他理解的"享乐的幸福"的反对意见，他把其称为对冒犯性嗜好的批评，另一种是对他理解的"偏好满足的幸福"的反对意见，他把其称为对昂贵性嗜好的批评。罗尔斯对冒犯性嗜好的批评讲的是，幸福平等主义的幸福尺度错误地把在道德上具有不同特征的快乐与偏好相提并论。例如，它把支配性快乐等同于单纯消遣的快乐，尽管这两者在强度上是相同的。然而，一个人在歧视他人或使他人自由减少时获得的快乐，不应当在正义的计算中与其他偏好满足同等对待，[④]从正义的观点来看，这样的快乐应受到谴责。对昂贵性嗜好的批评出现在罗尔斯

[①] 葛四友在其编译的《运气均等主义》（江苏人民出版社 2006 年版）、吕增奎在其编译的《马克思与诺齐克之间》（江苏人民出版社 2007 年版）、韩锐在其论文《正义与平等——当代西方社会正义理论综述》（载《开放时代》2010 年第 8 期）和高景柱在其专著《在平等与责任之间》（人民出版社 2011 年版）中，都将 Equality of welfare 中的"welfare"译为"福利"，在我看来，这不准确。因为正如王绍光所指出的，"福利的平等"很容易使人联想到具体福利待遇，如养老金、医疗保险、健康保险等（参见王绍光《安邦之道：国家转型的目标与途径》，生活·读书·新知三联书店 2007 年版，第 210 页），而根据德沃金、阿玛蒂亚·森、科恩等人的理解，"welfare"指的不是外在于人的客观的有益的东西，而是内在于人的主观的良好感受。因此，将其译为"幸福"更准确。

[②] 参见德沃金《至上的美德》，冯克利译，江苏人民出版社 2007 年版，第 21—25、36—39 页。

[③] 参见 Amartya Sen, "well-being, Agency, and Freedom: The Dewey Lectures 1984", *The Journal of Philosophy*, Vol. 82, No. 4, pp. 187ff, 1985.

[④] 参见约翰·罗尔斯《正义论》（修订版），何怀宏、何包钢、廖申白译，中国社会科学出版社 2009 年版，第 24—25 页。

将基本益品（primary goods）[1]作为适宜平等物的语境中："设想两个人，一个人每餐有点牛奶、面包和豆类就可满足，而另一个人没有昂贵的美酒佳肴就会发疯。简言之，一个人没有昂贵的嗜好，另一个人则有。"[2]在其他条件相同的情况下，幸福平等主义者必须为后者提供比前者更高的收入，因为否则前者可得到满足，而后者则会发疯。对此，罗尔斯反驳说："作为道德的人，公民在形成和培育他们的最终目的和偏好中具有某种作用。未使基本益品适应昂贵嗜好，这本身不是反对使用基本益品。此外，人们必定论证，要这样的人为他们的偏好负责并要求他们尽其所能地应对，这即使不是不正当的，也是不合理的。不过，论证这一点似乎预设了，公民的偏好，作为简单发生的倾向和欲望，是超出他们控制的。公民似乎应该被视为欲望的消极载体。然而，基本益品的使用却依赖一种对我们的目的承担责任的能力。"[3]进而言之，由于具有昂贵嗜好的人本来可以做出其他选择，因此，如果他们要求对其昂贵嗜好予以补偿，那其他人就有权坚持让这些人自己承担"他们缺少远见和自律"[4]的代价。

科恩认为，罗尔斯的两个批评虽然驳倒了幸福平等主义，但由此却得不出可以放弃幸福平等，并以他的基本益品取代幸福作为平等物的结论。这是因为，就第一个批评而言，幸福平等主义者可以做出这样的应对，即放弃冒犯性嗜好并转而支持某些非冒犯性的幸福，而罗尔斯的批评并没要求从根本上放弃幸福平等。就第二个批评而言，幸福平等主义者可以做出这样的回答："就人们对他们的嗜好确实负有责任而言，相

---

[1] 关于 primary goods，何怀宏等人将其译为"基本的善"（约翰·罗尔斯《正义论》（修订版），何怀宏、何包钢、廖申白译，中国社会科学出版社 2009 年版，第 48 页），王绍光将其译为"基本物品"（王绍光《安邦之道：国家转型的目标与途径》，生活·读书·新知三联书店 2007 年版，第 211 页），石元康将其译为"基本有用物品"（石元康《罗尔斯》，广西师范大学出版社 2004 年版，第 61 页），刘莘将其译为"基本益品"（威尔·金里卡《当代政治哲学》，刘莘译，上海三联书店 2004 年版，第 103 页）。笔者认为刘莘的译法更准确，故而采用他的译法。

[2] John Rawls, *Collected Papers*, Harvard University Press, 2001, p. 369.

[3] Ibid..

[4] Ibid., p. 370.

关幸福的不足并不要求正义的关注。因而，我们只应补偿那些在某种意义上不是由个人选择造成的幸福不足。我们应当用幸福机会平等取代幸福平等。因昂贵嗜好的反例而采用基本益品的尺度，将绝不会证明是正当的。"① 因此，第二个批评并不像罗尔斯认为的那样，也证明了将基本益品作为平等物是正确的。

关于德沃金对幸福平等的反对意见，科恩没做详细的说明，他只说德沃金完善并拓展了罗尔斯对幸福平等的两个批评，尽管其在对罗尔斯观点的发展中用"资源"②取代了基本益品。科恩还说，就否认幸福平等提供了对平等主义目标的正确理解这一点来讲，他赞同德沃金的观点，但却不同意德沃金的说法，即幸福平等的让位将促使平等主义者反过来接受资源平等。而他之所以不同意这一说法，原因之一是在他看来，德沃金对幸福平等原则的一个主要反对意见——对昂贵性嗜好的批评，可以通过这一原则的一种加以修正的形式，即阿内逊讲的"幸福

---

① G. A. Cohen, *On The Currency of Egalitarian Justice, and Other Essays in Political Philosophy*, Princeton University Press, 2011, p. 11.

② 德沃金对其资源平等主张中"资源"的含义有许多论述，其中最具代表性的一段话是这样讲的："人的命运是由他们的选择和他们的环境决定的。他们的选择反映他们的个性，而个性本身与两个主要因素相关：抱负与性格。我意指的抱负是非常广义的。一个人的抱负包括他的所有嗜好、偏爱和信念，以及他的全部人生计划：他的抱负为他做出这种选择而不是那种选择提供理由或动机。一个人的性格是由这样一些个性特征构成的，它们不为他提供动机，但却影响他对其抱负的追求：这些特征包括他的专心、干劲、勤劳、执着以及现在为长远回报而工作的能力，对于任何人来说，它们既可能是积极的品质，也可能是消极的品质。一个人的环境是由他的人身资源和他的非人身资源构成的，他的人身资源是指他的身心健康状况和能力——他的总体的健康和能力，包括他创造财富的才能，即他生产供别人购买的物品或服务的内在能力。他的非人身资源是指能够从一个人再分配给另一个人的资源——他的财富和由他控制的其他财产，以及在起支配作用的法律制度下为他提供的利用自己财产的机会。"（参见 Ronald Dworkin, *Soveregn Virtue: The Theory and Practice of Equality*, Harvard University Press, 2000, pp. 322 - 323.）这段话表明，"资源"在德沃金那里意指人的环境，由人身资源和非人身资源两部分构成。在冯克利翻译的德沃金的《至上的美德》中，这段话中的"人身的"即"personal"一词被译为"人格的"，与此相应，"非人身的"即"impersonal"一词被译为"非人格的"，这种译法在我看来是不准确的，而且与上下文相矛盾（参见德沃金《至上的美德》，冯克利译，江苏人民出版社 2007 年版，第 343 页）。科恩对德沃金的"资源平等"有这样的补充说明："德沃金的资源在很多方面不同于罗尔斯的基本益品。其中一个方面是它们包括人的智力和体力的能力。"（参见 G. A. Cohen, *On The Currency of Egalitarian Justice, and Other Essays in Political Philosophy*, Princeton University Press, 2011, p. 41.）

机会平等"原则①而化解。"幸福机会平等"与幸福平等不同,它在对幸福平等的背离反映的是相关主体的选择,而不是其缺少幸福的机会时,允许并确实要求这种背离。如果一个人的幸福少是因为他为了增加幸福而自愿地冒着幸福丧失的危险去赌博,那么,依据"幸福机会平等"原则,他没有权利要求补偿。一个浪费了被其他人抓住的幸福机会的人,无权要求补偿。一个因献身一种要求自我克制的理想而选择放弃幸福的人,也无权要求补偿。

然而,科恩并不因"幸福机会平等"可以化解德沃金的批评就赞同这一原则,因为在他看来,"尽管同幸福平等本身相比,幸福机会平等是对平等主义的更好理解,但它还没有好到是对平等主义的正确理解的地步"。② 为此,科恩提出了他的"优势获取平等"(equal access to advantage)主张,而"优势在这里被理解为包括幸福,但比幸福更宽泛"③。

科恩提出"优势获取平等"是基于他对平等主义的这样一种理解,即"它的目的是要消除**非自愿的劣势**"④,而非自愿的劣势是指受害者不能为之负责的劣势,因为它没有恰当地反映受害者已做出的,或正在做出的或将要做出的选择。阿内逊的"幸福机会平等"消除了非自愿的幸福缺乏,而幸福缺乏就是劣势的形式,由此说来,"优势获取平等"回应了人们在幸福机会上的不平等。但优势是一个比幸福更宽泛的概念,任何增加我的幸福的东西在一定程度上都是我的优势,反之则不然。与此相应,劣势比幸福缺乏更宽泛。所以,科恩说,"我赞同的观点,可称之为**优势机会平等**(equal opportunity for advantage),或更可取地,可称之为**优势获取**平等(equal access to advantage),它纠正了幸

---

① Richard Arneson, "Equality and Equal Opportunity for Welfare", *Philosophical Studies*, 1989, Vol. 56, pp. 77 - 93.

② G. A. Cohen, *On The Currency of Egalitarian Justice, and Other Essays in Political Philosophy*, Princeton University Press, 2011, p. 13.

③ Ibid., p. 4. 科恩没有给"优势"下一个明确的定义,原因我在后面会讲到,不过,从他本人相关论述来看,"优势"至少包括幸福、能力和资源。

④ Ibid., p. 13.

福机会平等对之不敏感的那些不平等"。① 那"优势**获取**平等"为什么是一个比"优势**机会**平等"更可取的名称呢？对此，科恩解释说，这是因为，人们通常不会把个人能力方面的不足视为机会的减损。无论你是强壮、聪明还是虚弱、愚钝，你的机会都是相同的：如果你是虚弱、愚钝的人，你可能无法充分利用它们，但这意味着你拥有它们。个人能力方面的不足之所以会引起平等主义者的关注，是因为这些不足减损了对有价值东西的获取，虽然这些不足没有减少得到它们的机会。所以他偏爱"优势**获取**平等"，尽管他对"获取"（access）还需做出"这样一种可能是反常的规定，即把一个人实际拥有的东西视为他获取的某物。"②

二 对"幸福机会平等"和"资源平等"的挑战

在科恩看来，德沃金对"幸福平等"提出的那些与昂贵嗜好相关的反例未能挑战"幸福机会平等"，但德沃金对"幸福平等"提出的那

---

① G. A. Cohen, *On The Currency of Egalitarian Justice, and Other Essays in Political Philosophy*, Princeton University Press, 2011, p. 14.

② G. A. Cohen, *On The Currency of Egalitarian Justice, and Other Essays in Political Philosophy*, Princeton University Press, 2011, p. 14. "equal access to advantage"在葛四友译的《运气均等主义》中被译为"可及利益的平等"（江苏人民出版社 2006 年版，第 119 页），在吕增奎编译的《马克思与诺齐克之间》中被译为"可得利益平等"（江苏人民出版社 2007 年版，第 128 页），我不同意这两种译法。第一，将 access 译为"可及的"或"可得"是不准确的，因为科恩在这里讲得很清楚，即他"把一个人实际拥有的东西视为他获取的某物"。第二，将 advantage 译为"利益"也是不准确的，这从科恩对 advantage 的一段说明就看得很清楚"对于我主张的观点其名称中的'优势'一词，我并不完全满意；我使用这个词只是因为我没能找到一个更好的词。它的不当之处与这样的事实相关：它常常被用来表示竞争性的优势，即**超出**其他人的优势。但在这里，'优势'必须理解为除去了这一含义，一种它并不总具有的含义。某种东西能够增添某人的优势，但他并不因此而处于比其他人更好的境地，或更糟的境地。因此，这个词在这里将在这种非竞争性意义上使用。"（G. A. Cohen, *On The Currency of Egalitarian Justice, and Other Essays in Political Philosophy*, Princeton University Press, 2011, p. 14.）第三，科恩是将"优势"（advantage）与"劣势"（disadvantage）联系起来使用，而葛四友和吕增奎将前者译为"利益"，将后者译为"不利"，这在逻辑上显然是讲不通的。

些涉及残疾的反例，则使超出"幸福机会平等"，并进而走向他主张的更宽泛的"优势获取平等"成为必要。不过，由于德沃金的反例是基于他的"资源平等"的主张，因而也遭到同那些驳倒幸福平等（和幸福机会平等）的反对意见一样强有力的反对意见。为了表明他的这一看法，科恩举了一个双重不幸的残疾人的反例，并相信平等主义者将会因他的双重不幸而给他以两类补偿，其中的第一类补偿构成对幸福平等（和幸福机会平等）的挑战，第二类补偿构成对资源平等的挑战，而这两个挑战可以进一步表明他的"优势获取平等"的含义及其正确性。

这个残疾人的一重不幸是双腿瘫痪，为了能四处移动，他需要一个昂贵的轮椅。科恩说，平等主义者会建议给他一个这样的轮椅，而且他们不是在询问这个人的瘫痪降低了他的幸福水平之后，而是在此之前就倾向这样做。而这意味着，在对残疾人做补偿时，平等主义者不会再去区分由同样的残疾在具有不同（负）效用函数的人们中所导致的不同程度的苦难，因为他们是建议对残疾本身予以补偿，而不是，或不仅仅是对它的有害的后果予以补偿。而这就构成了对幸福平等主义的挑战。因为幸福平等主义只关注对幸福缺乏的补偿，而不关注对资源缺乏的补偿，然而，"只要我们能把对资源缺乏的补偿与对幸福缺乏的补偿区分开来，那前者看来就享有平等主义者的独立的青睐。"[1]

平等主义者对残疾的反应不仅驳倒了幸福平等，而且也驳倒了幸福机会平等。小丁姆[2]不仅实际上是幸福的，而且承蒙上天眷顾还享有获得幸福的大量机会，他无须做什么就能得到许多幸福。但平等主义者不

---

[1] G. A. Cohen, *On The Currency of Egalitarian Justice, and Other Essays in Political Philosophy*, Princeton University Press, 2011, p. 15.

[2] 小丁姆是狄更斯小说《圣诞颂歌》中的一个残疾孩子，书中把他描述为虽然严重残疾，但因受到父母和哥哥、姐姐的关爱而精神快乐和心满意足（参见狄更斯《圣诞颂歌》，汪倜然译，"第三节歌"，上海译文出版社2010年版）。因德沃金在其著作中谈到残疾问题时曾以小丁姆为例，认为他比《圣诞颂歌》一书另一人物，资本家兼吝啬鬼的斯克掳奇更幸福（参见德沃金《至上的美德》，冯克利译，江苏人民出版社2007年版，第55页），故此，科恩在这里沿用了这个例子。

会据此把他从免费轮椅接受者的名单中划掉,因为他们并不认为,轮椅的分配应完全由需要它们的人的幸福机会的要求来决定。残疾人需要它们以拥有充足的资源,无论他们是否需要它们才是幸福的,或才能够是幸福的。当然,这不是说,无论平等主义者面对其他什么要求,他们都总会满足像小丁姆那样的人的需要。人们可以设想,在小丁姆周围还有一些四肢健全但遭受病痛(可治愈的)的人,其幸福水平是如此之低以致他们的需要被认为优先于他。但这里关键的问题却是,小丁姆的大量幸福机会本身不是反对补偿他的残疾的决定性理由,因为平等主义者对残疾的反应不是由残疾在不同人中引起的丧失幸福机会的不同代价所决定的。

这个残疾人的另一重不幸是他的手臂也有病,在他移动它们之后,他手臂的肌肉会疼痛难忍。换句话说,他移动手臂并不困难,但移动后的代价非常大。① 现在有一种药,定时服用它可以止住他移动手臂后产生的疼痛,但这种药非常昂贵,因为它没有任何副作用。科恩说,他相信平等主义者会赞同给这个人免费提供这种药物,即使它的价格像轮椅一样昂贵。然而,这种补偿却不能被看作是对其人身资源的缺乏,即他的健康和能力的缺乏的补偿,而只能看作是对其幸福缺乏的补偿,因为这个人移动手臂并不困难,甚至可以设想其能力也许比大多数人都强。科恩说,他的这一反例从医学上看似乎有些离奇,因为那个人的疼痛是在移动手臂之后,而不是伴随移动手臂而产生的。为此,他又对这一反例略作修改,即这个残疾人的关节疼痛是与移动相伴随的,并假定,移动不仅是疼痛难忍的,而且因此**还是**困难的,或者说,此外**还是**困难

---

① 科恩指出,他这里说的"困难"(difficult)和"代价"(cost)是两个被广泛混为一谈,但在含义上有重要区别的概念。举例来说,对我来讲,给你提供一张500英镑的支票,或告诉你某一泄露它将会毁灭我的秘密,代价是很高的,但不困难;对我来讲,用自行车把你带到希斯罗机场是极其困难的,但它代价不高,因为我喜欢这种挑战,而且我今天无其他事可做。在困难连续体的尽头是**没有可能**,而在代价高的情况中占据这一位置的是**难以承受**。(参见 G. A. Cohen, *On The Currency of Egalitarian Justice, and Other Essays in Political Philosophy*, Princeton University Press, 2011, p. 16。)

的。这里讲的移动的困难，把人身资源缺乏引入所说的情况，但这个例子仍可作为对资源平等的一种挑战。"因为对平等主义者而言，仅仅关注移动的困难而不独立地关注移动引起的疼痛，似乎就是不一以贯之的。因此，在真实的残疾的例子中，就平等主义的补偿而言，就存在一个不能减少的幸福方面。"[①]所以，第二类补偿，即对幸福的补偿，构成了对资源平等的挑战，因为资源平等的主张只关注对资源缺乏的补偿，而不关注对幸福缺乏的补偿。

科恩指出，平等主义者在上述残疾人例子中提出的两类补偿的理由具有某种共同之处，这就是，这个人不能移动他的双腿和他移动手臂时会疼痛，都是他不能为之负责的劣势，而这正是平等主义者补偿他的理由所在。他在这两个方面困境都表现为无法避免的劣势，它们是他不能预先阻止的，也是他现在不能克服的。这里需要强调的是，正确理解的平等主义并不要求对劣势本身进行补偿，毋宁说，它关注的是"非自愿的劣势"，即那些并不反映主体选择的劣势。当不平等（或平等）反映的是优势获取的不平等，而不是优势获取平等条件下的不同选择模式时，人们的优势就是不正义的不平等（或不正义的平等）。实际存在的严重劣势，是优势获取不平等的一个相当可靠的标志，但平等主义者所要求的平等，却不是优势本身的平等，而是基于全面考虑的获取它的平等。因此，在决定正义（相对慈善而言）是否要求再分配时，平等主义者会问，具有劣势的某人是否能够避免它或现在能否克服它。从平等主义者的观点来看，如果他能避免它，他就无权要求补偿。如果他无法避免它，但现在能够克服它，那他可以要求对他克服它的努力予以补助。不过，除非克服它的代价比不克服它而补偿它的代价更高，否则，他不能指望社会对他克服劣势的努力做出补偿。

科恩认为，他的优势获取平等的主张体现了对平等主义的正确理解，尽管他还不能以一种令人满意的系统的方式确切说出什么应被算作

[①] G. A. Cohen, *On The Currency of Egalitarian Justice, and Other Essays in Political Philosophy*, Princeton University Press, 2011, p. 17.

优势，这部分是因为，他思考这个问题的力度还不够，"而且这个问题肯定是规范哲学中最深刻的问题之一"①。但不管怎么讲，资源缺乏和幸福缺乏是不同类别的劣势，而且它们各自又都包含极为不同的子类别：贫困和体弱是非常不同的资源缺乏，沮丧和没实现目的则是非常不同的不幸福。无论幸福的边界和类别会是什么，如果资源平等和幸福平等之间存在差别的话，那没有痛苦无疑是一种幸福形式，而没有残疾，仅就其本身考虑，则不是。在科恩看来，这两种类别的判断是毫无争议的，它们是他"需要用来支持批评德沃金的两个判断，而对德沃金的批评则产生于对非自愿的痛苦情况的反思"②。

三 与德沃金思路的差异

科恩说，根据他对平等主义的理解，无论劣势空间的维度会有多少，平等主义者都可以划分开它的每一维度，并断定一些优势不平等是可以接受的，另一些优势不平等是不可接受的，而他们做出判断的依据是劣势者是否负有责任。然而，在德沃金对平等主义的不同理解中，人们应得到补偿是因其能力的不足，即他们的物质资源和心理、生理能力的不足，而不是因其嗜好和偏爱所造成的不足。人们获得的东西应反映他们想要和寻求的东西的不同，而不应反映他们获得这些东西的能力的不同。可以认为，德沃金的思路与他的思路在两个方面存在差异。

首先，德沃金的思路是"只要求对资源缺乏进行补偿，而不也要求对痛苦和被认为是这样的其他不幸福进行补偿"③。在德沃金的理论

---

① G. A. Cohen, *On The Currency of Egalitarian Justice, and Other Essays in Political Philosophy*, Princeton University Press, 2011, p. 18.
② Ibid..
③ Ibid., p. 19.

中,"对不同人的幸福水平的比较是没有空间的",① 进而言之,满足那些其痛苦并不减少他们的能力的人的需要也没有空间,因为从相关的意义上讲,这种满足反映了一种对他们的幸福如何与其他人的幸福相比较的判断。科恩说,相比之下,他的思路是既给资源劣势以补偿,又给幸福劣势以补偿,但在德沃金的理论中,"幸福平等"以及其他相关的考虑甚至都没有"立足之地"。② 因此,就平等主义的干预的目的而言,德沃金只承认一个劣势的维度。

其次,在单一的资源维度中,"德沃金没有把无责任作为正当补偿的必要条件置于最显著的位置"。③

在德沃金看来,为正义的不平等分配做辩护的不是选择,而是偏好,基于此,他提议给因资源缺乏所导致的能力不足以补偿,而不给昂贵嗜好④以补偿。而科恩则认为,"应给超出一个人的控制的劣势以补偿,这样说来,我们就不应在不幸的资源禀赋和不幸的效用函数之间划一条线"⑤。一个具有无节制的昂贵嗜好的人无权对我们提任何要求,一个其能力的衰弱是因为他轻率地不去发展它们的人,也无权对我们提任何要求。从平等主义的观点来看,一个不负责任地养成昂贵嗜好的人和一个不负责任地失去有益资源的人,在道德上没有什么不同。因此,正确的划分是在责任和坏运气之间,而不是在偏好和资源之间。

---

① Ronald Dworkin, "What is Equality? Part II: Equality of Resources", *Philosophy and Public Affairs*, 1981, Vol. 10, No. 4, p. 335. (参见德沃金《至上的美德》,冯克利译,江苏人民出版社2007年版,第108页。)

② Ronald Dworkin, "What is Equality? Part I: Equality of Welfare", *Philosophy and Public Affairs*, 1981, Vol. 10, No. 3, p. 240. (参见德沃金《至上的美德》,冯克利译,江苏人民出版社2007年版,第54页。)

③ G. A. Cohen, *On The Currency of Egalitarian Justice, and Other Essays in Political Philosophy*, Princeton University Press, 2011, p. 19.

④ 对于昂贵嗜好,科恩还做了这样的补充说明 "根据享乐的幸福的观念,如果使 X 的享乐提升到一定水平需要更多的资源,那 X 的嗜好在某一程度上就比 Y 的嗜好更昂贵。根据偏好满足的幸福的观念,偏好满足的水平替换表征使一种嗜好昂贵的享乐水平。"(参见 G. A. Cohen, *On The Currency of Egalitarian Justice, and Other Essays in Political Philosophy*, Princeton University Press, 2011, p. 20。)

⑤ G. A. Cohen, *On The Currency of Egalitarian Justice, and Other Essays in Political Philosophy*, Princeton University Press, 2011, p. 20.

科恩进而指出，就那些不能视为反映了选择的昂贵嗜好而言，他与德沃金的思路具有不同的政策意义。先看一个不存在政策差异的例子，即德沃金讲的路易斯的例子。[1] 按照德沃金的描述，路易斯需要陈年的红葡萄酒和凤头麦鸡蛋才能达到一般的幸福水平，他不仅无法摆脱他的嗜好，而且是他使自己养成这种嗜好的。科恩说，他和德沃金都会拒绝路易斯的特殊补贴的要求，尽管"拒绝的理由却不相同。德沃金会说：对不起，路易斯，我们平等主义者不资助昂贵嗜好；而我会说：对不起，我们平等主义者不资助人们选择发展的昂贵嗜好"[2]。再看一个存在政策差异的昂贵嗜好的例子。保罗喜欢摄影，弗雷德喜欢钓鱼。由于他们各自的嗜好所需的费用不同，弗雷德可以轻松地追求他的消遣，而保罗却不能承受。结果，保罗的生活失去了许多乐趣。科恩认为，平等主义者应当资助保罗的摄影。但德沃金却不会这样认为，因为根据他的资源平等的嫉妒检验[3]，保罗可以像弗雷德那样轻松地承受钓鱼的费用。对此，科恩指出，保罗的问题在于他厌恶钓鱼，而且可以假定，他无法免除对钓鱼的厌恶——它不适合他的天生的倾向。这样说来，保罗具有的就是一种真正的不由自主的昂贵嗜好，而按照他对平等主义的理解，保罗的摄影是应当得到资助的。

科恩强调，在昂贵嗜好的问题上，他是以它们的持有者是否对它们合理地负有责任来区分它们。有一些昂贵嗜好是其持有者不由自主地形成的，和/或现在无法消除的，相比之下，还有一些昂贵嗜好是其持有者可以掌控的，因为他能预先阻止它们，和/或因为他现在能够放弃它们。当然，这不是说一个有意发展一种昂贵嗜好的人应受到批评，因为

---

[1] 德沃金《至上的美德》，冯克利译，江苏人民出版社2007年版，第44—54页。

[2] G. A. Cohen, *On The Currency of Egalitarian Justice, and Other Essays in Political Philosophy*, Princeton University Press, 2011, p. 20.

[3] 德沃金把"嫉妒检验"作为他的"资源平等"分配的检验标准，对此他有这样两段表述：(1)"一旦分配完成，如果有任何居民宁愿选择别人分到的那份资源而不要自己那份，则资源的分配就是不平等的。"(2)"嫉妒检验通过了——他不想要其他任何人的那一份来换走自己这一份——他宁愿得到在最初较公平的资源分配中自己能够得到的东西。"(参见德沃金《至上的美德》，冯克利译，江苏人民出版社2007年版，第63—64页。)

一个人之所以想要发展一种昂贵嗜好有各种原因，而且他是否这样做了是每个人自己的事。但如果他这样做了，那没有人会为他埋单。"平等主义者有充分的理由不去满足那种有意培养的昂贵嗜好，因而，幸福平等必须被拒绝，但这不意味着反过来应接受资源平等，因为这种学说错误地拒绝补偿非自愿的昂贵嗜好，和它拒绝补偿自愿的昂贵嗜好不是基于正当理由。"①

在德沃金看来，只有资源平等原则才能解释平等主义者为什么不应迁就前边讲过的路易斯的昂贵嗜好。但在对路易斯的冗长讨论中，他却摈弃了平等主义者持有的拒绝路易斯的嗜好的最明显的理由：他"试图有意培养"它。② 正如德沃金所承认的，关键在于"路易斯有选择余地"，他的嗜好不是由绕开他的意志的过程逐步灌输的。③ 德沃金非但没有将路易斯的选择余地这一事实置于突出地位，反而断言，只要我们认为，如果路易斯要求它们，他就是在要求超出他的公平份额的资源（"公平份额"在这里是依据独立于幸福的条款界定的），那他要求的额外资源就可被拒绝。德沃金还争辩说，要为"所说的论证——路易斯不应仅仅因为他选择了更昂贵的生活而获得更多的资源"提供某种不用公平份额的观念或任何类似的观念的说明或解释，那则需要"大智慧"。④ 对此，科恩反驳说，如果我们认为路易斯要求的资源应被拒绝，那我们肯定相信，如果我们将那些资源给他，他将会得到多于他的公平份额的资源，这种想法无疑是正确的，但却是无关紧要的。因为在这里，我们可以用幸福机会平等来规定公平的份额：我们可以说，当它们

---

① G. A. Cohen, *On The Currency of Egalitarian Justice, and Other Essays in Political Philosophy*, Princeton University Press, 2011, p. 21.

② Ronald Dworkin, "What is Equality? Part I: Equality of Welfare", *Philosophy and Public Affairs*, 1981, Vol. 10, No. 3, p. 229. (参见德沃金《至上的美德》，冯克利译，江苏人民出版社2007年版，第44页。)

③ Ibid., p. 237. (参见德沃金《至上的美德》，冯克利译，江苏人民出版社2007年版，第52页。)

④ Ibid., p. 239. (参见德沃金《至上的美德》，冯克利译，江苏人民出版社2007年版，第53页。)

使幸福机会平等时,份额就是公平的。因此,说只要我们走向资源平等,走向德沃金的特殊意义上的公平份额,我们就能解释平等主义者为什么不同情路易斯,都是错误的,而且也几乎不需要什么智慧就能表明这一点。

科恩接着指出,虽然幸福机会平等的倡导者可以容易地应对路易斯的情况,但却难以应对德沃金讲的朱迪的情况,[1] 而"朱迪的情况反映出优势获取平等比资源平等和幸福机会平等更可信"[2]。朱迪的情况是德沃金在批判幸福平等时举的一个例子。按照德沃金的描述,朱迪具有可称为"低廉的昂贵嗜好"。说它们是低廉的就在于,他只需要较少的资源就可达到与其他人同样的幸福水平。说它们是昂贵的却在于,如果他没有培养那些比他开始具有的嗜好更昂贵的嗜好,他还可以用更少的资源达到那种幸福水平。说得具体一点就是,朱迪开始具有的是非常普通的欲望,但后来他读了海明威的书,并培养出观看斗牛的欲望,而一旦他有了这种欲望,那同以前相比,他就需要更多的钱才能达到一种平均的幸福水平,尽管此时他需要的钱仍比其他人需的钱少。面对朱迪的情况,信奉幸福机会平等的人会坚持认为,必须使朱迪维持原有的廉价嗜好,因为他无须成为斗牛的爱好者(可以合理地假设,他本有机会可以不大的代价,阻止他培养那种嗜好的欲望)。信奉德沃金式的资源平等的人则会无视朱迪的嗜好以及它们的历史,并认为就所说的情况而言,找不到给他的收入少于任何其他人的理由。科恩则"拒绝这两种看法"。[3] 对于信奉幸福机会平等的人,科恩指出,就朱迪得到他去西班牙旅行所需的资金而言,这没有什么明显的不正义,因为他那时拥有的资源仍比其他人少,而只拥有与其他人同样的幸福,所以,基于优势

---

[1] Ronald Dworkin, "What is Equality? Part I: Equality of Welfare", *Philosophy and Public Affairs*, 1981, Vol. 10, No. 3, pp. 229–240. (参见德沃金《至上的美德》,冯克利译,江苏人民出版社2007年版,第53—54页。)

[2] G. A. Cohen, *On The Currency of Egalitarian Justice, and Other Essays in Political Philosophy*, Princeton University Press, 2011, p. 22.

[3] Ibid., p. 23.

获取平等可以说并没有多付钱给他。对于信奉资源平等的人，科恩指出，因为朱迪幸运地具有从资源获得幸福的高超的能力，因此，要求他同意减少一些正常的资源津贴似乎不是不合理的。总之，与德沃金的理论和阿内逊的理论不同，他的优势获取平等的主张解释了，"为什么明显的资源提供较低和明显的'幸福提供较低'（尽管分别对应的是适当的幸福水平和适当的资源束）看起来都是错误的"[1]。

四 关于"残障"

在德沃金有关昂贵嗜好的论述中，有一些昂贵嗜好被看作"困扰"或"渴望"，而出于分配正义的目的，他打算将它们等同于资源不足。这种嗜好指的是它的拥有者"希望他不拥有的嗜好，因为它干扰了他在生活中想做的事情，而且如果它得不到满足，还会使他沮丧甚至痛苦"[2]。德沃金的结论是，这些嗜好是"残障"，而由于资源平等是针对残障的再分配，因此，这种再分配想必也将适用于所讲的这些嗜好。对此，科恩指出，德沃金对它们的描述（至少）赋予"残障"的嗜好以两个特征，但他没有说是哪一个特征使它们成为残障，或使它们的拥有者有权要求补偿。一个特征是这个人希望他不拥有它，另一个特征是他希望不拥有它的理由是它可能导致他的沮丧和痛苦。对于德沃金来讲，后一个特征是难以利用的。这是因为，不由自主地造成的沮丧和痛苦确实应得到补偿，但这一思想反映的是平等主义者对人们的幸福的敏感，而不是对他们的资源状况的敏感。既然德沃金为之辩护的再分配是对残障即人身资源不足的反应，而不是对幸福不足的反应，那他就不能因为

---

[1] G. A. Cohen, *On The Currency of Egalitarian Justice, and Other Essays in Political Philosophy*, Princeton University Press, 2011, p. 23.

[2] Ronald Dworkin, "What is Equality? Part II: Equality of Resources", *Philosophy and Public Affairs*, 1981, Vol. 10, No. 4, p. 302. （参见德沃金《至上的美德》，冯克利译，江苏人民出版社2007年版，第78—79页。）

一种嗜好带来痛苦而将其归为残障。

科恩说,这些嗜好的决定性特征,也许是拥有这些嗜好的个人"希望他不拥有"它们。进而言之,由于他不认同它们,因此,它们不是他的人身的不可分割的方面,而更像是他的不幸的外在境遇。它们不构成他的抱负(在德沃金使用这个词的特殊意义上)[1]的任何组成部分,这就是为什么资源平等可以把它们看作残障的理由。而且,这确实也是德沃金的主张:当且仅当拥有这些嗜好的个人确实不认同它们,它们才表现为困扰,当且仅当表现为困扰时,它们才是(有正当理由获得补贴的)残障。简言之,个人同他的嗜好的疏离使其成为一种困扰,并因而允许我们将其视为残障。对于德沃金的这一看法,科恩提出了四点不同意见。

第一,德沃金为"残障"的辩护是相对这样一种情况而言,即一些受渴望控制的人太缺少反思,以致无法形成断绝一偏好的第二级的偏好,即无法形成"希望他不拥有"那些嗜好的想法。但只因为这些人缺少反思,就拒绝给他们那种被扩展到其他人的帮助,似乎是不公平的。因此,这种错误识别的准则没有覆盖所有值得补偿的渴望。

第二,并非所有阻碍个人生活并因此引出补偿理由的嗜好,都可归作"困扰",或归作其拥有者经过深度反思将会拒绝的嗜好。一个对"难以得到的音乐作品"拥有不幸嗜好的人,[2] 很有可能不会不认同他对这种音乐作品的渴望。他有一种理由后悔他对这种音乐作品的偏好,因为它引起他的沮丧,但这不是一个希望他不拥有它的令人信服的理由。他最有可能后悔的,不是(像德沃金规定的那样)他对这种音乐作品的偏好本身,而是满足它的不可能或代价。他的嗜好是不由自主的和不幸的,但它可能不是一种"困扰"或"渴望"。进而言之,一个具

---

[1] 关于抱负的含义,参见本书181页注释②。

[2] 这个例子引自德沃金本人的论述。(参见 Ronald Dworkin, "What is Equality? Part II: Equality of Resources", *Philosophy and Public Affairs*, 1981, Vol. 10, No. 4, p. 302; 或参见德沃金《至上的美德》,冯克利译,江苏人民出版社2007年版,第79页。)

有代表性的不富裕的昂贵音乐作品嗜好的拥有者把它视为一种坏运气，不是因为他拥有这一嗜好本身，而是因为它碰巧是昂贵的。他也许会说，在一个完美的世界中，他将会选择拥有他现在的昂贵音乐作品的嗜好，但他还将会选择它是在它不是昂贵的情况下。他能对这一嗜好承担责任，因为他的人格就是这样，并同时合理地否认与需要大量资源去满足它的责任有关。

第三，与上面讲的那个更具代表性的人相比，根据假定，德沃金说的那个音乐作品的渴望者虽不愿拥有他的不幸的偏好，但他却继续拥有它。这恰好表明，他是不由自主地拥有它，而这反过来会使人隐约感到，"正是它的非选择的和不受控制的特征，而不是它的非偏好的特征，使得对它的补偿是适宜的"。① 假如德沃金后来了解到，他讲的那个音乐作品的渴望者曾被一个睿智的老师告诫过不要培养对那种音乐作品的特殊兴趣，因为这将会让他沮丧，那德沃金对他的态度将不会少些关心吗？

第四，假设不存在这样的告诫，我们的不幸者无知地染上他的昂贵的嗜好，而我们现在免费提供给他一种并不昂贵且不使人反感的治疗，以训练他摆脱这种嗜好。如果他同意这种免费治疗，那平等的原则认为他应得到它，而无论他是以真挚的信念，还是相反，以反映某种程度误认的后悔告别他的嗜好。这表明，"认同与不认同对平等主义的正义之所以重要，只是因为它们标示着选择的存在与不存在"②。

以上是科恩在"论平等主义正义的通货"一文中对其"优势获取平等"主张的相关论述及其对德沃金的"资源平等"主张的一些批评。在我看来，在"什么的平等"这一问题上，科恩的"优势获取平等"是对前人的研究成果的进一步超越。这表现在：第一，他的"优势获取平等"中的"优势"，突破了罗尔斯的"基本益品"、德沃金的"资

---

① G. A. Cohen, *On The Currency of Egalitarian Justice, and Other Essays in Political Philosophy*, Princeton University Press, 2011, p. 25.
② Ibid..

源"和阿内逊的"幸福机会"各自的局限性,扩大了平等物的范围;第二,他的"优势获取平等"中的"获取",突破了传统平等主义理论所倡导"机会"的局限,推进了由形式平等到实质平等的转变;第三,他的"优势获取平等"立足于消除非自愿的劣势,深化了西方政治哲学领域对运气平等主义的研究。当然,就像科恩自己讲的那样,他的"优势获取平等"的主张本身还不成熟,还有很多需要进一步解决的难题,但这并不影响它的巨大的学术价值,也正因为如此,《论平等主义正义的通货》一文成为"科恩的最著名和被最广泛引用的论文"。[1]

---

[1] G. A. Cohen, *On The Currency of Egalitarian Justice, and Other Essays in Political Philosophy*, Princeton University Press, 2011, p. viii.

第十二章

能力本身不是平等主义者应当关注的恰当问题

一个实现了一场革命的思想家常会错误地描述他自己的成就,而我将要论证的是,在一定程度上,森的做法就是一个恰当的案例。他在两个互不相交的方向上偏离了罗尔斯和其他人的观点。如果说罗尔斯和幸福主义者关注的是个人在幸福或益品上得到什么,那森关注的是他在幸福和益品(营养来自益品的供应,而它产生幸福)之间的空间中得到什么,但森还强调个人**能**得到什么而不(仅是)他**得到**什么。森对他自己的成就的错误描述就在于,他用"能力"这个词去描述他在两个方向的改变,因此,他的定位,正如他所讲的,因其模棱两可而蒙受损害。[1]

在当代西方政治哲学领域,阿玛蒂亚·森同样是一个具有重大学术影响的人物[2],这不仅因为他在罗尔斯的《正义论》出版之后率先明确提出"什么的平等"这一对平等主义具有重要意义的问题,而且还因

---

[1] G. A. Cohen, *On The Currency of Egalitarian Justice, and Other Essays in Political Philosophy*, Princeton University Press, 2011, p. 45.

[2] 阿玛蒂亚·森曾因在福利经济学上的贡献而获得1998年诺贝尔经济学奖,因而在经济学领域的影响无疑更大。

为他在回答这一问题时，提出了一种与罗尔斯的"基本益品平等"和当时流行的"幸福平等"或"幸福机会平等"等主张迥然不同的"能力平等"的主张，继而引发了一场关于何为"平等物"（equalisandum）的争论。科恩十分重视森的"能力平等"的主张，在其两篇著名的论文，即前边讲过的《论平等主义的通货》和另一篇题为《什么的平等？论幸福、益品和能力》的论文中，他一方面对森的这一主张予以高度评价，另一方面又对森在能力概念误用提出尖锐批评，并对自己的"优势获取平等"主张做了进一步的说明。

一 "中间状态"

科恩指出，对森提出的"什么的平等"这一问题的讨论，可以说是从1971年出版的罗尔斯的《正义论》开始的。在此之前，西方政治哲学一直为功利主义所主宰，这一理论认为，合理的社会政策之目的就在于幸福的最大化。罗尔斯在《正义论》中指出，功利主义在两个方面让人难以接受：一是它的总计的特征，即它只关注大多数人的幸福总量，而不关注幸福分配的模式，而这意味着其分配中的不平等并不需要辩护；二是它的假设——评价个人状况的规范性尺度是幸福。罗尔斯用平等取代了总计，用"基本益品"取代了幸福，并针对当时流行的幸福平等的主张——正义的分配只不过是个人幸福的某种函数，提出了他的以基本益品为平等物的分配正义理论。在科恩看来，罗尔斯对功利主义和幸福平等的主张的批评是有力的，但他以对基本善品的关注取代对幸福的关注的论证却不令人信服，因为他没有考虑作为幸福平等替代物的幸福机会平等的主张[1]，而且他实际上认可幸福机会平等是对被拒斥的幸福平等的补救。

---

[1] 参见 Richard Arneson, "Equality and Equal Opportunity for Welfare", *Philosophical Studies* 56 (1989), pp. 77–93。

同罗尔斯一样,森也反对幸福平等的主张,并进而反对幸福机会平等的主张。但与罗尔斯不同,森要求平等主义者关注某种类似机会的东西(他称之为"能力"),这种东西不是幸福,而是人们应当拥有的获得它的机会。作为一种替代,森提请人们关注个人的状况(例如,他的营养水平),一种介于个人拥有益品之后和拥有幸福之前的状况,这种状况既不表现为个人的益品存量(例如,他的食品供应),也不表现为个人的幸福水平(例如,他从食品消费中获得的愉悦或欲望的满足),而只表现为一种获得幸福的能力。这就超越了罗尔斯,同时也超越了幸福平等主义者和幸福机会平等主义者。因为罗尔斯关注的是个人在益品上获得什么,幸福平等主义者和幸福机会平等主义者关注的是个人在幸福上获得到什么,而森关注的则是个人在益品和幸福之间的空间(例如,个人的营养水平,它来自食品供应,但又产生幸福)中获得什么。不难看出,在"什么的平等"这一问题上,森对提出了两个令人耳目一新的见解:一是从关注获得益品或幸福的实际状态到关注获得幸福的机会,二是从关注益品或幸福到关注他称之为"能力"的东西。对此,科恩做了高度的评价:"森对他自己的问题的回答,是对这一主题的当代反思的一大飞跃。"[1]

在科恩看来,森对罗尔斯把基本益品作为平等尺度的反驳虽然简单,但十分有力。森在反驳中指出,对于满足同样的需要,身体素质不同和处境不同的人需要不同数量的益品,因此,"仅仅依据基本益品判断有利条件将导致部分的道德盲目性"。[2] 森还强调,这种"拜物教的缺陷"是关注益品本身,而不考虑益品"能对人们做什么"。[3] 换句话说,"人们从益品中得到什么取决于多种因素,只依据个人拥有益品和服务的多少来判断个人的有利条件,是极易误导人的,……把注意力从

---

[1] G. A. Cohen, *On The Currency of Egalitarian Justice, and Other Essays in Political Philosophy*, Princeton University Press, 2011, p. 45.

[2] Amartya Sen, "Equality of What?" In Sterling McMurrin, ed. *The Tanner Lectures on Hunan Values*, Vol. 1, Cambridge University Press, 2011, p. 216.

[3] Ibid., p. 218.

益品本身转到益品能对人们做什么来看是有道理的"①。由此说来，平等主义者不会赞同对一个四肢健全的人和一个瘫痪的人提供同样的益品，因为后者需要更多的资源才能行动方便，而益品的尺度对于这种迫切所需的东西是无识别能力的。②

森对幸福平等主义者和幸福机会平等主义者以幸福尺度替代基本益品尺度的反驳也很有力。他以贫困残疾人为例指出，平等主义者对他的困境的反应，不是由他遭受的幸福不足的判断来决定的。他也许对此并不感到痛苦，"因为他具有一种快乐的性格。或者因为他具有低水平的愿望，每当他看到天上的彩虹就会激动不已"③。因此，尽管幸福平等主义者和幸福机会平等主义者都摒弃了仅仅强调益品的拜物教倾向——只关注益品本身而忽略益品对人能做什么，但他们关于人们能从益品获得什么的见解却过于狭窄，因为他们关注的"不是这个人的能力，而是他的内心反应"④，例如，不是一个人从食物中获得多少营养，而是他从这种营养中获得多少效用，而效用则是内心反应或态度的问题。然而，如果只是由于一个人可以调整他对其状况的期望，那由此而产生的精神反应对于政策的制定就不是适合的指导。一个人学会了在逆境中生存并能勇于微笑面对它这一事实，不应使他的补偿要求无效。例如，对于某个在严重不利条件下劳动的人来讲，他的高幸福分值不是不帮助他的决定性理由。他的平静说到底也许反映了他的令人钦佩和值得奖励的努力，即克服对不幸境遇的自然反应的努力，然而，即使这个人生来就幸运地具有超出常人的快乐的性格以至于他根本不需要这种努力，补偿他的要求仍具有直觉的力量。

森是通过反思他在 1979 年的坦纳讲座中给出的那些评价良好状态

---

① Amartya Sen, *Choice, Welfare and Measurement*, Oxford: Blackwell, 1982, pp. 29 - 30.
② 参见 Amartya Sen, Equality of What? In Sterling McMurrin, ed. *The Tanner Lectures on Hunan Values*, Vol. 1, Cambridge University Press, 2011, p. 218。
③ Ibid., p. 217.
④ Ibid., p. 218.

(well-being)① 的主要候选对象——效用、幸福，或罗尔斯的基本益品，而得出他称之为"能力"的东西的。在森那里，"能力"被视为良好状态的尺度，它衡量处于基本益品和效用**之间**的某种情况——"一种在以前的文献中令人吃惊地在很大程度上被忽略的情况"。② 科恩把这种情况称为"'中间状态'（midfare）③，因为它处于益品和效用的中间，是由益品引起的个人状态构成的，借助这种状态，效用水平获得它们的价值。它在'拥有益品'之后和'拥有效用'之前"。④ 科恩指出，从平等主义的观点来看，益品—中间状态—效用这一序列的两端，似乎都是评价一个人处境的正确的着眼点。罗尔斯主义者关注这一序列的起点，幸福主义者则关注它的终点。幸福主义者认为，罗尔斯主义者的尺度太客观，它对个人之间存在差异的事实几乎没做任何考虑。罗尔斯主义者则认为，幸福主义者的尺度太主观，它对个人之间存在差异这类事实考虑的太多。而就他们的理由来看，中间状态的得分无疑都高于益品和效用。倘若他们双方都有理由选择中间状态的维度而不选择其对立面的维度，'那中间状态没被揭示出来就令人奇怪了，而森的重新定位的提议因此就是意义深远的和解放性的，尽管它非常简单"⑤。

---

① 龚群在其译文《什么的平等？论福利、善和能力》（载《生活质量》，社会科学文献出版社 2008 年版）中，将"well-being"译为"福祉"或"福利"（参见《生活质量》，第 21 页），这种译法是值得商榷的，因为它既没有准确表达森的思想，也没能将"well-being"与"welfare"（他有时将其译为"福利"，有时将其译为"幸福"）区别开来。

② G. A. Cohen, *On The Currency of Egalitarian Justice, and Other Essays in Political Philosophy*, Princeton University Press, 2011, p. 48.

③ 国内学者对 midfare 一词有两种译法。龚群在其译文《什么的平等？论福利、善和能力》（载《生活质量》，社会科学文献出版社 2008 年版）中将其译为"中介性好"，高景柱在其论文《超越平等的资源主义与福利主义分析路径——基于阿玛蒂亚·森的可行能力平等的分析》（载《人文杂志》2013 年第 1 期）中将其译为"中间福利"。笔者认为，这两种译法都未能准确地反映科恩使用 midfare 一词所意指的东西。

④ G. A. Cohen, *On The Currency of Egalitarian Justice, and Other Essays in Political Philosophy*, Princeton University Press, 2011, p. 48.

⑤ Ibid., p. 49.

二 森对"能力"概念的误用

科恩说,一个实现了一场革命的思想家常会错误地描述自己的成就,而森的情况就是这样。前边表明,森在"什么的平等"这一问题上的贡献,集中体现在他强调平等主义者必须将注意力由益品给予人们的效用转向它们对(或为)人们做了什么,即他对基本益品与效用之间的"中间状态"的定位上。但森却把这种"中间状态"称为"能力",认为"在所有这一框架中缺少的是某种'基本能力',即一个人能做某些基本的事情的概念"[1],而这正是他对其成就做出错误描述的主要体现。因为益品对人们所做的一切不都是给予他们能力,即给他们提供做事情的能力,此外,这也不是益品对人们做的唯一重要的事情,或者说,从平等主义的观点看,这是益品对人们做到一种有重要影响的事情。进而言之,森实际上是把个人**能**从益品得到什么和他从益品**得到**什么这两个评价个人状况的不同维度归在一个单一的名称"能力"之下。评估个人状况的这两个维度无疑都应该引起平等主义者的关注,但它们中只有前者可称为"能力",而森却把后者也说成是"能力"。

科恩非常赞同森的平等主义者的注意力必须转向的论证,但认为这种转向并不等于将注意力聚焦于人们的能力,因为人们的能力及对能力的运用只构成中间状态的一部分。前边表明,中间状态是由益品引起的个人状态构成的,而益品可为人们做三类事:(1)益品给予人们严格意义上的做事情的能力,而人们可以运用它们,也可以不运用它们;(2)通过人们对这些能力的运用,益品促成有价值活动的展现**和**合意状态的实现;(3)益品直接导致更多的合意状态,而它们的受益者却

---

[1] Amartya Sen, Equality of What? In Sterling McMurrin, ed. *The Tanner Lectures on Hunan Values*, Vol. 1, Cambridge University Press, 2011, p. 218.

无须运用任何能力（严格意义上讲的）①。就此而言，中间状态是一种异质性的组合，能力只是它的一部分，而非全部。进而言之，益品对人们做什么，既不等同人们能用它们做什么，也不等同人们实际上用它们做什么，而且也不等同于这两者的全部或部分的结合。当然，一个人必须用益品做某事（使用它、穿戴它、进入它等）才能由它获益，但这种情况并非总是真实的，而且，即使是真实的，人们也必须区分开益品**为**这个人做了什么和他**用**它做了什么。

科恩还以那个一直困扰森的食物的例子，对他自己的意见做了进一步的说明。食物对于人们做的主要的益事，是给他们提供营养。当然，最一般的情况是，通过营养或喂养他们自己，即通过运用营养他们自己的能力（这是对食物的所有权给予他们的），人们得到营养。但是，食物给一个人以营养自己的能力这一事实，与它能够使他得到营养的事实，是不同的事实。说食物能使他得到营养，是说它使他可能得到营养，而他本人实现这种可能则是进一步的事实，而且通常是较不重要的事实。

为了把中间状态和能力（严格意义的）的区别讲得更清楚，科恩又举了一个婴儿的例子。婴儿不是通过运用能力来维持自己的生命，因而也谈不上运用能力而使益品产生某些效用。就这一点而言，说益品产生效用而别的东西不值一提是不正确的。当把食物分配给一个婴儿或一个成人消费时，二者都可能得到营养。但只有成人能够营养自己这一事实，并不意味着只是他得到了中间状态，因为婴儿也能得到它。可见，作为益品的产物并转而产生效用的中间状态，在外延上是与能力不同的，所以，"能力"对于中间状态是一个糟糕的名称。科恩说，也许有人认为，食物的例子还不够有说服力，因为婴儿会吮吸和咀嚼，那就考虑一下衣服的例子。当一个婴儿的父母给他穿衣从而把御寒和护体的中间状态给予他时，他这方面的合作是不需要的。或者考虑一下医院输液

---

① 例如杀死传染疟疾的昆虫的益品。

瓶中的营养液提供的中间状态，它对于婴儿和成人是一样的。或再考虑一下阳光，它对婴儿和成人也是一样的。在这些例子中，并不存在受益者能力的相关运用，但却存在中间状态所讲的重要益处。因此，能力概念对于把握森意欲定位的中间状态是不充分的。

森对其成就的错误描述还表现在他对"功能"概念的模棱两可的使用上。在森的论述中，具有能力就是能够完成他所说的"功能"(functioning) 范围内的东西。但森在不同时候对功能的描述是不同的。有时，为了与"功能"概念的通常含义相一致，并与森对作为"**能做某些基本的事情**"[1] 的能力的最初释义相符合，功能被定义为活动，即一个人做的某事，用森本人的话讲就是，"'功能'是个人用物品成功**做**的事情……在他或她的控制下"[2]。森提出的这样的问题，"他们能读和写吗？他们能参与共同体的生活吗？"，就是在这一概念为人们熟悉的意义上询问人们的功能。但在其他时候，功能却不是以活动，而是以个人的所有令人满意的状况来定义的。因而，"营养良好"，"没患疟疾"和"免除可避免的疾病"都被森作为功能的例子，尽管因为不是活动，它们并不是功能这一概念通常意指的东西。森在一个地方说，"功能是……个人的特征；它们告诉我们一个人在做什么"[3]，这种把"功能"的宽泛的定义和狭窄的定义置于分号两边的做法显然是有问题的，因为并非所有个人的特征和森希望包含的所有个人特征，都是个人在做的事情。与读和写不同，没患疟疾就不是一个人做的某事。在另一个地方，森还给出了"功能"的更宽泛的定义，在这一定义下，"它们告诉我们一个人正在做什么或在实现什么"[4]，并告诉我们没患疟疾确

---

[1] Amartya Sen, Equality of What? In Sterling McMurrin, ed. *The Tanner Lectures on Hunan Values*, Vol.1, Cambridge University Press, 2011, p.218. 黑体字标示是科恩加的。

[2] Amartya Sen, *Commodities and Capabilities*, Amsterdam: North – Holland, 1985, p.10.

[3] Amartya Sen, Rights and Capabilities, in *Resources, Values and Development*, Oxford, Blackwell, 1984, p.317.

[4] Amartya Sen, The living Standard., Oxford Economic Papers, Supplementary volume. 36 (1984), p.84.

实是一个人可能实现的某事。

　　森本人注意到，没患疟疾完全可能归因于"预防流行病的公共政策"。① 可他没注意到，他随后不适当地把这解读为个人因运用某种能力而实现的事。然而，森无疑不想把外在地获得的免患疟疾从一个人如何"做"的列表中排除出去，"而这证明他对提升中间状态形式的关注，不是来自他对提升能力本身的要求的关注"②。实际上，人们还可以进而推论：森最想引起我们关注的人们生活中的缺乏，是中间状态的缺乏而不是严格意义上的能力的缺乏，而这种缺乏的缓解并不总是需要通过增强受害者的能力来解决的。因此可以说，森更为关注的是那些"饮食糟糕、营养不良、无处安身和身患疾病的"③ 人们，他们缺乏"基本的衣物和栖息安身的能力，等等"④。一个人能住在房子里与能有自己的住房不是一回事。只有对益品拥有权利，人们的合意状态才有可能，尽管他们实现这些可能一般是通过运用其能力。但是，就森最担忧的缺乏而言，要紧的却是可能，而相关的能力只是派生的问题。

　　总之，尽管森脱开益品引起的精神反映而关注它们为人们做了什么的定位具有开创性和启发性，但当他以能力或功能来描述他所关注的对象时，后者却被不必要地收窄了。当中间状态被理解为它做了"益品为人们做的"一切时，它就既不能被等同于能力或功能，也不能被看成是这两者，除非是混乱地引申这两个概念的含义。

三　自由与能力

　　森为什么使用能力和功能这样的概念来表达与它们不完全适合的主

---

① Amartya Sen, *Commodities and Capabilities*, Amsterdam, North-Holland, 1985, p. 16.
② G. A. Cohen, *On The Currency of Egalitarian Justice, and Other Essays in Political Philosophy*, Princeton University Press, 2011, p. 52.
③ Ibid., p. 21.
④ Ibid., p. 73.

张? 在科恩看来,这是因为除了中间状态之外,森还考虑到某种东西——自由,和他错误地认为,关注一个人的中间状态——除效用以外他从益品得到什么,就是关注他在这个世界上拥有多少自由。把所有合意状态都错误地描述为能力运用的结果,和把所有合意状态都描述为活动的倾向,反映了森对自由的关注,这不同于他对从益品和效用到中间状态转变的关注,但他对此却没作出清楚的区分。

根据森的说法,"能力范畴是反映自由行事理念的自然的候选者"①,因为"实现功能的能力反映了一个人能做什么"②。因此,"能力的概念是'自由'一类的概念"③,一个人可及的功能矢量决定他的"良好状态的自由"④。这些说法对于严格意义上的能力也许是正确的,但对于森用来表示善品和效用之间的整个中间状态的"能力"这一术语来讲,则是不正确的,因为后者涵盖了很多与自由无关的东西。森在"能力"概念使用上的含混不清与在"自由"概念使用上的含混不清是相匹配的。他在提交给 1988 年 7 月在赫尔辛基世界经济发展研究院 (World Institute for Development Economics Research) 举行的会议的一篇论文——《能力与良好状态》中说,"能力反映一个人在不同的生活方式之间做选择的自由"⑤。这一表述或多或少地把能力等同于自由选择(在多大程度上做到这一点取决于"反映"在这里的含义)。与对能力的这一特征描述相一致,是森对富有的戒斋者的描述,这个人"有得到很好的营养的能力,但选择了不这样做"⑥。然而,在别的地方,某种与选择吃与不吃的自由非常不同的情况,即免于饥饿,也被他说成是

---

① Amartya Sen, Rights and Capabilities, in *Resources, Values and Development*, Oxford, Blackwell, 1984, p. 316.
② Ibid., p. 317.
③ Amartya Sen, *Commodities and Capabilities*, Amsterdam, North - Holland, 1985, p. 14.
④ Amartya Sen, Well - being, Agency and Freedom: The Dewey Lectures 1984, *Journal of Philosophy* 82 (1985) p. 201.
⑤ G. A. Cohen, *On The Currency of Egalitarian Justice, and Other Essays in Political Philosophy*, Princeton University Press, 2011, p. 55.
⑥ Ibid..

"能力"①。然而，免于饥饿实际上是一种营养良好的状态，它不是富有的戒斋者拥有的那种选择的能力，而是他选择不去拥有的能力。与选择吃与不吃的自由不同，免于饥饿本质上不是**做**任何事的自由。尽管森谈到了**运用**诸如免于饥饿和疟疾之类的"能力"，但它们不是**被运用**的自由。森将"能力"这一术语既用于**避开**发病的自由**又**用于**免于**发病表明，他试图把他关注的极为不同的问题归在"能力"这一单一的名目下，从而导致他对"自由"这一术语的模棱两可的使用。进而言之，平等主义者关注既不是益品也不是效用的中间状态是基于两种想法，一是拥有益品和拥有效用都不是唯一重要的实际状态，还存在值得追求的其他实际状态；二是重要的不仅是实际状态，而且还包括主体能够实现的状态的范围。森试图以自由来表达这两点想法，但它只适合表达第二点，这就导致了他在表述上的显而易见的混乱。

科恩说，他之所以要批评森对其定位的错误表述，是因为能力本身不是平等主义者应当关注的恰当问题。为了表明这一点，他进而又对他主张的"优势获取平等"做了简要的说明。

"优势获取平等"中的"优势"，就如同森讲的广义的"功能"，是指一种人值得拥有的状态的异质群集，它既不能化约为他的资源束，也不能化约为他的幸福水平。"优势获取平等"中的"获取"这个词虽然具有它通常的含义，即通过个人运用能力而得到，但它还被赋予一种被扩展了的意思：把一个人实际拥有的任何东西都当作他获取的某种东西，而不管他是如何获取它的，因此，即使他获取它不需通过运用能力也无妨。例如，如果一个人享有免于疟疾之苦的状态是因为其他人已经消灭了引起疟疾的昆虫，那么，这种摆脱疟疾之苦的状态也是一个人获取的某种东西。科恩说，激发他对获取做出这种特殊说明的是这样一种想法：平等主义者必须考虑一个人的那些既不是他导致的，甚至也不是他能导致的状态，按照前边讲的对中间状态的分类，它们属于中间状态

---

① 参见 G. A. Cohen, *On The Currency of Egalitarian Justice, and Other Essays in Political Philosophy*, Princeton University Press, 2011, p. 55。

的第三类,即其受益者无须运用任何能力而由益品直接导致的合意的状态。这种状态的重要性被平等主义者低估了,尽管森本人对其是极为关注的。在"优势获取平等"下,规范的重点不在于能力本身,而在于一个人只要没有错误就不应缺乏迫切所需之物:获取迫切所需之物的能力,是免遭这种缺乏的充分条件,但不是必要条件。可以认为,这种"优势获取平等"的主张对于平等主义者真正形成对健康、营养状态和住房之类东西的关注,比森的"能力平等"的主张要更为适合。进而言之,他的"优势获取平等"的主张是被这样一种观念所激发:存在差别的优势是不正义的,除非它反映的是相关主体真正的选择上(或多少说来能力上)的差异。但这一主张提出的平等不是指真正的选择本身(或能力本身)。激发优势获取平等的观念,甚至不含有实际上存在真正的选择这样一种东西的意思。相反,它含有的意思只是,如果不存在选择这样的东西(假如强决定论是正确的),那所有存在差别的优势都是不正义的。换句话说,他的观点容许这样的可能——真正的选择是一种幻想,这一事实使得它与森的观点的分歧凸显出来。

总之,在科恩看来,森夸大了自由的理念在正确表达平等主义规范中的不可或缺性。当每个人都拥有他所需的东西时,纵然他无须举手之劳就能得到它,不会存在严重的不平等。这样的条件从其他方面讲也许是不幸的,但在平等主义的正义法庭,它是不会受到批评的。

第十三章

当今追求社会主义需要道德辩护

这种注意力①的急剧转变可由西方资本主义社会阶级结构的深刻变化来解释，这些变化引发了以前并不存在的规范性问题，或者更确切地说，以前几乎不具有政治意义的问题。而现在，这些规范性问题具有重大的政治意义。②

马克思主义认为，平等将会通过丰富而提供给我们，但我们却不得不在匮乏的背景下追求平等，因此，我们必须比以前更清醒地认识到我们在追求什么，我们追求它为什么是正当的，和如何才能以制度的形式实现它。这种认识必须支配社会主义经济学家和哲学家未来的努力。③

20世纪90年代以来，随着苏联社会主义制度的最终解体，社会主义的前途命运，特别是在发达资本主义国家的前途命运，日益成为英美

---

① 这里指的是从对社会主义的历史必然性的关注转向对它的道德辩护的关注。参见 G. A. Cohen, *If You're an Egalitarian, How Come You're So Rich?*, Harvard University Press, 2001, pp. 102–105。
② G. A. Cohen, *If You're an Egalitarian, How Come You're So Rich?*, Harvard University Press, 2001, p. 105.
③ Ibid., p. 115.

左翼学者研究的主题。从他们的相关研究成果来看，虽然他们都确信社会主义比资本主义更优越并最终会取代资本主义，但由于对社会主义的实现本身存在不同看法，因而在如何动员人民积极参加反对资本主义和创建社会主义的斗争的问题上形成两种截然不同的意见。一种看法以纽约大学的伯特尔·奥尔曼[①]为代表，他认为社会主义的实现是基于历史的必然性，它是资本主义制度自我否定的结果，它现今就已存在于资本主义社会中并仍在继续发展，当前很多人看不到这一点是因为不懂辩证法，因此，当今的社会主义者应加强对辩证法的宣传。[②] 另一种看法以科恩为代表，他认为社会主义的实现要基于人们的意愿，而社会主义优于资本主义的一个重要方面就在于它更平等，但这一点在传统的马克思主义中却少有论证，因此，当今的社会主义者应更多地从道德方面为社会主义辩护，以激励人们主动投身实现社会主义的事业。在1996年的"吉福德讲座"[③]和1997年出版的《哲学家》杂志冬季号一篇对他的题为"马克思主义的道德理由"的访谈中，科恩对他的这一看法做了较为详细的说明。

一　社会主义的特征是生产资料公有制

什么是社会主义？在这一问题上，科恩与传统的马克思主义者一样，也认为社会主义是一种与资本主义私有制相对立的社会经济制度，

---

① Bertell Ollman，美国纽约大学政治学教授，辩证法的马克思主义的代表人物。
② 参见伯特尔·奥尔曼《辩证法的舞蹈：马克思方法的步骤》，田世锭、何霜梅译，高等教育出版社2006年版。
③ "吉福德讲座"，世界著名的哲学和神学讲座，从1888年起在英国苏格兰境内的爱丁堡大学、格拉斯哥大学、阿伯丁大学和圣安德鲁大学进行至今。这个讲座设立的宗旨是提升宗教研究，使之也能成为一门如同天文学与化学等自然科学一般严密的科学研究，其所反映的精神乃是西方启蒙运动以来高倡"理性"之思维。尽管其宗旨如此，历来受邀主持讲座的学者或思想家之背景，却不以宗教学和神学领域为限。曾在该讲座讲过课的有柏格森、弗雷泽、怀特海、杜威、汤因比、阿伦特、乔姆斯基、艾耶尔、麦金太尔等著名学者。科恩的讲稿经修改后于2000年以《如果你是平等主义者，为何如此富有？》为题由哈佛大学出版社出版。

其特征是生产资料公有制。他在"访谈"中指出:"把一个社会叫作社会主义是指它具有的经济形式,即一种在全体人民中存在的生产性资产的共有制(Shared ownership of productive assets)经济形式,而不是那些资产为个人所有的私有制经济形式。"① 这里需要指出,科恩对社会主义的界定与传统马克思主义的界定略有不同。第一,他没有使用传统马克思主义使用的"生产资料"(the means of production)概念,而使用的是"生产性资产"(productive assets)概念。对此,虽然他没有做出明确的说明,但从他的相关论述来看,他说的"生产性资产"除包含传统马克思主义讲的生产资料以外,还包括生产者的劳动能力。② 第二,他没使用传统马克思主义使用的"公有制"(Public ownership)概念,而使用的是"共有制"(Shared ownership)概念。那什么是"共有制"呢?在谈到"共有制"时科恩有这样一段论述:在需用生产性资产"生产物品的社会存在各种不同的共有制的情况"③,一种情况是通过国家支配那些资产,由国家做出关于使用那些资产的所有决定,这就是人们所说的中央计划的社会主义,这种社会主义已经灾难性地失败了;但社会主义经济还可采取非—中央计划的市场经济的方式,而这种经济也是一种值得称为社会主义的经济,因为在那里用来生产物品的资产是共有的,例如,各种工人的集体所有制的方案。基于市场的社会主义之所以可被称为社会主义,是因为它废止了资本和劳动之间的分离,在市场社会主义中,不存在一个与不拥有资本的劳动者相对立的资本家阶级,因为劳动者本身,即全部人口,拥有企业的资本。可以认为,科恩讲的"共有制"虽然与传统马克思主义讲的"公有制"在表述上略有不同,但这二者之间并不存在本质上的差别。

---

① *The Philosopher's Magazine*, Winter, 1997, p. 38.
② 参见 G. A. 科恩《卡尔·马克思的历史理论——一种辩护》,段忠桥译,高等教育出版社 2008 年版,第 55、58—63 页。
③ *The Philosopher's Magazine*/Winter, 1997, p. 38.

在科恩看来，什么是社会主义与为什么想要社会主义是两个完全不同的问题。对前者的回答是一种事实判断，对后者的回答则是一种价值判断。科恩说，我们社会主义者想要社会主义的主要理由是，社会主义将为人们带来相当平等的生活前景，而这在资本主义下是不可能的。资本主义意味着私有制，这种私有制在任何所知的资本主义社会中不仅产生出生活方面的巨大差异，而且还产生出处在不平等的弱势一方的人们的贫困。我们社会主义者想要共有制是因为，这样我们就能建立平等的报酬形式，此外还因为集体的生产活动与生产性资产的私有完全不适应。

为了表明社会主义的公有制优于资本主义的私有制，科恩还别出心裁，提出一种看似简单平常，但却很有说服力的证明：设想我们十多个人进行野营旅行，我们带有用来实现我们计划的用品，例如，锅和盘子、食油、咖啡、钓鱼竿、小划艇、足球、纸牌，等等；在野营旅行中我们共同拥有和使用那些用品，而且我们都理解谁在什么时候、什么情况下和为什么要使用它们，因而在野营旅行途中不会存在可在原则上予以反对的不平等。再设想另一种野营旅行，在那里，每个人都坚持对自己带来的用具和自己的才能的私有权，因而对这样的问题要进行讨价还价。例如，一个人从另一个野营成员那里购买的是没削皮的土豆，那他将付给允许他使用其小刀削土豆的人多少钱，和因那些土豆现已削好，他要向其他人收多少钱，等等；因而在野营旅行途中会存在因私有权而导致的诸多的不平等。① 科恩说，毫无疑问，每个人都会喜欢体现着社会主义共有制原则的第一种野营旅行，而不喜欢体现着资本主义私有制的第二种野营旅行。

简言之，科恩"是根据所有制在资本主义和社会主义之间做出区分的"②。在他看来，资本主义意味着私有制，而私有制导致了不平等，因为人们由于其在市场上的资产而生活差异巨大。取代私有制的唯一选

---

① 参见 *The Philosopher's Magazine*/Winter, 1997, pp. 38–39。
② Ibid., p. 39.

择是共有的集体所有制,因此,取代不平等的唯一选择是社会主义。资本主义需要不平等,作为取代它的唯一选择的社会主义是能够消灭不平等的社会形式。那为什么社会主义是唯一的选择呢?因为社会主义与资本主义的区别就在于所有制,你只能或者要资产的私有制,或者要共有的集体所有制,虽然可以存在众多的混合所有制的形式,但不存在独立的第三种所有制形式。

二 为社会主义做道德辩护的必要性

如何才能实现社会主义?科恩认为,"社会主义,即作为一个整体的人民对资源的共同所有制,作为他们生活中最主要的事情,必须是人们愿意参加的"[1]。由于社会主义的实现要基于人们自己的意愿,因而,任何人都不能把社会主义强加于人们。他还进而论证说,就当今发达资本主义国家而言,社会主义的实现只能通过自由民主的形式。这是因为,如果人们生活在专制国家,如俄国沙皇专制统治下的国家,没有选举权,因而不能在政治上表达自己的意见,那就只能以暴力的方式表达他们的政治意愿,在这样的国家,社会主义的实现当然不能通过自由民主的形式;但如果人们生活在其意愿可以通过投票箱而得以表达的社会,那想以非一自由民主的方式实现社会主义的唯一理由就只能是社会主义与人们的意愿不一致,而如果与人们的意愿不一致,那社会主义就不可能实现。

科恩强调,如果说社会主义的实现要基于人们的意愿,而社会主义优于资本主义的一个主要方面就在于它更平等,那这就需要一种为社会主义所做的道德上的辩护。然而,在经典的马克思主义[2]看来,社会主义的实现不但与道德辩护无关,而且任何试图将社会主义的实现与某种

---

[1] *The Philosopher's Magazine*/Winter,1997,p.40.
[2] 在科恩的著作中,经典的马克思主义通常指马克思、恩格斯本人的基本理论和主张。

道德辩护联系起来的做法，都会在实践上阻碍社会主义的实现。例如，马克思明确指出："工人阶级企图实现的社会变革正是目前制度本身的必然的、历史的、不可避免的产物。"① 马克思还严厉批评了将社会主义和共产主义基于某种公正要求的做法。他在致弗·阿·左尔格的一封信中指出："在德国，我们党内流行着一种腐败的风气，在群众中有，在领导人（上等阶级出身的分子和'工人'）中尤为强烈。同拉萨尔分子的妥协已经导致同其他不彻底分子的妥协：在柏林（通过**莫斯特**）同杜林及其'崇拜者'妥协，此外，也同一帮不成熟的大学生和过分聪明的博士妥协，这些人想使社会主义有一个'更高的、理想的'转变，就是说，想用关于正义、自由、平等和博爱的女神的现代神话来代替它的唯物主义的基础（这种基础要求人们在运用它以前进行认真的、客观的研究）。"② 对此，科恩指出，虽然经典马克思主义的科学社会主义理论强调基于事实的历史必然性，但平等这一价值观念无疑仍是马克思主义者信仰结构中不可缺少的组成部分。实际上，任何一个马克思主义者都信奉某种形式的平等，尽管他们中有不少人会拒绝承认他们信奉它，尽管也许没有人能确切地说出他们信奉的平等原则是什么。但马克思和恩格斯却很少关注，因而也很少深入探究过平等问题。相反，他们把精力都用在了他们认为使平等最终得以实现的历史必然性上，用在那些有关普遍的历史，特别是有关资本主义历史的解释性的论题上。这是因为，在他们看来，经济上的平等从历史上看是不可避免的，从道德上讲也是正确的，既然经济上的平等最终会必然实现，那就没有必要花费更多的时间去探究为什么平等在道德上是正确的和究竟是什么使得它在道德上具有约束力。换句话说，在他们看来，既然经济上的"平等正在到来，而且它是受欢迎的，那从理论上去说明它为什么受欢迎，而不

---

① 《马克思恩格斯文集》第 3 卷，人民出版社 2009 年版，第 214 页。
② 《马克思恩格斯文集》第 10 卷，人民出版社 2009 年版，第 420 页。

去说明如何使它尽快和尽可能无痛苦地实现,将是浪费时间"[1]。

马克思和恩格斯为什么确信经济平等最终必将实现?科恩认为,这是因为他们"假定存在两个不可抗拒的共同起作用的历史趋势"[2]。一是有组织的工人阶级的兴起和壮大,其处于不平等的劣势一方的社会地位,使得它赞同平等,其在数量和力量上的不断增长,使得它能最终夺取政权并推翻它成长于其中的不平等的资本主义社会。二是生产力的高度发展,这将导致物质财富的极大丰富,以至任何人实现其人生所需的任何东西,都可取自社会的公共储备而无须以牺牲他人为代价。然而,历史的发展现已表明,他们假定的这两个历史趋势实际上都没实现。

先看第一个趋势。科恩指出,在经典马克思主义的论述中,工人阶级具有以下四个特征。

(1) 构成社会的大多数;
(2) 生产社会财富;
(3) 是社会中被剥削的人们;
(4) 是社会中贫困的人们。

此外,工人阶级还具有由这四个特征引出的另外两个特征。由于他们是如此的贫困:

(5) 无论革命的结果会是什么,他们在革命中不会失去任何东西。

而且由于1、2和5,即工人阶级有能力(1、2)为了自身的利益(5)去改变社会,因此,

---

[1] G. A. Cohen, *If You're an Egalitarian, How Come You're So Rich?*, Harvard University Press, 2001, pp. 103–104.
[2] Ibid., p. 117.

6. 工人阶级能够并将会改变社会。①

科恩进而指出，不管人们今天如何理解和使用"工人阶级"这一存在很大争议的概念，在当今先进的工业社会中，已不存在前边讲的汇集这样四个特征于一身的工人阶级：他们（1）是社会依靠的生产者；（2）是被剥削者；（3）是社会的大多数（包括他们的家庭）；（4）是非常贫困的人。当然，现在还存在基本的生产者、受剥削的人和贫困的人，但他们都已不是集这四个特征于一身的"工人阶级"。这种情况意味着，现在已不存在这样的社会群体，即一方面对向社会主义的转变具有强烈的愿望（因为它受剥削，和它贫困），另一方面又具有实现这一转变的现成的能力（因为它的生产能力，和它的数量）的社会群体。因此，就确信无产阶级会成为这样的群体而言，马克思、恩格斯假设的第一个趋势没有成为现实。

再看第二个趋势。科恩指出，资本主义社会以来生产力的发展确实使整个人类社会的物质生活水平有了很大的提高，然而，现今生产力的发展却遇到了自然资源方面的障碍。技术知识没有停止发展，而且也不会停止发展。但生产能力，即将自然资源转变为使用价值的能力，却不能与技术知识的进步同步发展，因为现已证明，地球的资源没有丰富到能保证由于技术知识的不断进步而生产出无限多的使用价值的程度。②如果这种情况是真实的，那马克思、恩格斯假设的第二个趋势也没有成为现实。

由于马克思、恩格斯假设的两个趋势都没有实现，他们为社会主义所做的基于历史必然性的论证也就在很大程度上失去了说服力。科恩论证说，如果他们讲的"工人阶级"即社会主义革命的旧有力量已不复存在，其他类似的力量也没有产生，而且也不会产生；如果他们预言的

---

① 参见 G. A. Cohen, *If You're an Egalitarian, How Come You're So Rich?*, Harvard University Press, 2001, p. 107。

② Ibid., pp. 104–105。

随着生产力无限增长而出现的物质财富的极大丰富至少目前看来还无法实现,因而人们在一个相当长的时期只能在相对匮乏的情况下追求社会主义,那社会主义者就必须改变过去那种基于必然性的论证方法,而应更多地从道德方面为社会主义做辩护。①

三 劳动产品的权利原则和利益与负担的平等原则

如果说人们选择社会主义的一个主要原因是它比资本主义更平等,那为社会主义做的道德辩护就主要体现在为社会主义平等所做的辩护上。科恩认为,就这一点,社会主义者现在遇到的最大问题是必须在人们对其劳动产品的权利原则和利益与负担的平等原则之间作出抉择,而这一问题是由前边讲的"工人阶级"具有的两个特征——受剥削与贫困的分离所引起的。他论证说,在资本主义出现后的很长一段时间,广大工人群众既是社会财富的生产者,又是处在饥寒交迫状态下的人。一首曾在美国流传的社会主义老歌"永远团结"中的第二段歌词生动地描述了这一情况:

> 我们开垦荒地、建造城市,他们才能从事贸易;
> 我们开挖矿山、修建工场,铺设万里铁路线;
> 而如今,我们饥寒交迫,被遗弃在我们自己创造的奇迹中……

从这段歌词可以看出,那些想往社会主义的饥寒交迫的人们,也正是那些创造了社会财富的人们。人们要求免除饥寒交迫不是因为他们不能从事生产,例如因为残疾、永久性的失业或照顾家里的老弱病残,而是因为他们已经从事了生产,因而不应当陷入饥寒交迫的境地。在这段歌词

---

① 参见 G. A. Cohen, *If You're an Egalitarian, How Come You're So Rich?* Harvard University Press, 2001, p. 109。

中，两种补偿的要求，即生存需要的补偿和产品应归属劳动者的补偿被融合在一起，而在当时，将它们融合在一起是可能的，因为在那时被剥削的生产者与实际的贫困者大体上是重合的。因此，那时的社会主义者没有意识到第三行歌词的后半部分"被遗弃在我们自己创造的奇迹中"，与前半部分"而如今，我们饥寒交迫"之间隐含的冲突，后半部分表达的是生产者应得的权利的信条，而前半部分表达的是更具平等主义色彩的信条。然而，"挨饿的人不一定是那些生产了挨饿者所需的物品的人，如果人们生产的东西只应属于生产出这些东西的人，那没有生产这些东西的挨饿的人对其就没有权利"。[①] 既创造财富又几乎不拥有任何财富，是那时的工人阶级的形象，由于这种形象把这两个特征熔合在一起，从而掩盖了一个尖锐的问题——"我生产了它，故而我应拥有它"和"我需要它，如果得不到它我将会饿死或衰弱"这两种主张不仅相互区别，而且存在潜在的矛盾。

在当今发达资本主义国家，由于实际的贫困者与被剥削的生产者在很大程度上不再重合，上述两种主张的潜在矛盾便凸显出来。科恩指出，前一种主张体现在传统马克思主义的剥削理论中，这一理论认为资本家对工人的剥削是不正义的，因为工人是他自己能力的正当所有者，全部劳动产品都应归生产它的劳动者即工人所有。后一种主张则否认劳动者对其劳动产品的权利，并要求对极度贫困的人们提供援助，尽管这些人并不是生产者，也更不是受剥削者。这一矛盾的凸显使得现今的社会主义者不得不面对一个过去没遇到过的规范性问题：必须在人对其劳动产品的权利原则和利益与负担的平等原则之间做出抉择。因为一旦实际的贫困者与受剥削的生产者不再重合，即前者不再是受剥削的工人阶级或工人阶级的一部分，关于剥削的理论就会与社会主义的平等要求发生矛盾，甚至与福利国家的最低原则形成对立。在这一问题上，科恩认为社会主义者应选择后一个原则而不是前一个原则，即应选择利益与负

[①] G. A. Cohen, *If You're an Egalitarian, How Come You're So Rich?* Harvard University Press, 2001, p.106.

担的平等原则。①

科恩反复强调,为社会主义平等做道德辩护的关键,不在于表明平等只是作为使贫困的人境况变好的手段才是重要,而在于表明平等本身作为一种目的是正确的,或者说,"平等本身就是好的"②。为了说明这一问题,他引用了德沃金对这一问题所做的一种论证 "设想一下,比如说,你是四个孩子的家长,你有资源在他们之中分配。在他们之中做不平等的分配显然是错误的。你不打算在他们之中不平等地分配你必须分配的东西,即使如果他们被不平等地对待,处在底层的一个孩子的状况将会比如果他们被平等地对待更好。你打算平等地对待他们是因为你认为这样做是恰当的:这是你和被平等对待的他们之间的正确的关系。"③ 科恩进而指出,我们面对的复杂的问题是,我们能否完全撇开我们任何一个人的特殊境况好与坏,而把我们从属的社会理解为我们共同构成的集体,一个以类似的方式将我们每一个人适当地联系起来的集体,以致如果我们的社会不平等地对待我们就是不适当的或不正义的。举例来说,假定我们生活的社会拥有极为丰富的资源,这能使每一个人都成为百万富翁,但它却这样来分配,以致使一些人成为半百万富翁,一些人成为超级百万富翁。此时不会有人对处在底层的人们境况如何糟糕而大惊小怪,这很难被看作是要紧的事情,但这一社会却仍会是不正义的,因为它没有平等地对待所有这些非常幸运的人。

---

① 参见 G. A. Cohen, *If You're an Egalitarian, How Come You're So Rich?* Harvard University Press, 2001, p. 146。
② *The Philosopher's Magazine*/Winter, 1997, p. 40.
③ Ibid. .

第十四章

社会主义的平等原则和共享原则

> 一旦社会主义的机会平等得以实现，结果的差异反映的就只是偏好和选择的差异，而不再是自然和社会的能力与权力的差异。[1]

> 某些不能以社会主义机会平等的名义加以禁止的不平等，却应以共享的名义加以禁止。[2]

1998年秋天，科恩应邀参加在加拿大温哥华召开的一个关于平等和民主国家的国际会议，并提交了一篇直接涉及社会主义平等主义的论文。这篇论文经修改后以"为什么不要社会主义？"为题发表在由爱德华·布罗德（Edward Broadbent）[3] 编辑出版的论文集《民主的平等：哪里出了问题？》[4] 中。科恩去世后不久，即2009年底，这篇论文又由

---

[1] G. A. 科恩 《为什么不要社会主义？》，段忠桥译，人民出版社2011年版，第27页。
[2] 同上书，第41页。
[3] 爱德华·布罗德时任加拿大新民主党领袖。
[4] 多伦多大学出版社2001年版。

普林斯顿大学出版社以口袋书的形式单独出版。① 在这篇论文中,科恩首次对他主张的社会主义平等主义作了正面的,尽管是极为简要的说明。

一 野营旅行

为了使人们更容易理解他的社会主义平等主义的主张,科恩在文中先略微地详细描述了他先前简单讲过的两种不同的"野营旅行"。②

第一种野营旅行是 "你、我和一大群其他人去野营旅行。我们之间没有等级之分;我们共同的目的是我们每个人都将度过一段美好时光,尽量做他或她最喜欢的事(那些事有些我们一起做;其余的我们则分开做)。我们带有用来实现我们计划的用品,例如,我们带有锅和盘子、食油、咖啡、钓鱼竿、小划艇、足球、纸牌,等等。而且,在野营旅行中通常的情况是,我们共同使用那些用品,即便它们是私人所有的东西,它们在旅行期间是在共同控制之下,我们都理解谁在什么时候、什么情况下和为什么要使用它们。有人钓鱼,有人准备食物,还有人烧饭。不愿烧饭但喜爱洗餐具的人可以承担全部洗餐具的工作,等等。差异是大量存在的,但我们相互理解,而且我们这一野营计划的精

---

① 其内容与 2001 年发表的那篇论文基本相同,只是在文字和结构上做了不多的修改和调整。普林斯顿大学出版社为什么要在《为什么不要社会主义?》一文发表 8 年之后又将其作为一本小书出版? 对此,无论是普林斯顿大学出版社还是科恩本人都没做过明确的说明。据说普林斯顿大学出版社 2005 年曾出版过一本 64 开而且仅有 67 页但却极为畅销的小书(人们通常称为口袋书《论胡说》[*On Bullshit*,作者是普林斯顿大学荣誉教授哈里·法兰克福(Harry Frankfurt),此书已有中译本——《论扯淡》,南方朔译,译林出版社 2008 年版。]科恩的《为什么不要社会主义?》是这家出版社接着出的这类小书中的一本。由此可以推论 《为什么不要社会主义?》在 2009 年的出版表明:一方面,尽管这本小书实际上是十多年前写的,但普林斯顿大学出版社认为其内容至今还将会受到大众的欢迎;另一方面,科恩本人直到去世前,仍认为他十多年前提出的那些见解现今还有重要的理论意义和实践意义。我在 2011 年将其译为中文,由人民出版社出版。

② 参见上一章第一节倒数第二段(第 211 页)。

神，保证了不存在任何人可在原则上予以反对的不平等。"① 科恩说，在这种野营旅行中，大多数人，即使是最反对平等的人，实际上都会接受平等和互惠的规范，并认为这是理所当然的。大多数人是如此深刻地认为那些规范是理所当然的，以至没有人在这样的旅行中怀疑它们：怀疑它们将会与这种旅行的精神相矛盾。

另一种野营旅行，是"基于市场交换和对所需用具的严格私有的原则之上的"② 野营旅行。在这种野营旅行中，每个人都坚持对自己带来的用具和自己具有的才能的权利，并且还要对这样的问题进行讨价还价，例如，一个人从另一野营成员那里购买的是没削皮的土豆，那他将付给允许他使用其小刀削土豆的人多少钱，和因那些土豆现已削好，他要向其他人收多少钱，等等。

科恩说，毋庸置疑，大多数人都会嫌恶第二种野营旅行，并被第一种野营旅行所吸引。这首先是基于伙伴关系的理由，同时也基于效率的理由。而这意味着大多数人会被社会主义的理想所吸引，至少是在某些限定的环境中。

为了充分表明这一点，科恩还提出了在4种可以想象得出的野营场景中大多数人将会做出何种反应的推测③：

（1）哈里喜欢钓鱼，而且还是一个钓鱼的高手，因而，他比其他人钓到更多的鱼。哈里说："我们现在这样行事是不公平的。在我们就餐的时候我应吃到更好的鱼。我吃的应只是鲈鱼，而不应是我们所有的人都吃的鲈鱼和鲶鱼的杂烩。"但他的野营伙伴说："哦，看在上帝的份儿上，哈里，别做这样的小人。你流的汗和出的力并不比我们其他人多。不错，你是个钓鱼高手。我们不嫉妒你的特殊才能，而且这一才能

---

① G. A. 科恩《为什么不要社会主义？》，段忠桥译，人民出版社2011年版，第15—16页。
② 同上书，第17页。
③ 同上书，第18—20页。

的确是使你得到满足的一个原因，但为什么我们应当报答你的幸运呢？"

（2）在用了三小时时间个人外出探险后，西尔维亚兴奋地回到营地并宣布说："我碰巧找到一棵大苹果树，上面长满了极好的苹果。"其他人高兴地大喊："太好了，现在我们都能吃苹果酱、苹果馅饼和苹果馅卷了！"西尔维亚回答说："那当然，但这要以你们减少我的劳动负担，和/或在帐篷里给我提供更多的地方，和/或在早餐给我更多的熏肉为条件。"她声称的对那棵树的（一种）所有权让其他人感到厌恶。

（3）这些旅行者沿着一条马道行进时发现了某只松鼠遗弃的坚果秘藏处。可是只有莱斯利知道如何砸开那些坚果，因为她生来就有很多本领和才能，但她要对分享这种信息收费。在野营者看来，她的要求与西尔维亚的要求没有什么大的不同。

（4）摩根认出一个营地。"嘿，这就是我父亲三十年前宿营的地方。在这里，他在小山的那边挖了一个特别的小池塘，并放养了特别好的鱼。爸爸知道我可能有一天要来这里野营，所以他做好了一切以使我来到这里时可以吃得更好。太棒了。现在我可以比你们这帮人吃到更好的食物。"对于摩根的贪婪，其他人要么皱皱眉，要么报之以嘲笑。

科恩对野营旅行做这样的描述的目的有两个：第一是要表明，"在这一环境中，大多数人会越过其他的选择而强烈地赞成社会主义的方式"[1]；第二是要以第一种野营旅行为例，阐释他主张的社会主义的平等原则和共享原则。

---

[1] G. A. 科恩《为什么不要社会主义？》，段忠桥译，人民出版社2011年版，第13页。

二 社会主义的平等原则和与其相容的三种形式的不平等

科恩认为,在第一种野营旅行中有两个原则得以实现:一个是平等原则,一个是共享原则。对于前者,他说道,"我将要表明的在野营旅行中唯一实现的平等原则,是一种我视为正确的平等原则、**正义**认可的平等原则,这是一种激进的机会平等原则,我将称之为'社会主义的机会平等'"。①

科恩指出,无论哪种形式的机会平等,都是要消除一些人承受而另一些人不承受的机会障碍,以及有时因更有特权的人们享有的增大的机会所造成的障碍。这里需要强调的是,对一些人的机会障碍的排除,并不总能使那些原来处境较优越者的机会维持原状:有时它会减少那些从机会不平等受益的人的机会,而这意味着促进机会平等不仅是一种**平等化**的政策,而且也是一种**再分配**的政策。因此,促进机会平等,就其所有形式而言,都不仅是给予一些人其他人已经享有而且继续享有的东西。由此出发,科恩区分了三种形式的机会平等和三种相应的对机会的障碍:"第一种形式的机会平等消除一种障碍,第二种形式的机会平等消除前边说的那种障碍和另一种障碍,第三种形式的机会平等消除全部三种障碍。"②

第一种机会平等可称为**资产阶级的**机会平等,它指的是已成为自由主义资本主义时代特征的(至少从渴望达到的目标上讲)那种机会平等。资产阶级的机会平等消除了由社会地位造成的对生活机会的限制,这种限制既包括正规地位的限制,也包括非正规地位的限制。正规地位的限制的一个例证,是这种限制下的封建社会的农奴劳动;非正规地位的限制的一个例证是,由于这种限制,在一个废除了种族歧视的法律但

---

① G. A. 科恩:《为什么不要社会主义?》,段忠桥译,人民出版社2011年版,第20—24页。
② 同上。

却存在产生种族迫害的种族主义意识的社会中,一个因肤色受到歧视的人会受到损害。这第一种形式的机会平等通过消除因为权利分配和因为抱有偏见及其他有害的社会观念所导致的对机会的限制,增加了人们的机会。

第二种机会平等可称为**左翼自由主义的**机会平等。这种机会平等超越了资产阶级的机会平等,"因为它还使自己反对那种资产阶级的机会平等尚未涉及的由社会环境造成的限制性结果,即由出生和培养的那些环境造成的限制性的结果,那些环境的限制不是通过分配低等的地位给它们的受害者,而是通过使他们在实际上不利的条件下劳动和生活"[1]。被左翼自由主义的机会平等当作靶子的不利条件直接源于一个人的环境,这种不利条件就其限制性力量而言,并不依赖社会观念或较高及较低权利的分配。体现左翼自由主义的机会平等的政策有很多,例如,对出身贫苦儿童实施早年教育(head-start education)。一旦左翼自由主义的机会平等得以充分实现,人们的命运就由他们的天赋才能和他们的选择所决定,因而不再由他们的社会背景所决定。

第三种机会平等可称为**社会主义的**机会平等。左翼自由主义的机会平等是对**社会的**不利条件的纠正,而不是对天赋的或**生来的**不利条件的纠正。社会主义的机会平等"纠正的则是这样的不平等,这种不平等是由作为非正义的更深层根源的天赋差异引起的,它超出了由非选择的社会背景强加的不平等,因为天赋的差异同样是非选择的"[2]。前边讲的野营旅行场景(2)中那些野营者对西尔维亚的幸运的态度,和(3)中那些野营者对莱斯利的幸运的态度,可以说与这种机会平等的主张相类似。"社会主义的机会平等试图纠正**所有**非选择的不利条件,即当事人本身不能被合理地认为对其负有责任的不利条件,无论它们是反映社会不幸的劣势还是反映自然不幸的不利条件"[3],一旦社会主义的机会

---

[1] G. A. 科恩《为什么不要社会主义?》,段忠桥译,人民出版社 2011 年版,第 25—26 页。
[2] 同上书,第 26—27 页。
[3] 同上书,第 27 页。

平等得以实现，结果的差异反映的就只是偏好和选择的差异，而不再是自然和社会的能力与权力的差异。这样一来，一旦社会主义的机会平等得以实现，那收入差异的存在反映的就只是不同的个人偏好，包括收入和闲暇的偏好。实际上，人们在偏好上的不同，不仅遍及消费项目，而且还表现为只工作很少的时间和消费非常少的东西与工作很长的时间和消费很多的东西之间的不同。从原则上讲，对收入和闲暇的偏好与对苹果和橘子的偏好没有什么不同，因为当人们收益和负担上的差异仅仅反映不同偏好，而且**这些偏好的满足将导致一种可比较的总体上的生活的享受时**（虽然并不总是这样），对这些差异就不会有任何非议。这种收益和负担上的差异并不构成收益和负担的**不平等**。不难看出，科恩这里讲的**社会主义的**机会平等原则，与他前边讲的"优势获取平等"[1] 主张如出一辙：前者强调消除"非自愿的劣势"，后者强调纠正"所有非选择的不利条件"[2]。不同的只是科恩在这里把后者明确称为"**社会主义的**"。

为了使人们正确把握他讲的社会主义机会平等原则，科恩还对他上面讲的那个类比，即对收入和闲暇的偏好在原则上与对苹果和橘子的偏好没有什么不同，做了进一步的说明。假设我们面前有一张桌子，上面放满了苹果和橘子。我们每个人都有权拿六个水果，苹果和橘子无论怎样组合总共只能拿六个。现在假设，我抱怨西尔维亚拿了五个苹果而我只拿了三个苹果。可当你指出西尔维亚只拿了一个橘子而我却拿了三个橘子，和如果我放弃两个橘子我就可以像西尔维亚一样拿五个苹果和一个橘子时，我的抱怨，一种在这里完全不应当的抱怨**就应**消失了。所以，同样，在一个每人每小时得到同样的收入，但每人可选择他工作多少小时的制度下，抱怨一些人的实得工资比其他人高也是没有道理的，

---

[1] 参见前边第十一章第一部分，第十二章第三部分。
[2] 这里需要说明的是，科恩在《论平等主义正义的通货》中讲的"非自愿的劣势"中的"劣势"，与在《为什么不要社会主义？》中讲的"所有非选择的不利条件"中的"不利条件"，使用的是同一个词"disadvantage"。

因为收入和闲暇的互换就像苹果和橘子的互换。

科恩接着指出，他所说的**社会主义的**机会平等与三种形式的**不平等**相容，由于第二和第三种形式的不平等是第一种形式的不平等的亚型，他把它们分别称为（i）、（ii‐a）和（ii‐b）。在他看来，"第一种形式的不平等不成问题，第二种形式的不平等有点儿问题，第三种形式的不平等问题很大"①。

第一类，或第一种形式的不平等（i）不成问题是因为，如果全面地考虑，它不构成不平等。普遍存在的生活方式选择的偏好和选择的多样化，意味着一些人比其他人有更多的某类物品，但从获得可比较的总体上的益处而言，这不是不平等。前边讲的苹果和橘子的例子，以及这一例子在收入和闲暇选择上的应用，表明就是这一情况。

第二类不平等是有问题的，因为它的确包含一种总体上的益处的不平等。就社会主义机会平等所容许的益处不平等而言，这种不平等反映的是那些最初处于平等地位的当事人的真诚选择，因而他们可被合理地认为对那些选择的后果负有责任。这类不平等有两种形式：因**使人悔恨的选择**而产生的不平等（ii‐a），和因**选择运气的差别**而产生的不平等（ii‐b）。

为了说明因**使人悔恨的选择**而产生的不平等（ii‐a），科恩说，设想一个苹果和橘子的选择者（而不是其他的选择者）因疏忽大意而耽搁了太长的时间，以致到他有权拿取的他的水果时它们都变味了，但由此而导致的益处的不平等不会产生抱怨。对于某个因不太在意查询他的工作机会，因而在一工作和报酬相关的体制中最终运气较差的人来讲，情况也是如此。这些总体上的益处的不平等之所以被认为是正当的，是因为人们努力和在意的实际行动存在差别，而他们最初是处于绝对平等的情况，甚至他们用在努力和在意上的**能力**也是平等的。还有一个可以表明因**使人悔恨的选择**而产生的不平等的例子，这就是《伊索寓言》

---

① G. A. 科恩《为什么不要社会主义？》，段忠桥译，人民出版社2011年版，第32页。

中讲的蚱蜢和蚂蚁的故事：

> 夏日的一天，一只蚱蜢正在一块庄稼地上蹦来跳去，无忧无虑地唱着歌。这时，一只蚂蚁从它身边爬过，它正十分费劲地将一粒玉米拖回蚁巢。蚱蜢说："过来跟我聊聊天，用不着那么辛苦地工作吧？"蚂蚁说："我正帮忙收集过冬用的粮食，我建议你也去收集点粮食。"蚱蜢说："为了过冬用不着这么费劲吧？我们现在有大把的粮食。"蚂蚁没有听它的，而是继续辛苦地拖着玉米粒往回走。冬天来了，蚱蜢没有粮食，都快要饿死了。这时，蚱蜢看到蚂蚁们正分发它们在夏天时收集并储存起来的玉米和谷物。蚱蜢明白了：什么事都要提早做好准备，将来才有好的结果。①

当然，这个故事要具有通常的寓意，就必须假定蚱蜢和蚂蚁在能力上是平等的。蚱蜢和蚂蚁得到的粮食的不平等这一事实其要点在于，快要饿死的蚱蜢回想起来很**悔恨**它的选择。它之所以悔恨是因为它知道，如果它像蚂蚁那样选择，它的处境现在会比得上蚂蚁的处境，而不会在总的益处（包括闲散的益处）上不如蚂蚁。因**使人悔恨的选择**而产生的不平等可能会有多大？科恩说"这可是一个很难回答的问题，我自己的看法或希望是，在这一相应原则的明智的制度化的情况下，**就其自身的力量而言**，它不会很大，然而，当它与第三类和真正有问题的不平等的形式，即与社会主义的机会平等相容的 ii – b，共同起作用时，它就能促成极大程度的不平等。"②

真正有问题的总体上的益处的不平等，即与社会主义机会平等相容的重大的不平等，是那种因**选择运气的差别**而产生的不平等（ii – b）。科恩说，能够表明选择运气的一个典型实例是经过深思熟虑的赌博。设

---

① 引自 http://www.tingclass.com/lesson/mp3/yayaxueyuyy/play31238.html，并做了部分修改。
② G. A. 科恩《为什么不要社会主义？》，段忠桥译，人民出版社 2011 年版，第 35—36 页。

想，我们两人一开始处于平等的情况，每人有100美元，我们在所有方面，在性格、天赋及境况等方面相对说来是一样的；我们都具有的特性之一是爱好赌博；于是，我们根据这样的协议来抛硬币，如果正面朝上我给你50美元，如果反面朝上你给我50美元；最终我有了150美元，你剩下50美元，而且没有任何额外的东西去补偿你在钱上的亏空。这种不平等也是与社会主义机会平等相容的，因为你和我只是利用基本相同的机会，而且还以完全相同的方式。这里需要强调，失败的赌徒与蚱蜢不同，尽管他当然也会懊悔他的失败，但却不需要像蚱蜢懊悔它决定游手好闲那样懊悔他决定去赌博。失败的赌徒可以这样说："如重新面临同样的选择，我会做出同样的决定：这是一种有理智的赌博。"

科恩还指出："这种形式的不平等不是仅作为所说的范围狭小的赌博的结果才出现的。在市场的不平等的产生中也存在一种选择运气的成分，这部分地反映在将一个人的货币或一个人的劳动投向哪里的赌博上。因此，一些市场产生的不平等不但部分地与社会主义的机会平等相容，而且实际上部分地与社会主义机会平等相一致。"① 但人们无须夸大市场不平等源于纯粹的市场运气的程度，因为市场的赌博与通常的赌博毕竟存在重大的不同。一般说来，一个人可以选择是否去赌博，也就是说，赌博是可以避免的，但在实行市场经济的社会中，市场几乎是无法避免的。人们可以说，市场是一个很难逃避的赌场，它产生的不平等由于这一原因而受到非正义的侵蚀。不管怎样讲，这样说肯定不会引起争议，即资本主义国家中富人和穷人之间的巨大鸿沟主要不是由于运气和在可选择的赌博中缺少它，相反，而是由于不可避免的赌博和根本无法避免的运气，这其中不包含任何种类的赌博。无疑，可以避免的选择运气可能出现在对一个企业家成功和另一个企业家失败的事例的解释中，但这当然不是那种使社会主义者不安的不平等。

虽然以（ii-a）和（ii-b）形式出现的不平等并不为正义所谴责，

---

① G.A.科恩《为什么不要社会主义？》，段忠桥译，人民出版社2011年版，第38页。

但在科恩看来,"一旦它们在足够大的范围得以流行,它们仍会使社会主义者反感"①,因为那时它们将与在野营旅行中现实的另一个原则,即共享原则相矛盾。因此,如果社会要展现那些使野营旅行有吸引力的社会主义的特征,社会主义机会平等的这种倾斜就必须由共享原则来调节。

三 社会主义的平等原则需以共享原则来调节

科恩说,在野营旅行中实现的另一个原则是共享原则,它"通过禁止某些平等原则允许的不平等而限制平等原则的作用"②。"共享"的含义有很多,但这里讲的对共享的要求,主要是指人们相互关心和在必要及可能情况下相互照顾,而且还要在意他们的相互关心。科恩还进而论述了两种共享的关心模式。

第一种共享的关心模式,是抑制因社会主义机会平等导致的某些不平等的模式。科恩论证说,假如你和我,你挣了十倍于我的钱,那我们就无法实现充分的共享,因为此时我的生活将是挣扎在各种压力之下,而你却不会遇到这些压力。你本可以帮助我克服这些压力,但你却没有,因为你要保有你的钱。举例来说,我是一个富人,我过着一种安逸的生活,而你是一个穷人,这是因为你的使人懊悔的选择和/或糟糕的选择运气,因而不是因为缺少任何机会平等。你每天都不得不乘坐拥挤的公共汽车,我则开着舒服的小轿车而不理会你。然而,有一天,我必须乘公共汽车,因为我的夫人要用那辆轿车。我可以合理地向一个和我一样的开小轿车的人抱怨这件事,但不能向你抱怨。我不能向你说:"我今天不得不乘公共汽车,这让人太不愉快了。"因为在我们之间恰好缺少这样一种共享,即我和与我一样的开小轿车的人之间自然得到的那

---

① G. A. 科恩 《为什么不要社会主义?》,段忠桥译,人民出版社 2011 年版,第 39 页。
② 同上书,第 23 页。

种共享。而且，这种共享的缺失还会在其他许多方面，如在关心我们自己、保护和关心儿女、避免危险等方面显现出来，而其原因就在于我们享有极为不同的能力。

科恩认为，上述不平等虽然不能以社会主义机会平等的名义加以禁止，却应以共享的名义加以禁止。但这会导致这样一个问题：禁止产生那些不平等的举措是**非正义**的吗？这种禁止只是对正义于其中起作用的术语的限定，还是它们有时无可非议地与正义相矛盾？科恩说，他不知道这一问题的答案，"当然，如果我们不得不得出这样的结论，即共享和正义是潜在地不相容的道德理想，那将是相当遗憾的事"①。科恩还以野营旅行为例，对这个问题做了进一步的论证。假定我们吃得很差，而你却有一个特别高级的鱼塘，你拥有它既不是由于继承，也不是由于诡计，还不是由于你幸运地拥有超级的探险天资，而是由于一种没人能够根据正义的观点加以非难的绝对清白的选择运气：你是通过我们所有的人都参加的抽签的方式而得到它的。"那么，即使这样，即使这里没有什么不正义，你的运气还是把你同我们共享的生活分隔开来，而共享的理想是谴责这种分隔的，因而也谴责进行任何这样的抽签决定的方式。"②

第二种共享的关心模式不是为平等所严格要求的，但它在社会主义的观念中仍是最为重要的。科恩说，在野营旅行中实现的共享的关心的另一种表现，是一种共享的互惠形式。在起点是平等的，并且存在机会平等对结果不平等的独立限制的地方，此时的共享的互惠虽不是平等所要求的，但却仍是实现一种值得追求的人类关系形式所要求的。

共享的互惠体现的是反市场的原则，"根据这一原则，我为你提供服务不是因为这样做我能得到作为回报的什么，而是因为你需要或你想要我的服务，而你给我提供服务也是出于同样的原因"③。共享的互惠

---

① G. A. 科恩 《为什么不要社会主义？》，段忠桥译，人民出版社 2011 年版，第 37 页。
② 同上书，第 42 页。
③ 同上书，第 43 页。

与市场的互惠不是一回事，因为市场对生产性贡献的激发不是基于一个人对其人类同胞的奉献，和在**被**他们服务的同时也服务于他们的愿望，而是基于金钱的回报。在实行市场经济的社会中，生产活动的直接动机虽不总是但通常是某种贪婪和恐惧的混合，其比例是依一个人在市场中的地位和个性特征的细节情况而变化的。当然，人们也可在其他激励下从事市场活动，但贪婪和恐惧的动机却是市场带来的突出的东西，包括对一个人家庭利益的贪婪和对一个人家庭安全的恐惧。即使在一个人关注的东西已超出自己的东西的范围时，其心态仍是贪婪和恐惧，因为他此时仍要把与他对等的市场上的买卖人视为可能发财致富的来源和对他成功的威胁。这种对待他人的方式是可怕的，无论经过数个世纪的资本主义文明后我们对其已是多么习以为常。

  在共享的互惠中，我是以对我的人类同胞做奉献的精神去生产的：我希望在被他们服务的同时也服务于他们，我从这种平衡的每一方面得到满足。"在这样的动机中，确实存在一种互惠的期望，但它与市场动机中所期望的互惠有关键的不同。"[①] 如果我是一个市场商人，那么，我愿意去服务，但这只是为了**被**服务，因为如果去服务不是一种获得服务的手段，我就不会去服务。因此，我给出我能给的最少的服务来换取我能获得的最大的服务：我想贱买而贵卖。我服务于他人**或者**是为了得到我所希望的某种东西——那是贪婪的动机；**或者**是为了保证我试图避免的东西能够避免——那是恐惧的动机。一个为了其自身利益而只以这种方式来考虑的市场商人，是不重视与其他人的合作的，因为他不重视**服务与被服务**这种结合本身。相反，一个非市场的合作者喜爱的是合作本身：作为一个与市场无关的人，我想要的是我们相互服务；当我提供服务，而不是试图获得我能得到的任何东西时，我不把我的行为看作一种损失，一种从各方面考虑的损失。当然，我是在你（如果能够的话）也将服务我的期望中服务你的。"我对社会主义的共享的奉献并不要求

[①] G. A. 科恩：《为什么不要社会主义？》，段忠桥译，人民出版社2011年版，第44页。

我成为一个服务于你,而毫不关心你是否准备服务于我(如果你能够这样做的话)的傻瓜,但我仍然认为那种结合的两个部分——我服务你**和**你服务我,和那种结合本身是有价值的:我不把第一部分——我服务你,仅仅看作实现我的真正目的,即你服务我的一种手段。"① 在共享的互惠下我们之间的关系不是市场的工具性的关系——在这种关系中我付出是因为我得到,而是非工具性的关系——在这种关系中我付出是因为你需要,或想要,在这种关系中,我从你那里期待的是类似的慷慨。

科恩说,他只是为了表述上的方便和清晰,才以两个人,即我和你的方式描述共享的互惠的特征的。然而,共享的互惠可以连接一系列相互给予的人们:在围绕我们所有人的共享的互惠的精神鼓舞下,我可以服务你,你可以服务她,她可以服务他,他可以服务我。在一种不同的激励动机下,共享的互惠可以形成在某些方面类似市场的网络。说它们只在某些方面类似是因为,在市场的网络中,不从**某**人那儿得到某种东西,就没人为随便哪一个人做任何事情。在任何类型的社会中,人们都必须相互供应,社会就**是**一个相互供应的网络。但在市场社会中,这种相互性却只是一种非相互的,并且从根本上讲**非**互惠的态度的副产品。

总之,在科恩看来,尽管社会主义的机会平等原则是对资产阶级的机会平等和左翼自由主义的机会平等的超越,但与它相容的以(ii – a)和(ii – b)形式出现的不平等仍是社会主义者应尽可能消除的。因此,社会主义的机会平等原则必须由社会主义的共享原则来调节,因为只有这样,才能真正实现值得人们追求的社会主义的理想。

---

① G. A. 科恩 《为什么不要社会主义?》,段忠桥译,人民出版社 2011 年版,第 45—46 页。

附 录

分析的马克思主义的旗手、社会主义平等主义的斗士
——纪念 G. A. 科恩[①]

2009年8月7日上午，我刚刚打开电脑就收到了我的导师尼古拉斯·布宁来自英国和好友余纪元来自美国的短信，他们分别沉痛地告诉我G. A. 科恩因突发严重脑中风已于8月5日凌晨去世。这简直是一个难以令人置信的噩耗，因为这几天我正在读他4月寄给我的他的新著《拯救正义与民主》，而且我5月3日还收到过他的邮件，告诉我他一切都好。

G. A. 科恩是我多年的良师益友，在学术研究上给过我很多帮助。自1991年相识以来，我们一直保持联系，尤其是我1998年9月到1999年3月在他所在的牛津大学万灵学院（All Souls College）做客座研究员时，我们几乎每天都见面，有时一起探讨问题，有时一起外出散步。我最近与他的密切接触是2006年10月到2007年1月再到牛津大学做高级访问学者期间，临别时我们还约好在适当的时候请他来中国讲学。他的突然去世使我的心情久久不能平静，特写这篇文章来纪念他。

G. A. 科恩的全名是杰拉尔德·阿伦·科恩（Gerald Allan Cohen），但他喜欢他的朋友叫他杰瑞·科恩（Jerry Cohen），或干脆叫他杰瑞。杰瑞·科恩1941年4月14日出生于加拿大蒙特利尔一个信奉共产主义

---

① 此文发表在《中国社会科学报》2009年9月17日。

的犹太工人家庭。他的父亲是当地工会的积极分子,她的母亲是加拿大共产党党员。这种家庭背景使他很小就受到马克思主义和共产主义的熏陶,并对他后来的学术道路和价值取向产生了极其重要的影响。尽管他后来成了牛津大学的教授和世界著名的学者,但却从不隐讳,反而在多本著作中详谈他的家庭背景。他在1995年来中国人民大学讲学时曾骄傲地告诉在场的师生,他妈妈就是中国人民熟悉的加拿大共产党员白求恩的好朋友。杰瑞·科恩4岁开始上学,在蒙特利尔读完小学、中学后进入麦吉尔大学学习哲学,并于1961年获得学士学位。

杰瑞·科恩大学毕业后离开加拿大到英国牛津大学新学院(New College)继续攻读哲学。在牛津期间,他幸运地得到两个著名学者的指导,一个是20世纪分析哲学的主要代表人物吉尔伯特·赖尔(Gilbert Ryle),另一个是自由主义政治哲学杰出的代表人物以塞亚·伯林(Isaiah Berlin)。前者使他熟练掌握了分析哲学的武器,后者使他对政治哲学的问题有了深刻的把握。1963年,杰瑞·科恩获得牛津大学 BPhil 学位(相当于我国的硕士学位),尔后经以塞亚·伯林的推荐到英国伦敦大学学院(UCL)哲学系任教。他在那里待了22年,先后担任助教、讲师、副教授(reader),直到1985年被牛津大学万灵学院聘为奇切利社会和政治理论教授(the Chichele Professor of Social and Political Theory)。他在牛津大学获得的这个职务是一个被英国及世界学术界非常看重的职务,在他之前担任过这个职务的是以塞亚·伯林、约翰·普拉梅内兹(John Plamenatz)和查尔斯·泰勒(Charles Taylor)。[1] 也是在

---

[1] 杰瑞·科恩的学生,现任英国伦敦大学学院哲学系主任、教授的乔纳森·沃尔夫(Jonathan Wolff)在他纪念杰瑞·科恩的一篇文章中谈到了这件事。他说 "多少有点令人奇怪的是,谁会被任命为奇切利教席的问题是一个在全国报刊上议论的问题。那时的杰瑞只是一本书《卡尔·马克思的历史理论——一种辩护》(1978)的作者,只发表了不多的论文,因而还相对不为人知,不可能是候选人。关于他的任命,一本讽刺杂志《私人眼光》推测,委员会可能受到杰瑞说话风趣和善讲故事的名声,以及使万灵学院就餐交谈时的贵族习气更具生气的需要的影响。但真实的情况却是,委员会认为杰瑞具有罕见的,也许是独一无二的哲学天赋,他们对他的信任现已得到足够的回报。"(译自 TPM: The Philosophers' Magazine, "G. A. Cohen(1941-2009)", Written by: Jonathan Wolff, Appears in: Issue 47 preview, Posted by: TPM, 2009-08-09。)

1985年，杰瑞·科恩当选为英国社会科学院院士（a fellow of the British Academy）。

杰瑞·科恩2008年退休后成为万灵学院的荣誉研究员，但很快地又被聘为伦敦大学学院裘恩法理学教授（Quain professor of jurisprudence at UCL），这也是一个只有世界知名的学者才能担当的职务。

杰瑞·科恩生前发表了数百篇论文，出版了5部著作。这5部著作是：《卡尔·马克思的历史理论——一种辩护》（1978年，牛津大学出版社、《历史、劳动和自由》（1988年，牛津大学出版社）、《自我所有、自由和平等》（1995年，剑桥大学出版社）、《如果你是平等主义者，为何如此富有？》（2000年，哈佛大学出版社）、《拯救正义与平等》（2008年，哈佛大学出版社）。他还有一个小册子《为什么不要社会主义？》是在他逝世后几个月出版的（2009年，普林斯顿大学出版社）。从学术上讲，杰瑞·科恩的杰出贡献主要是在两个领域。

首先是在马克思主义研究领域开创并引领了分析的马克思主义学派。杰瑞·科恩于1978年出版了他的第一部，也是最有影响的一部著作——《卡尔·马克思的历史理论——一种辩护》。在这本书中，他力图应用分析哲学的方法，包括逻辑分析和语义分析的方法，去澄清和辩护马克思的历史唯物主义。虽然他在这本书中自称澄清和辩护的是基于马克思《〈政治经济学批判〉序言》的"一种老式的历史唯物主义"，但他实际上提出了一种对马克思学说的创新性解读，这种解读既不同于传统的苏联式的辩证唯物主义的解读，也不同于西方马克思主义流派中法兰克福学派的黑格尔主义的解读和阿尔都塞的结构主义的解读。这本书的问世使马克思主义研究进入到英、美主流社会科学，使左派学者感到极大振奋，并因而使它赢得了1979年伊萨克·多伊彻纪念奖（Isaac Deutscher memorial prize）。杰瑞·科恩的这部著作早在1989年就被译为中文（岳长龄译，重庆出版社出版），但译本存在很多错译、漏译的问题，以致使人们很难读懂。为了使国内学者能真正了解这本在当代西方国家马克思主义研究中具有重大影响的著作，我从2006年起用了一年多的时间重译了它的第二版,即 2000 年版。同岳长龄译的 1978 年版相比,2000 年版增加了一个介绍分析的马克思主义的"导言",和"桎梏"、"历史唯物主义再思考"、"受到限制的历史唯物主义和包括一切的历史唯物主义"、"苏联垮台以后的马克思主义"四章新内容。我的新译本于 2008 年 6 月由高等教育出版社出版。我在新译本中将作者的名字译为 G. A. 科恩,而岳长龄将其译为 G. A. 柯亨,我的译法是基于两个考虑:一是作为名字的 Cohen 一词本身既可译为科恩,也可译为柯亨,而科恩与人们称呼作者时的实际的发音更为相近;二是为了与岳长龄的译本相区别。我在 2008 年 8 月将新译本寄给杰瑞·科恩,他收到后非常高兴,还特别在回信中说"他非常喜欢这本书的封面设计"。

《卡尔·马克思的历史理论——一种辩护》出版后不久,杰瑞·科恩与乔恩·埃尔斯特(Jon Elster)和约翰·罗默(John Roemer)一起发起创立了"九月小组",即人们后来所说的分析的马克思主义学派。这一学派的基本特征是使用分析的方法,不仅是分析哲学的方法,而且还包括新古典经济学的分析方法和基于理性选择理论(即博弈论)的方法,去澄清和辩护马克思及其后继者的理论。对于分析的马克思主义所关注的问题,杰瑞·科恩在其 1988 年出版的《历史、劳动和自由》中讲过这样一段话"我认为,当今有三个问题应当引起我们当中那些从事马克思主义传统研究的人的注意。它们是关于反对和推翻资本主义的方案的设计、正确性和策略的问题。第一个问题是,我们想要什么?一般说来,甚至更具体点讲就是,我们所追求的是什么形式的社会主义社会?第二个问题是,为什么我们想要这种社会主义?资本主义究竟错在哪?社会主义又对在哪?第三个问题是,我们怎样才能实现社会主义?现今发达资本主义社会的工人阶级已不是原来的工人阶级,或已不是过去认为的工人阶级,这一事实对于实践意味着什么?"[①] 可以认为,分析的马克思主义者的研究大部分是围绕杰瑞·科恩提出的这三个问题

---

① G. A. Cohen, *History, Labour, and Freedom*, Oxford University Press, 1988, p. xii.

展开的。分析的马克思主义的出现及其所取得的众多成果，对于推进西方国家的马克思主义研究起了非常重要的作用，而杰瑞·科恩从一开始就是这一学派的旗手。

其次是在当代政治哲学领域为社会主义平等主义呐喊和辩护。在《卡尔·马克思的历史理论——一种辩护》出版之后，杰瑞·科恩对马克思主义的态度开始有所改变。虽然他仍相信马克思的历史理论基本是正确的，但却认为马克思主义中最富有成效和最重要的东西是它的平等主义思想，就实现社会主义这一现实目的而言，当下最要紧的是以社会主义平等主义反击主流政治哲学为资本主义所做的种种辩护。他是从批判自由至上主义政治哲学家罗伯特·诺齐克的《无政府、国家与乌托邦》(1974)一书入手的，因为在他看来，这本书在为资本主义的辩护中提出了一些强有力的论证。他指出，诺齐克此书的目的是为让社会主义者感到气愤和自由主义者感到担忧的不平等辩护，其方法是赞美为社会主义者、自由主义者，以及诺齐克一类人支持的主张自由市场的右派分子共同赞同的自由。与自由主义者通过强调平等比自由更重要来反击诺齐克的做法不同，杰瑞·科恩在他的《自我所有、自由和平等》一书中把矛头直接指向了其理论的源头——约翰·洛克的自我所有原则。他论证说，这一原则假定现存的财产分配是以某种方式存在的自然秩序的组成部分，而自由的分配是在其之上的，但实际的情况是，私有财产本身已经是自由的分配，某物的拥有者可以自由地使用它，其他人则没有这种自由。所以，任何财产的分配同时也是自由的分配，不平等的财产分配阻挠而不是增加自由。由此说来，自由实际上要求平等，因而要求对财产进行再分配。

在批判了以诺齐克为代表的自由至上主义以后，杰瑞·科恩进而又把批判的目光转向以约翰·罗尔斯为代表的自由主义政治哲学。他在2008年出版的《拯救正义与平等》一书中明确提出，他首先试图从罗尔斯的自由主义思想中拯救这样一个平等的命题：在一个分配正义占优势的社会中，人们在物质方面可能得到的利益大致上是平等的。分配正义不容许深层的不平等，即由对处境好的人提供经济刺激而驱动的不平等，而这种不平等正是罗尔斯及其追随者认为一个正义的社会所展示的东西。他还试图从罗尔斯对正义概念的构成主义的论述中拯救这一概念。他指出，根据构成主义的观点，正义的内容是由社会生活的规则，即由在一个特许的选择环境（在罗尔斯的论述中这种环境就是原初状态）中将被选择的控制规则来确定的，而在他看来，如果社会生活的规则形成可靠的基础，那它们将既反映那些不同于正义的价值，又反映那些限制正义可应用范围的实际上的强制，这样一来，正义本身就不能是被这种规则指明的东西了。杰瑞·科恩之所以为平等主义辩护是为了论证社会主义的优越性。在其逝世后出版的小册子《为什么不要社会主义？》（2009）中，他特别提到，有时候我们所有的人都常常像社会主义者那样行为。例如，在野营旅程中，野营者不会想到为使用一个足球或为他们碰巧抓到的鱼而相互指责。野营者不是仅仅为了获得而付出，而是相互以一种平等和共享的精神来相处。这种社会主义的准则是作为一个整体的社会值得想望的吗？为什么不是？整个社会也许不同于野营旅程，但当人们相互以这种旅程所展现的平等关系来对待时，那无疑是有吸引力的。

　　杰瑞·科恩为社会主义平等主义所做的辩护受到了左翼学者的高度赞扬。为了表示对他的敬意，10位国际知名的学者——美国哈佛大学T. M. 斯坎伦教授，耶鲁大学约翰·罗默教授，斯坦福大学约书亚·科恩教授，哥伦比亚大学乔·埃尔斯特教授，纽约大学塞缪尔·舍夫勒教授、杰里·沃尔德伦教授，英国牛津大学万灵学院德里克·帕菲特研究员，曼彻斯特大学希勒尔·斯坦纳教授，沃瑞克大学的苏珊·赫尔利教授和加拿大皇后大学的威尔·金里卡教授，在2006年合作出版了《平等主义的良心——向G. A. 科恩致敬的论文集》（牛津大学出版社出版），每个人从不同角度阐述了他的社会主义平等主义对当代政治哲学的杰出贡献和重要意义。

　　当然，杰瑞·科恩的学术贡献绝不仅限于上述两个领域，他还留给人们很多值得铭记和学习的东西。他的学生乔纳森·沃尔夫在他纪念杰瑞·科恩的那篇文章中写道:"杰瑞很谦虚地把自己说成是一个回应性的而非创新性的哲学家,而这遮掩了他的方法和贡献的原创性和影响力。像马克思一样,他在对诺齐克、德沃金和罗尔斯著作的回应中也明确表示了自己的立场。他的方法常常就像一个内行的拆毁建筑物的工人:找出一个看上去非常普通的弱点,然后一直推,一直推,直到整个建筑物倒塌。杰瑞有那种精确制订将他的批判定位在哪儿,和如何扩展它以获得最佳效果的能力。乍看起来,那些批判显得迂腐或过分注重细节,但随着论证的展开具有重大意义的东西就显现出来了。杰瑞的工作只是引导人们参与。常常听说有些哲学家通宵未眠力图对他们在当天听到的杰瑞的一个论证提出反对意见,最后却回到他的论证可能毕竟有道理的看法。如果说成功的标志是博士生的论文留下了你的研究的印记,或受到你的研究的激励,那杰瑞就是当代最成功的政治哲学家之一。"[1]他的另一个学生,英国布列斯托尔大学哲学教授克里斯·伯特拉曼(Chris Beltram)在他纪念杰瑞的一篇文章中则谈到了杰瑞作为一个学者的另一方面。他说道:"我们中的很多人,在面对有关我们时代热点问题的有争议的要求时,都很想根据我们预料的听众来调整我们的努力。在有专业知识的听众面前,我会发愁并担心讲不好,但在一群学生或不具专业知识的听众面前就放松得多。而杰瑞,如果说有什么区别的话,那就是他以另一种不同的方式来行事。在有机会向普通听众谈论社会正义、平等、资本主义或社会主义时,杰瑞绝对会一丝不苟地把自己的意思清晰而又生动地解释给他们,使自己想法被他们所理解。……他在这种情况下的卓有成效是因为正义与他相关,因为这是真正重要的事情,这不仅是学院中要做的事。"[2]

我最后要告诉大家的是,我目前正在翻译杰瑞的小册子《为什么不要社会主义?》,我将高质量地完成它,以告慰杰瑞的在天之灵。

---

[1] TPM: The Philosophers' Magazine, G. A. Cohen (1941-2009), Written by: Jonathan Wolff, Appears in: Issue 47 preview, Posted by: TPM, 2009-09-08.

[2] http://www.thepublicphilosopher.com/2009/08/07/jerry-cohen/

参考文献

[1] 《马克思恩格斯全集》第3卷，人民出版社1960年版。

[2] 《马克思恩格斯全集》第26卷Ⅰ，人民出版社1972年版。

[3] 《马克思恩格斯全集》第26卷Ⅲ，人民出版社1974年版。

[4] 《马克思恩格斯文集》第3卷，人民出版社2009年版。

[5] 《马克思恩格斯文集》第10卷，人民出版社2009年版。

[6] 《马克思恩格斯选集》第1卷，人民出版社1972年版。

[7] 《马克思恩格斯选集》第2卷，人民出版社1995年版。

[8] 《马克思恩格斯选集》第3卷，人民出版社1995年版。

[9] 段忠桥：《重释历史唯物主义》，江苏人民出版社2009年版。

[10] 段忠桥：《理性的反思与正义的追求》，黑龙江大学出版社2007年版。

[11] G. A. 柯亨：《自我所有、自由和平等》，李朝晖译，东方出版社2008年版。

[12] G. A. 柯亨：《如果你是平等主义者，为何如此富有？》，霍政欣译，北京大学出版社2009年版。

[13] G. A. 柯亨：《卡尔·马克思的历史理论——一个辩护》，岳长龄译，重庆出版社1989年版。

[14] G. A. 柯恩：《卡尔·马克思的历史理论——一种辩护》，段

忠桥译,高等教育出版社 2008 年版。

[15] G. A. 科恩:《为什么不要社会主义?》,段忠桥译,人民出版社 2011 年版。

[16] 约翰·罗尔斯:《正义论》,何怀宏、何包钢、廖申白译,中国社会科学出版社 1988 年版。

[17] 约翰·罗尔斯:《正义论》(修订版),何怀宏、何包钢、廖申白译,中国社会科学出版社 2009 年版。

[18] 约翰·罗尔斯:《作为公平的正义》,姚大志译,上海三联书店 2002 年版。

[19] 约翰·罗尔斯:《政治自由主义》,万俊人译,译林出版社 2000 年版。

[20] 阿玛蒂亚·森、玛莎·努斯鲍姆主编:《生活质量》,龚群等译,江苏人民出版社 2006 年版。

[21]《运气均等主义》,葛四友译,江苏人民出版社 2006 年版。

[22] 路易·阿尔都塞:《保卫马克思》,顾良译,商务印书馆 2006 年版。

[23] 阿尔都塞、巴里巴尔:《读〈资本论〉》,李其庆、冯文光译,中央编译出版社 2008 年版。

[24] 马克斯·韦伯:《新教伦理和资本主义精神》,阎克文译,上海人民出版社 2010 年版。

[25] 罗伯特·诺齐克:《无政府、国家和乌托邦》,姚大志译,中国社会科学出版社 2008 年版。

[26] 洛克:《政府论·下篇》,叶启芳、瞿菊农译,商务印书馆 1964 年版。

[27] 康德:《道德形而上学原理》,《康德著作全集》第 4 卷,李秋零译,中国人民大学出版社 2005 年版。

[28] 休谟:《人性论》,关文运、郑之骧译,商务印书馆 2005 年版。

[29] 威尔·金里卡:《当代政治哲学》,刘莘译,上海三联书店

2003 年版。

[30] 《马克思与诺齐克之间》，吕增奎编，江苏人民出版社 2007 年版。

[31] 高景柱 《在平等与责任之间》，人民出版社 2011 年版。

[32] 王绍光 《安邦之道：国家转型的目标与途径》，生活·读书·新知三联书店 2007 年版。

[33] 石元康 《罗尔斯》，广西师范大学出版社 2004 年版。

[34] 德沃金 《至上的美德》，冯克利译，江苏人民出版社 2007 年版。

[35] 狄更斯 《圣诞颂歌》，汪倜然译，上海译文出版社 2010 年版。

[36] 伯特尔·奥尔曼 《辩证法的舞蹈：马克思方法的步骤》，田世锭、何霜梅译，高等教育出版社 2006 年版。

[37] 霍布斯 《利维坦》，黎思复、黎廷弼译，商务印书馆 1985 年版。

[38] 韩锐 《正义与平等——当代西方社会正义理论综述》，载《开放时代》2010 年第 8 期。

[39] 威尔·金里卡和卞绍祖的对话 《当代政治哲学前沿：多元立场、公民身份与全球视野》，载《马克思主义与现实》2013 年第 2 期。

[40] G. A. Cohen, *If You're an Egalitarian, How Come You're So Rich?*, Harvard University Press, 2001.

[41] G. A. Cohen, *History, Labour, and Freedom*, Oxford University Press, 1988.

[42] G. A. Cohen, *Self-ownership, Freedom, and Equality*, Cambridge University Press, 1995.

[43] G. A. Cohen, *Rescuing Justice and Equality*, Harvard University Press, 2008.

[44] G. A. Cohen, *On The Currency of Egalitarian Justice, and Other*

Essays in Political Philosophy, Princeton University Press, 2011.

[45] John Rawls, *Collected Papers*, Harvard University Press, 2001.

[46] *Kent Papers in Politics and International Relations*, Series 1, 1992.

[47] Zhongqiao Duan, *Marx's Theory of the Social Formation*, Avebury Ashgate Publishing Ltd, 1995.

[48] Plamenatz, J. P., *German Marxism and Russian Communism*, London, 1954.

[49] H. M. Robertson, *Aspects of the Rise of Economic Individualism*, Cambridge University Press, 1933.

[50] Joseph Raz, *The Morality of Freedom*, Oxford University Press, 1986.

[51] Amartya Sen, *Choice, Welfare and Measurement*, Oxford: Blackwell, 1982.

[52] Amartya Sen, *Commodities and Capabilities*, Amsterdam: North-Holland, 1985.

[53] *The Egalitarian Conscience: Essays in Honour of G. A. Cohen*, Edited by Christine Sypnowich, Oxford University Press, 2006.

[54] Thomas Nagel, *Equality and Partiality*, Oxford University Press, 1991.

[55] Mario Scannella, "The Moral Case for Marxism", *The Philosopher's Magazine*/Winter, 1997.

[56] "Self-Ownership, World – Ownership, and Equality", *Justice and Equality Here and Now*, Frank Lucash ed., Cornell University Press, 1986.

[57] "Self-Ownership, World – Ownership, and Equality: Part II", *Social Philosophy and Policy*, 3, Issue 2 (Spring 1986).

[58] Richard Arneson, "Equality and Equal Opportunity for Welfare",

Philosophical Studies, 1989, Vol. 56.

[59] Ronald Dworkin, "What is Equality? Part II: Equality of Resources." *Philosophy and Public Affairs*, 1981, Vol. 10, No. 4.

[60] Ronald Dworkin, "What is Equality? Part I: Equality of Welfare." *Philosophy and Public Affairs*, 1981, Vol. 10, No. 3.

[61] Amartya Sen, "Equality of What?", In Sterling McMurrin ed. *The Tanner Lectures on Human Values*. Vol. 1, Cambridge University Press, 1980.

[62] Amartya Sen, "Rights and Capabilities", *Resources, Values and Development*, Oxford: Blackwell, 1984.

[63] Amartya Sen, "Well-being, Agency and Freedom: The Dewey Lectures 1984." *Journal of Philosophy* 82, 1985.

[64] Forum: Cohen, "The Moral Case for Marxism", *The Philosopher's Magazine*, Winter, 1997.

[65] TPM: The Philosophers' Magazine, "G. A. Cohen (1941 – 2009)", Written by: Jonathan Wolff, Appears in: Issue 47 preview, Posted by: TPM, August 9, 2009.